ENZYKLOPÄDIE
DEUTSCHER
GESCHICHTE
BAND 45

ENZYKLOPÄDIE
DEUTSCHER
GESCHICHTE
BAND 45

HERAUSGEGEBEN VON
LOTHAR GALL

IN VERBINDUNG MIT
PETER BLICKLE
ELISABETH FEHRENBACH
JOHANNES FRIED
KLAUS HILDEBRAND
KARL HEINRICH KAUFHOLD
HORST MÖLLER
OTTO GERHARD OEXLE
KLAUS TENFELDE

BANKEN UND VERSICHERUNGEN IM 19. UND 20. JAHRHUNDERT

VON

ECKHARD WANDEL

R. OLDENBOURG VERLAG
MÜNCHEN 1998

Die Deutsche Bibliothek - CIP Einheitsaufnahme

Enzyklopädie deutscher Geschichte / hrsg. von Lothar Gall in Verbindung
mit Peter Blickle ... - München : Oldenbourg

ISBN 3-486-53691-5

Bd. 45. Wandel, Eckhard: Banken und Versicherungen im 19. und 20. Jahrhundert. - 1998

Wandel, Eckhard:
Banken und Versicherungen im 19. und 20. Jahrhundert / von Eckhard Wan-
del. - München : Oldenbourg, 1998
(Enzyklopädie deutscher Geschichte ; Bd. 45)
ISBN 3-486-55072-1
ISBN 3-486-55073-X

© 1998 R. Oldenbourg Verlag GmbH, München
Rosenheimer Straße 145, D-81671 München
Internet: http://www.oldenbourg.de

Umschlaggestaltung: Dieter Vollendorf
Gedruckt auf säurefreiem, alterungsbeständigem Papier (chlorfrei gebleicht).
Gesamtherstellung: R. Oldenbourg Graphische Betriebe GmbH. München

ISBN 3-486-55072-1 brosch.
ISBN 3-486-55073-X geb.

Vorwort

Die „Enzyklopädie deutscher Geschichte" soll für die Benutzer –
Fachhistoriker, Studenten, Geschichtslehrer, Vertreter benachbarter
Disziplinen und interessierte Laien – ein Arbeitsinstrument sein, mit
dessen Hilfe sie sich rasch und zuverlässig über den gegenwärtigen
Stand unserer Kenntnisse und der Forschung in den verschiedenen Be-
reichen der deutschen Geschichte informieren können.

Geschichte wird dabei in einem umfassenden Sinne verstanden:
Der Geschichte in der Gesellschaft, der Wirtschaft, des Staates in seinen inneren und äußeren Verhältnissen wird ebenso ein großes Gewicht beigemessen wie der Geschichte der Religion und der Kirche,
der Kultur, der Lebenswelten und der Mentalitäten.

Dieses umfassende Verständnis von Geschichte muß immer wieder Prozesse und Tendenzen einbeziehen, die säkularer Natur sind,
nationale und einzelstaatliche Grenzen übergreifen. Ihm entspricht eine eher pragmatische Bestimmung des Begriffs „deutsche Geschichte". Sie orientiert sich sehr bewußt an der jeweiligen zeitgenössischen
Auffassung und Definition des Begriffs und sucht ihn von daher zugleich von programmatischen Rückprojektionen zu entlasten, die seine
Verwendung in den letzten anderthalb Jahrhunderten immer wieder
begleiteten. Was damit an Unschärfen und Problemen, vor allem hinsichtlich des diachronen Vergleichs, verbunden ist, steht in keinem
Verhältnis zu den Schwierigkeiten, die sich bei dem Versuch einer
zeitübergreifenden Festlegung ergäben, die stets nur mehr oder weniger willkürlicher Art sein könnte. Das heißt freilich nicht, daß der Be-
griff „deutsche Geschichte" unreflektiert gebraucht werden kann. Eine
der Aufgaben der einzelnen Bände ist es vielmehr, den Bereich der
Darstellung auch geographisch jeweils genau zu bestimmen.

Das Gesamtwerk wird am Ende rund hundert Bände umfassen.
Sie folgen alle einem gleichen Gliederungsschema und sind mit Blick
auf die Konzeption der Reihe und die Bedürfnisse des Benutzers in
ihrem Umfang jeweils streng begrenzt. Das zwingt vor allem im dar-
stellenden Teil, der den heutigen Stand unserer Kenntnisse auf knapp-
stem Raum zusammenfaßt – ihm schließen sich die Darlegung und die

Erörterung der Forschungssituation und eine entsprechend gegliederte
Auswahlbibliographie an –, zu starker Konzentration und zur Be-
schränkung auf die zentralen Vorgänge und Entwicklungen. Besonderes Gewicht ist daneben, unter Betonung des systematischen Zusam-
menhangs, auf die Abstimmung der einzelnen Bände untereinander, in
sachlicher Hinsicht, aber auch im Hinblick auf die übergreifenden
Fragestellungen, gelegt worden. Aus dem Gesamtwerk lassen sich so
auch immer einzelne, den jeweiligen Benutzer besonders interessie-
rende Serien zusammenstellen. Ungeachtet dessen aber bildet jeder
Band eine in sich abgeschlossene Einheit – unter der persönlichen
Verantwortung des Autors und in völliger Eigenständigkeit gegenüber
den benachbarten und verwandten Bänden, auch was den Zeitpunkt
des Erscheinens angeht.

Lothar Gall

Inhalt

Vorwort des Verfassers

Das vorliegende Manuskript wurde im 2. Halbjahr 1996 abgeschlossen. Danach waren nur noch kleine Ergänzungen möglich. Wie schnell sich auf dem Bankensektor und im Versicherungswesen Veränderungen ergeben können, zeigen die Ereignisse des Jahres 1997, die nur noch kurz angedeutet werden können:

Die Dresdner Bank legte ihre Hypothekenbank-Töchter zur Deutschen Hypothekenbank Frankfurt-Hamburg zusammen. Auch die Deutsche Bank bündelte ihr Realkreditgeschäft in der Europäischen Hypothekenbank Frankfurt. Die Ausfälle von rund 2,5 Mrd. DM bei der Finanzierung der Immobilien von J. Schneider haben den kreditgebenden Banken dem Vorwurf organisatorischer und personeller Fehler ausgesetzt. Das gegen Schneider geführte Wirtschaftstrafverfahren hat in der Organisation liegende Schwächen der Hypothekenbanken dokumentiert.

Die aufgrund der Fusion der beiden bayerischen Großbanken zur Bayerischen Hypo- und Vereinsbank freiwerdende Münchner Direktbank Advance Bank AG wurde von der Dresdner Bank übernommen. Die Schweizerische Bankgesellschaft UBS erwarb von der britischen Lloyds Gruppe die Privatbank Schröder, Münchmeyer, Hengst & Co. (SMH). Das Privatbankhaus Partin, Bad Mergentheim, wurde vom Bundesaufsichtsamt vorübergehend geschlossen. Obwohl Deutschland als „overbanked" gilt, hat die Citibank ihr Filialnetz auch 1997 weiter ausgeweitet und verfolgte damit das Ziel größere Marktanteile im Privatkundengeschäft zu erreichen. Vor dem Hintergrund der laufenden Aktienrechtreform kündigte die Deutsche Bank 1997 an, keine Depotstimmrechte bei Gesellschaften mehr wahrzunehmen, bei denen sie selbst maßgeblich beteiligt ist.

Auch im öffentlich-rechtlichen Bankensektor kam es zu Fusionen: ab 1999 schließen sich die Südwest-LB, die Landeskreditbank und die Landesgirokasse Stuttgart zur Landesbank Baden-Württemberg (LBW) zusammen. Mit einer Bilanzsumme von 380 Mrd. DM entsteht so die sechstgrößte Bank Deutschlands.

Nach den Bankenkonzentrationen in Österreich und der Entstehung der Bank Austria fusionierten 1997 die beiden Schweizer Großbanken Schweizerischer Bankverein SBV und Schweizerische Bankgesellschaft UBS zur neuen United Bank of Switzerland UBS. Damit
entstand eine der größten Investmentbanken. Im Zukunftsmarkt Vermögensverwaltung rangiert die neue UBS weltweit auf Platz eins
(1600 Mrd. DM) und bei der Bilanzsumme (1000 Mrd. DM) auf Platz
zwei nach der Bank of Tokyo-Mitsubishi noch vor der Deutschen
Bank.

Im Zusammenhang mit der Forderung, Guthaben auf seit 1945
„nachrichtenlosen" schweizer Bankkonten, den jüdischen Überleben-
den auszuzahlen, rückte 1997 das Thema „Nazigold" in den Blick-
punkt der Öffentlichkeit. Ohne zu einer abschließenden Wertung zu
kommen, präsentierte eine Unabhängige Expertenkommission aus
Bern auf der Londoner Goldkonferenz 1997 ein Zwischenergebnis:
wichtigster Abnehmer von Gold der Reichsbank, war die Schweizerische Notenbank (490 Mill. Dollar) und Schweizer Kreditbanken
(60 Mill. Dollar). Dies entsprach drei Viertel der deutschen Gold-
verkäufe zwischen 1939 und 1945. Von Privatpersonen stammte Gold
im Wert von 146 Mill. Dollar. Darunter befand sich auch das Gold von
KZ-Opfern. Die Berner Kommission hatte zwar noch keinen Zugang
zu den in Moskau lagernden Akten der Reichsbank. Dennoch wurde
deutlich, daß bei der Verteilung des „Raubgoldes" auch nicht neutrale
Staaten eine fragwürdige Rolle gespielt haben. So haben die Vereinigten Staaten noch 1951 „Nazigold" umgeschmolzen, das sie aus
Spanien als Sicherheit für einen Kredit erhalten hatten.

Auf dem Gebiet der Versicherungen kam es 1997 zu großen Veränderungen und Fusionen. Die Münchner Rück brachte ihre Beteiligungen an Erstversicherern in eine Holding ein und verschmolz die
Versicherungskonzerne Victoria / DAS und Hamburg-Mannheimer /
DKV zur Kölner Ergo Gruppe. Damit entstand nach der Allianz und
vor der AMB Gruppe der zweitgrößte deutsche Versicherungskonzern.
Aus den Gothaer Versicherungen und den Berlin-Kölnischen Versicherungen entstand 1997 der Parion Verbund.

Durch die Übernahme der Assurances Generales de France
(AGF) durch die Allianz entsteht 1998 der größte Versicherungskonzern der Welt. Nachdem die AGF an der drittgrößten deutschen Versicherungsgruppe AMB (Aachener und Münchener Versicherungen,
Volksfürsorge, Badenia Bausparkasse) mit einem Drittel beteiligt war,
mußte die Allianz mit dem Widerstand der Kartellbehörden rechnen.
Die Anteile an der AMB wurden daher an die Triester Assicurazioni

Generali verkauft. Die Einigung zwischen Allianz und Generali ist
vorläufig der Höhepunkt der Konzentrationswelle in den seit 1994
liberalisierten europäischen Versicherungsmärkten. Zuvor hatte die
Schweizer Zürich Versicherung angekündigt, mit der britischen Fi-
nanzgruppe B.A.T. zu fusionieren. In Frankreich schloß sich die Axa
Gruppe mit dem UAP Konzern zur größten europäischen Versicherungsgruppe zusammen. Mit 70% ist die Gruppe Axa/UAP am Kölner Axa Colonia Konzern beteiligt.

Besonders spektakulär war das Fusion der größten schweizeri-
schen Bank, der Credit Suisse mit der Winterthur-Versicherungs-
Gesellschaft zu einer führenden Allfinanzgruppe. Damit haben sich
erstmals eine Großbank und ein großer Versicherungskonzern offiziell zusammengeschlossen. Dadurch fielen die bisherigen Trennwän-
de zwischen Banken und Versicherungen. In Deutschland wird dieser Trend dadurch deutlich, daß die Allianz und die Dresdner Bank
1997 ankündigte, ihre Kräfte in der Vermögensverwaltung zu bün-
deln. Dabei soll die Vermögensverwaltung, das sogenannte Asset
Management zu einem Kerngeschäft des Allianz Konzerns werden.

Dabei geht es nicht nur um institutionelle, sondern vor allem
um private Anleger. Nachdem die staatliche Altersvorsorge nicht
mehr ausreicht, werben Banken und Versicherungen um die Gunst
der Anleger. Die Investmentgesellschaften der Banken wollen in
großem Stil Pensionsfonds für die Altersvorsorge auflegen. Die Versicherungen steigen im Gegenzug in die Vermögensverwaltung ein.
Sie können dadurch u.a. die zur Auszahlung anstehenden Lebensversicherungen in eigen Reihen halten. Dabei reizt die Banken der flä-
chendeckende Außendienst der Versicherungen und die Banken
Expertise der Banken bei der Vermögensverwaltung.

Kreditinstitute und Versicherungen treten bei der Vermögensverwaltung in direkten Wettbewerb. Dabei spielt die Gruppe um den
Allianz Konzern und die Schwestergesellschaft Münchner Rück , die
mit den Beteiligungen an der Bayerischen Hypo- und Vereinsbank
und an der Dresdner Bank bereits starke Bankinteressen haben, eine
wichtige Rolle.

Werden Banken und Versicherungen zukünftig Partner oder
Gegner sein? Sowohl als auch. Es werden noch mehr strategische
Vertriebspartnerschaften aufgebaut werden, aber auch weitere
grenzüberschreitende Allfinanzkonzerne entstehen. Das Kerngeschäft der Banken und Versicherung dürfte jedoch voneinander ge-
trennt bleiben.

Die Bankenlandschaft des 21. Jahrhunderts könnte aber auch von einer Handvoll großer europäischer Finanzkonglomerate und einer Vielzahl kleiner Nischenanbieter geprägt sein. Dann würde in nicht allzu ferner Zukunft der gegenwärtigen Fusionswelle eine Debatte über die Entflechtung der überaus einflußreichen Allfinanzkonzerne folgen. Statt über die Macht der Großbanken muß künftig über die Macht der europäischen Finanzriesen nachgedacht werden.

Leider kann in die Bibliographie in Teil III die ab Ende 1996 erschienene Literatur nicht mehr eingearbeitet werden. Dennoch soll auf die Geschichte der Sparkassen in der DDR 1945-1990 von J. Wysocki/H.-G. Günther (Stuttgart 1996) hingewiesen werden. Die Kreditanstalt für Wiederaufbau legte 1996 eine dreibändige Dokumentation zum Thema „Mit der DM zur Währungs-, Wirtschafts- und Sozialunion der deutschen Einheit" vor.

Das vorliegende Manuskript ist in wesentlichen Teilen im 2. Halbjahr 1996 unter persönlich schwierigen Umständen zustande gekommen. Mein besonderer Dank richtet sich daher an meine liebe Frau, der ich dieses Buch widme.

Tübingen, im Dezember 1997

I. Enzyklopädischer Überblick

1. Das deutsche Bankwesen: Entstehung und Bildung verschiedener Sparten

1.1 Die ersten Privatbankhäuser

Speditionsgeschäfte und Großhandelsunternehmen in Deutschland befaßten sich im 16. und 17. Jahrhundert mit der Abwicklung des Wechselgeschäftes. So entstand der sogenannte Wechselbankier. Seit Beginn des 18. Jahrhunderts wurde das Wechselgeschäft zu eigenen Privatbankhäusern ausgebaut. Das wichtigste Geschäft der Privatbankiers war das Geschäft mit Staatsanleihen.

Der bedeutendste Bankplatz in Deutschland war bis in die zweite Hälfte des 19. Jahrhunderts Frankfurt am Main. Meyer Amschel Rothschild (1744–1812) errichtete dort ein Bankhaus von Weltbedeutung. Noch älter als das Haus Rotschild war das Bankhaus der Gebrüder Bethmann, das sich u.a. bei der Finanzierung Österreichs während der Napoleonischen Zeit engagierte.

Eine Kölner Quelle von 1797 weist dort den Bestand folgender Privatbankfirmen nach: J. W. de Beche, H. J. von Wittgenstein, J. W. Schaaffhausen, H. Fechter, A. Schaaffhausen, J. W. Wecus, J. D. Herstatt, J. H. Stein und Sal. Oppenheim. Im Gegensatz zu den Frankfurter Privatbankiers standen bei den Kölner Privatbanken nicht die Finanzierung von Staatskrediten im Vordergrund, sondern Handelskredite und von den 1820er Jahren an verstärkt Industriefinanzierungen. Durch Emission und Übernahme von Aktien und Obligationen förderten die Kölner Privatbankiers die sich schnell ausbreitende Textil- und Montanindustrie und den Eisenbahnbau. *Erste Privatbankiers in Frankfurt, Köln und Berlin*

In Berlin wurde das Gewerbe des Bankiers, dessen Anfänge bis ins 15. und 16. Jahrhundert zurückgehen, stark beeinflußt durch die seit Ende des 17. Jahrhunderts eingewanderten französischen Hugenotten. Unter ihnen befanden sich die ersten berufsmäßigen Geldhändler, die „Bankiers". Zu Beginn des 19. Jahrhunderts sind zu nennen die Gebrüder Schickler (1712), J. Mendelssohn & Co. (1795), S. Bleichröder (1803) und Gebr. Arons (1806), sowie die Bankhäuser Delbrück, Warschauer & Co., H. D. Cohn, und J. M. Magnus.

In Hamburg hatte sich sehr früh der Typ des kombinierten Waren- und Bankgeschäfts entwickelt, der sogenannte „merchant banker". Bedeutende Familienunternehmen waren Berenberg & Gossler (1769), Conrad Hinrich Donner (1798 in Altona), Parish & Co.(1756), H. J. Merck (1799) und M. M. Warburg (1798).

Auch Breslau, Elberfeld, München und Augsburg entwickelten sich zu wichtigen Bankplätzen. In Süddeutschland hatten die meist jüdischen Privatbankiers als Hoffaktoren begonnen. In Bayern spielten die Bankhäuser Seligmann, Hirsch und Wertheimer eine dominierende Rolle.

In Württemberg hatte die Familie Kaulla durch Heereslieferungen während der napoleonischen Kriege große Gewinne erzielt. 1802 entstand aus der Handelsgesellschaft das Bankhaus M. & J. Kaulla. Im

Erste Privatban-
kiers in Bayern
und Württemberg

selben Jahr gründete der Herzog von Württemberg zusammen mit Kaulla die Württembergische Hofbank, die sich vor allem der Finanzierung der Industrialisierung annahm.

Bis zum Aufstieg der großen Aktienbanken waren die Privatbankiers die mächtigsten und wichtigsten Träger des gesamten Kreditwesens. Der Privatbankier betrieb sein Geschäft in alleiniger Verantwortung unter voller persönlicher Haftung. Grundlage für einen Kredit war das persönliche Vertrauen des Privatbankiers in seinen Kreditnehmer. Daher war es damals auch nicht üblich, an fremden Orten Filialen zu unterhalten, sondern man ließ die Geschäfte vor Ort durch befreundete Banken besorgen.

1.2 Die ersten großen Aktienbanken

In der zweiten Hälfte des 18. Jahrhunderts, zur Zeit des fürstlichen Absolutismus, entstanden, insbesondere in den landesfürstlichen Städten, Banken unter der Aufsicht des Staates zum Zwecke der Belebung des darniederliegenden Wirtschaftslebens. Es handelte sich vor

Erste Wechsel-
und Kredit-
banken

allem um Wechsel- und Kreditbanken; sie wurden jedoch noch nicht in der Form von Aktiengesellschaften geführt.

Die Entstehung von immer größeren Industrie-, Handels- und Verkehrsunternehmen erzeugte gleichzeitig einen wachsenden Finanzbedarf. Deshalb entstanden die ersten großen Effektenbanken.

Bis zum Jahr 1840 gab es in Deutschland nur ganz wenige Aktienbanken, u.a. die 1835 gegründete Bayerische Hypotheken- und

Wechselbank AG und die Leipziger Bank AG, die sich allerdings nicht
mit dem Effektengeschäft befaßten. Der Staat und die Privatbankiers
sahen in den Aktienbanken eine ernste Konkurrenz entstehen und
verhielten sich ihnen gegenüber äußerst reserviert, weil sie übermäßi-
ge Gründergewinne und Börsenspekulationen befürchteten.

Bis in die vierziger Jahre des 19. Jahrhunderts fehlte jede rechtliche Regelung für die Gründung von Aktiengesellschaften. Erst 1843
wurde in Preußen ein entsprechendes Gesetz erlassen. Allerdings gab
es bis dahin auch nur wenige kapitalkräftige Kaufleute oder Privatpersonen, die bereit gewesen wären, das notwendige Risiko der solidari-
schen Haftung bei der Gründung einer Aktienbank zu übernehmen.

Die erste Aktienbank in Preußen, der A. Schaaffhausen'sche   Der A. Schaaff-
Bankverein AG, entstand 1848 aus einer Zwangslage: durch übertrie-   hausen'sche
bene Spekulationen des Inhabers und risikoreiche Kreditgewährungen   Bankverein
an die rheinische Industrie wurde die Privatbank illiquide; darauf
veranlaßte der preußische Finanzminister David Hansemann den
Tausch von Gläubigerforderungen in Aktien, und dies führte zur Umwandlung der Schaaffhausen'schen Bank in eine Aktiengesellschaft.

Nach der von 1845 bis 1851 dauernden Depression in Deutschland setzte eine erste Welle von Gründungen von Aktienbanken ein,
die durch die Politik Hansemanns unterstützt wurde. Zu nennen sind
neben Schaaffhausen die Direction der Disconto-Gesellschaft, die
Berliner Handels-Gesellschaft und die Bank für Handel und Industrie
in Darmstadt.

1.3 Die ersten Sparkassen

Die Geschichte des deutschen Sparkassenwesens begann erst im letzten Drittel des 18. Jahrhunderts, noch vor der industriellen Revolution.
Bis zum Beginn des 19. Jahrhunderts fand ein langsamer Übergang
vom handwerklichen Zunftsystem zum freien Gewerbe statt, wobei die
Gewerbefreiheit endgültig erst 1869 für den Norddeutschen Bund
erreicht wurde; dessen Gewerbeordnung übernahm nach 1871 das
Reich. Als erste deutsche Sparkasse gilt allgemein die 1778 gegründete „Ersparungskasse" der Allgemeinen Versorgungsanstalt der   Ersparungskasse
Hamburger Patriotischen Gesellschaft zur Beförderung der Künste und   von 1778
des Unterrichts in Hamburg.

Die meisten zunächst entstandenen Sparkassen waren als private
Vereins- und Stiftungssparkassen oder als Waisen-, Leih- und Erspar-
niskassen gegründet wurden. 1801 wurde die erste kommunale Sparkasse in Göttingen gegründet.

Diese erste Gründungswelle wurde durch die napoleonischen Kriege unterbrochen. Von 1815 an entstanden in fast allen Städten Deutschlands Sparkassen; die erste Sparkasse in Preußen wurde 1818 in Berlin gegründet. Bis 1830 kam es zur Gründung von 154 Sparkassen, die in der Regel einfach strukturierte Institute waren. Im Vordergrund standen Staats- und Kommunalkredite.

Sparkassengründungen

1838 bot dann das preußische Sparkassenreglement einen Rahmen von Vorschriften über die Errichtung von Sparkassen, ihre Organisation, ihren Geschäftsbetrieb, ihre Satzung, die Verwendung der Überschüsse, die Staatsaufsicht und ähnliches.

Nach 1840 entstanden auch die ersten Kreissparkassen, um vornehmlich für die landwirtschaftlichen Arbeiter Spar- und Kreditmöglichkeiten zu schaffen. Die eigentliche Zeit der Gründung von Sparkassen waren die Jahre 1840–60: damals wurden über 800 Sparkassen gegründet.

1.4 Die Anfänge des deutschen Genossenschaftswesens

Zu Beginn des 19. Jahrhunderts bedrohten die Bauernbefreiung, die Gewerbefreiheit und die fortschreitende Industrialisierung sowohl die kleinen landwirtschaftlichen Betriebe als auch das Handwerk in den Städten. Bauern und Handwerker mußten sich jetzt mit kaufmännischen Problemen wie der Finanzierung ihrer Produkte befassen, wozu sie keinerlei Möglichkeiten und Fähigkeiten besaßen. So entbehrt es nicht einer gewissen Logik, daß sich gerade in den Anfängen der industriellen Revolution zu Beginn des 19. Jahrhunderts der Genossenschaftsgedanke ausbreitete.

Als geistiger Vater des Genossenschaftswesens in Deutschland gilt Viktor Aimé Huber, der in enger Verbindung mit Gleichgesinnten wie dem Mainzer Bischof W. E. Ketteler, Adolf Kolping und dem Sozialreformer Johann Hinrich Wichern stand. Huber befaßte sich mit Kredit-, Distributiv-, Bau-, Wohnungs-, Konsum- und Produktivgenossenschaften, und dabei sollte mit der Zeit auch der Fabrikarbeiter einbezogen werden. Huber unterschied sich hier von den bekannteren Genossenschaftsgründern Hermann Schulze-Delitzsch und Friedrich Wilhelm Raiffeisen, bei denen die Genossenschaftsidee aus der gerade gegebenen Situation heraus, nämlich der Not der Handwerker bzw. der Bauern, entstand.

Genossenschaftsgründer

1.5 Die Staatsbanken und Landschaften

Mit dem Zusammenbruch des preußischen Staates 1806 brachen auch die Königliche Giro- und Lehnbank und die Preußische Seehandlung zusammen. Erst 1845 gelang es der Königlichen Bank, die Verluste aus den Kriegen aus eigener Kraft und ohne staatliche Hilfe wieder auszugleichen. Die Königliche Bank war wieder eine Giro- und Lehnbank geworden. Sie war in erster Linie ein Bankinstitut für Handel und Gewerbe, was auch die Absicht der Gründer gewesen war.

Die Seehandlung dagegen entwickelte sich immer mehr zur ei- Seehandlung
gentlichen preußischen Staatsbank. Aufgrund des Errichtungspatentes von 1772 war es der Seehandlung gestattet, alle kaufmännischen Geschäfte ohne Ausnahme durchzuführen. Ihre Aufgabe bestand neben dem Salzhandel, Kommissionär- und Vermittlungsgeschäften in der Erledigung aller Bankgeschäfte des Staates. Unter der Leitung von Christian von Rother stieg die Seehandlung zum größten Unternehmen Preußens auf. Durch Gewährung von Lombardkrediten, Beteiligung an Unternehmen oder Errichtung eigener Unternehmen übernahm die Seehandlung in den 1830er Jahren Maschinenanstalten, Eisengießereien, Webereien und Spinnereien. 1845 untersagte Friedrich Wilhelm II. eine weitere Expansion, nachdem private Unternehmer sich immer mehr über die staatliche Konkurrenz beklagt hatten. 1848 geriet die Seehandlung in eine Zahlungskrise. Ihr Kapital war langfristig in unrentablen Betrieben angelegt, so daß es 1847/48, in Folge der wirtschaftlichen und politischen Krise zu großen Betriebsverlusten kam. Erneut verlor die Seehandlung ihre Unabhängigkeit und wurde dem Finanzminister unterstellt. Bereits 1849 konnte sie jedoch mit der Rückzahlung der aufgenommenen Darlehen beginnen und wurde durch eine strikte Reorganisation von einem diversifizierten Staats- und Wirtschaftsunternehmen zu einem reinen Bankinstitut umgewandelt.

Die Königliche Bank in Bayern spielte bis 1850 nur eine geringe Königliche Bank
Rolle. Ihre Aufgabe war es, als Wechsel- und Leihbank die Gewerbe- in Bayern
treibenden zu unterstützen. Da Bayern ein Agrarstaat war, wurde ein Institut für die Investitions- und Betriebskredite benötigt. Diese Aufgabe übernahm die 1834 gegründete Bayerische Hypotheken- und Wechselbank Aktiengesellschaft, die ohne staatliche Beteiligung gegründet wurde. Die Geldgeschäfte des Staates wurde hauptsächlich durch Privatbankiers erledigt.

Die älteste deutsche Staatsbank war die Braunschweigische Staatsbank, deren Anfänge als „Herzogliches Leihhaus" bis 1765

zurückgingen. Im 19. Jahrhundert fungierte sie hauptsächlich als Real-
kreditinstitut.

Die älteste Bodenkreditorganisation ist das landschaftliche Kre-
Landschaften ditwesen, das seit 1770 von den Landschaften getragen wurde. Die
Landschaft war eine Zwangskreditgenossenschaft aller Rittergüter
einer Provinz. Die Mitglieder einer Landschaft erhielten ihre Kredite
in Form von Pfandbriefen, die sie bei kapitalkräftigen Kaufleuten in
Geld umtauschen konnten. Diese Pfandbriefe wurden bald, neben den
Staatsanleihen, zur wichtigsten Anlageform für das private Kapital.
Für Bauern blieb allerdings das Kreditangebot der Landschaften uner-
reichbar, da der Staat die Bauern vor einer zu hohen Verschuldung
bewahren wollte.

Nach dem Vorbild der Landschaften errichteten auch Städte öffentlich-rechtliche Kreditinstitute, sogenannte Stadtschaften. Das erste
für den städtischen Realkredit entstandene Institut war der 1825 gegründete Württembergische Kreditverein, in dem städtische Hausei-
gentümer mit ländlichen Grundbesitzern zusammengeschlossen waren.

Provinz- Die späteren Landesbanken sind aus Provinzhilfskassen hervor-
hilfskassen gegangen, die seit den 1830er Jahren in Preußen entstanden waren.
Nach der Satzung der ältesten Provinzialhilfskasse, der für Westfalen
(1832), sollten gemeinnützige Anlagen, gewerbliche Unternehmen,
Gemeindebauten finanziert und Reallasten und Gemeindeschulden
durch Darlehen abgelöst werden. Ebenfalls 1832 entstanden die Lan-
deskreditkasse für Kurhessen in Kassel, 1840 die Landeskreditanstal-
ten in Wiesbaden und Hannover, sowie 1847 die Provinzialhilfskasse
in Sachsen.

1.6 Die Notenbanken

Vom 18. bis ins ausgehende 19. Jahrhundert wurden viele Notenbanken gegründet und zwar in erster Linie aus fiskalischen Motiven, da
die Kassen der Fürsten und Könige an ständigem Geldmangel litten.

Zettelbanken Die damaligen Notenbanken oder „Zettelbanken" können in kei-
ner Weise mit dem heutigen Notenbanksystem verglichen werden, da
sie in ihren geld- und währungspolitischen Aufgaben stark beschränkt
waren. Als reine Geschäftsbanken betrieben sie alle Arten von Bank-
geschäften, nahmen aber vor allem Gold zur Aufbewahrung an, für
dessen Gegenwert sie Depotscheine aushändigten.

Das Hauptproblem bestand im wesentlichen darin, bei der ausgabe von Depotscheinen eine vernünftige Relation zum Goldbestand zu
wahren. Je größer nämlich die Differenz zwischen der Notenausgabe

und dem Goldbestand wurde, um so höher wurde beim Verkauf der Noten das Disagio gegenüber dem Gold. In diesem Fall versuchten die Regierungen dann oft, durch einen Annahmezwang und die vermehrte Ausgabe von Noten, den Wertverlust auszugleichen; auf diese Weise entstanden die ersten Noteninflationen.

Mit der Gründung der Königlichen Giro- und Lehnbanco in Berlin 1765 wurde in Preußen von Friedrich dem Großen ein staatliches Notenbankinstitut geschaffen, das mit einem Notenprivileg ausgestattet war. Durch die spätere Umwandlung in die Preußische Bank und die Reichsbank war das Privileg zur Notenausgabe für die gesamte Entwicklung des deutschen Bankwesens von großer Bedeutung. Im Jahre 1824 wurde die Ritterschaftliche Privatbank in Stettin mit dem Notenrecht von einer Million Taler gegründet, wobei sie jedoch seit 1826 ihre Noten mit denen der Königlichen Bank zusammen in Umlauf bringen mußte. Ferner erhielt der Berliner Kassenverein die Konzession, Anweisungen in Höhe von drei Millionen Taler in Umlauf zu setzen. *Notenbanken*

Vor allem gegen Ende der ersten Hälfte des 19. Jahrhunderts tauchte in Preußen wiederholt die Frage auf, welchen Sinn ein Zentralinstitut habe oder wie sinnvoll ein Vielbankensystem sei. Als Kompromiß aus diesen Überlegungen dürfen wohl zum einen die Umwandlung der Königlichen Bank in Berlin in die Preußische Bank – eine Aktiengesellschaft – im Jahre 1847 unter Heranziehung von Privatkapital und zum anderen die Bestimmungen für die Errichtung von privaten Notenbanken von 1848 angesehen werden.

Die Preußische Bank erhielt das Recht der Notenemission und wurde von Staatsbeamten geleitet, obwohl nur ein Sechstel des Aktienkapitals in Staatshand war. Vorsitzender des Aufsichtsrats war der preußische Ministerpräsident. Ihre Banknoten wurden gesetzliches Zahlungsmittel. Bemerkenswert ist, daß die Preußische Bank die erste Notenbank war, die eine Dritteldeckung durch Edelmetall oder Münzgeld aufrechterhalten mußte. Diese Normativbestimmungen erleichterten die Errichtung von Privatnotenbanken wesentlich. Diese hatten neben der Notenemission das Recht, folgende Geschäfte zu betreiben: Diskontierung von Wechseln, Gewährung von Darlehen gegen Sicherung durch Staatspapiere oder andere Wertpapiere sowie Waren, Umtausch von Edelmetallen und Devisen, Inkassogeschäfte und die Annahme von unverzinslichen Depositen. *Die Preußische Bank*

Die Erleichterungen führten dazu, daß bald darauf der Berliner Kassenverein und die Ritterschaftliche Privatbank in Stettin in Notenbanken umgewandelt wurden. Hinzu kamen weitere sieben Institute in

Preußen. Auch in den anderen deutschen Staaten entstanden in den fünfziger Jahren des 19. Jahrhunderts insgesamt 25 private und öffentliche Notenbanken.

1.7 Die Finanzierung der frühen Industriebetriebe

Im Unterschied zur französischen Haute Banque übten die deutschen Privatbankiers, insbesondere die alten Frankfurter Bankhäuser, gegenüber der frühen Industrie große Zurückhaltung aus. Ausnahmen waren die Kölner Bankhäuser und die Württembergische Hofbank. Auch Inhaber größerer Geldvermögen waren meist nicht bereit, sich am Risiko von jungen Unternehmen zu beteiligen und zu investieren.

Andererseits herrschte in Deutschland aber auch kein ausgesprochener Kapitalmangel. Der Kapitalbedarf der frühen Industrien war gering, und das Kapital wurde meist von den Unternehmern und ihren Familien selbst aufgebracht. Weit verbreitet war die Auffassung, es sei geradezu unmoralisch, sich zu verschulden. Handwerker konnten sich mit finanzkräftigen Kaufleuten zu offenen Handelsgesellschaften zusammenschließen und ihre technischen Kenntnisse einbringen. Die Großkaufleute steckten ihr Kapital vor allem in den Aufbau derjenigen Industrien, mit deren Waren sie handelten.

Kapitalbedarf der frühen Industrie

Für bereits bestehende Unternehmen war es einfacher, zumindest kurzfristige Kredite zu bekommen. Hier engagierten sich, wenn auch zurückhaltend, besonders die Provinzbanken, die mit den örtlichen Verhältnissen vertraut waren. So bildeten sich allmählich regionale Schwerpunkte. Das Bankhaus Sal. Oppenheim unterstützte beispielsweise die Eisen- und Eisenwarenindustrie in der Eifel, an der Saar und in Luxemburg. Schaaffhausen unterhielt enge Verbindungen zum Bergbau und zu den Hütten des Ruhrgebiets. Um 1840 begannen die Kölner Bankhäuser mit der langfristigen Industriefinanzierung durch Emission und Übernahme von Obligationen und Aktien.

2. Die Entwicklung des Bankwesens von 1850 bis zum Ersten Weltkrieg

2.1 *Wirtschaftliche, ideelle und rechtliche Voraussetzungen für die ersten Konzentrationserscheinungen bei den Aktienbanken*

Zwischen 1850 und 1870 veränderte sich die industrielle Landschaft. War bis dahin die Textilindustrie der führende Industriezweig, wurde diese Rolle zunehmend vom Bergbau, der eisenerzeugenden und der eisenverarbeitenden Industrie übernommen. Dafür war vor allem der Eisenbahnboom verantwortlich. Technisch-industrielle Entwicklungen in den drei genannten Branchen leiteten das Zeitalter der Hochindustrialisierung ein. Dadurch wuchsen die Anforderungen an die Kapitalkraft der einzelnen Unternehmen um ein Vielfaches, und neue Möglichkeiten der Finanzierung mußten entwickelt werden.

Industrielle Entwicklung

Banknoten waren zur Finanzierung langfristiger Kreditgeschäfte nicht geeignet; diese war nur über die Gründung von Aktienbanken zu erreichen. Durch die Ausgabe von Aktien aber konnte man Kapitalien, die sonst nur als Kleinkredite wirksam geworden wären, für größere Unternehmen zusammenfassen.

Privatbankiers hatten nach 1848 an der Errichtung der großen Aktienbanken in Deutschland wesentlichen Anteil. Damals ahnte noch niemand, daß die Aktienbanken sich bald der Kontrolle der Privatbankiers entziehen und zu ihrer gefährlichsten Konkurrenz werden würden.

Ein erster Versuch zur Konzentration zeichnete sich schon in den Jahren 1855-70 in Form der Kommanditierung ab, d.h. große Aktienbanken beteiligten sich mit einer höheren Summe am Kapital einer Privatbank und nahmen auf diese Weise großen Einfluß auf die Geschäftsentscheidungen. Daß die betreffenden Privatbanken nach außen hin selbständig blieben, kam den Großbanken entgegen. Die alteingesessenen Häuser konnten die Beziehungen zum örtlichen Handel und der Industrie besser pflegen, als es einer reinen Bankfiliale möglich gewesen wäre. Eine weitere Form der Konzentration entstand mit der Bildung der ersten Konsortien in den sechziger Jahren.

Konzentration durch Kommanditierung

Durch die nach 1856 einsetzende Krise im Wirtschaftsleben wurde diese erste Gründungswelle von Aktienbanken unterbrochen. Die meisten Banken mußten in der Folgezeit ihr Kapital stark reduzieren. Nur die Disconto-Gesellschaft und der A. Schaaffhausen'sche Bankverein gingen ohne größeren Schaden aus dieser Zeit hervor. Durch verschiedene Ereignisse entfiel die Zurückhaltung gegenüber der Gründung von Aktienbanken: Die Trennung des wirtschaftsliberalen Preußen vom wirtschaftskonservativen Österreich im Sinne der kleindeutschen Lösung 1866 und die damit verbundene Gründung des Norddeutschen Bundes, die Reorganisation des Zollvereins 1867, die Aufhebung des restriktiv gehandhabten Konzessionszwanges für Aktiengesellschaften 1870 und schließlich der erfolgreiche Feldzug gegen

Gründungsboom Frankreich 1870/71. Die Folge war ein Gründungsboom nicht nur in der Industrie, sondern auch im Bankwesen. Im süddeutschen Raum wurden die Württembergische Vereinsbank, die Bayerische Handelsbank, die Bayerische Vereinsbank sowie die Rheinische Creditbank gegründet.

Die bedeutendsten Neugründungen dieser Jahre waren aber die heutigen drei Großbanken. Besonderer Zweck der 1870 in Berlin ge-

Gründung der gründeten Deutschen Bank war die Pflege und Förderung der deut-
Deutschen Bank, schen Auslands- und Exportbeziehungen, insbesondere durch Vergabe
Commerzbank von Handelskrediten. Der Zahlungsverkehr des deutschen Übersee-
und Dresdner
Bank handels mußte nun nicht mehr, wie bisher üblich, über England und Frankreich abgewickelt werden. Die Bank richtete weltweit Filialen ein, wandte sich aber unter ihrem Vorstand Georg von Siemens auch dem Inlandsgeschäft zu und legte damit einen Grundstein für ihren schnellen Aufschwung.

Auch die ebenfalls 1870 gegründete Hamburger Commerz- und Disconto-Bank bezweckte ausdrücklich die Finanzierung des deutschen Außenhandels, sollte aber daneben dem Hamburger Handel, Kaufleuten und kleineren Unternehmen ebenfalls Kapital zuführen. An ihrer Gründung 1870, die auf die Initiative des Überseekaufmannes Theodor Wille zurückging, beteiligten sich Hamburger (etwa Warburg & Co) und auswärtige Privatbanken (B. H. Goldschmidt, Frankfurt/Main und Mendelssohn & Co, Berlin). Die Commerz- und Discontobank konzentrierte ihre Geschäftstätigkeit vorerst auf den Hamburger Raum und auf Nordeuropa, ehe sie 1898 den anderen Banken nach Berlin folgte. Von 1905 an, mit der Übernahme der Berliner Bank, wurde sie zu den Berliner Großbanken gerechnet.

Ausgangspunkt für die Entstehung der Dresdner Bank war 1872 die Umwandlung des Bankhauses Michael Kaskel in eine Aktienbank. Das Gründungskonsortium bestand, neben Kaskel selbst und anderen Privatleuten, auch aus mehreren renommierten Aktienbanken, wie der Berliner Handels-Gesellschaft oder der Deutschen Effekten- und Wechselbank, Frankfurt/Main. Obwohl die Bank erst 1872, also nur ein Jahr vor der einsetzenden Gründerkrise, ihr Geschäft aufnahm,

konnte sie sich behaupten. Nachdem sie schon 1881 eine Niederlassung in Berlin eröffnet hatte, verlegte sie drei Jahre später ihre Zentraldirektion dorthin. Dresden blieb aber bis 1950 ihr juristischer Geschäftssitz.

Bereits 1869 war die Bayerische Vereinsbank als Aktiengesellschaft gegründet worden. Wie die schon 1835 entstandene Bayerische Hypotheken- und Wechselbank konnte die Vereinsbank sowohl Kredit- als auch Hypothekenbankgeschäfte anbieten und war damit eine gemischte Hypothekenbank. Beide Institute entwickelten sich bald zu Universalbanken, allerdings mit überwiegendem Schwerpunkt in Bayern, d. h. als Regionalbanken.

In der Rezession der „Gründerkrise" von 1873 mußten die meisten der rund 100 zwischen 1870 und 1873 neu gegründeten Banken wegen mangelnder Kapitalausstattung bald wieder in Liquidation gehen. Übrig blieb ein funktionsfähiges Bankwesen, das nach Überwindung der eigenen Schwierigkeiten die Finanzierung der deutschen Industrie und des Handels übernahm. **Gründerkrise**

Die wenigen bedeutenden Aktienbanken, die die Krise überstanden hatten, wie die Deutsche Bank, die Commerzbank und die Dresdner Bank, übernahmen damals eine Anzahl von Banken, die in Liquiditätsschwierigkeiten gekommen waren. Im Jahre 1876 überflügelte die Deutsche Bank durch Übernahmen alle übrigen Banken in der Bilanzsumme und wurde die größte Bank Deutschlands.

Im Zeitraum 1880–95 entstand durch eine Fusionswelle eine Konzentration unter den Aktienbanken. Die ersten nachweisbaren Fusionen waren jene zwischen der Rheinischen Creditbank und dem Pfälzer Bankverein im Jahre 1874 und zwischen der Berliner Handels-Gesellschaft und der Internationalen Bank im Jahre 1891.

Vorstufe einer Fusion war oftmals die Bildung einer Interessengemeinschaft. Hierbei versuchte eine Großbank, durch Verträge, Aktientausch oder Aktienerwerb eine oder mehrere Regionalbanken in ihren Einflußbereich mit einzubeziehen.

Die Selbständigkeit der Regionalbanken blieb nach außen bestehen. Bis zum Ersten Weltkrieg bauten sich auf diese Weise die drei Berliner Großbanken: Deutsche Bank, Dresdner Bank und Disconto-Gesellschaft und die Darmstädter Bank für Handel und Industrie jeweils eigene Bankgruppen auf. Die Interessengemeinschaft der Deutschen Bank mit dem Schlesischen Bankverein und der Bergisch-Märkischen Bank ermöglichte es der Deutschen Bank, ihren Einfluß auf die Industrie in Oberschlesien, Rheinland und Westfalen auszudehnen. **Interessengemeinschaften**

Die wahrscheinlich bedeutendste Fusion fand noch vor Kriegs-
Bedeutende ausbruch statt, als die Deutsche Bank im Jahre 1914 die Bergisch
Bankenfusion Märkische Bank in Elberfeld ganz übernahm und fusionierte. Dadurch
baute sie ihr Filialnetz weiter aus und verschärfte den Konkurrenz-
kampf unter den großen Kreditinstituten in den Industriezentren. Die
zunächst zur Förderung des Außenhandels gegründeten Großbanken
entwickelten sich so zu Universalbanken, die neben mittel- und langfristigen Industriekrediten auch kurzfristige Kontokorrentkredite,
Wechseldiskontkredite, sowie das Effekten- und Depositengeschäft
anboten und die Emission von Aktien und Obligationen betrieben.
Durch ihr ausgedehntes Filialnetz konnte ein enger Kontakt zur loka-
len Industrie gepflegt werden.

2.2 Die Sparkassenreformen

Drei besondere Ereignisse begünstigten die Entwicklung des Sparkassenwesens in der Zeit zwischen 1850 und 1913: die gesetzlichen Regelungen des Sparkassenwesens nach dem Vorbild des preußischen
Sparkassenreglements von 1838, die Verleihung der passiven Scheck-
fähigkeit an die Sparkassen (das „Scheckgesetz"), sowie die Bildung
von Sparkassenverbänden in den Jahren 1908/09.

Das Reichsscheckgesetz von 1908 berechtigte die Sparkassen,
Girokonten zu führen und das Kontokorrentgeschäft zu betreiben. Das
Aktivgeschäft beschränkte sich in erster Linie auf den Hypothekarkre-
dit und die Anlage in öffentlichen Titeln und Pfandbriefen. Die von
Bargeldloser Johann Christian Eberle initiierte Einführung des bargeldlosen Giro-
Zahlungsverkehr verkehrs trug zur Entwicklung der Sparkassen ganz entscheidend bei.
In der Kundschaft unterschieden die Sparkassen sich von anderen
Banken; Geschäftspartner waren statt Industriebetrieben und Angehö-
rigen des Großbürgertums kleine Betriebe und Bürger aus mittleren
und unteren Schichten. Die Sparkassen hatten öffentlich-rechtlichen
Status, kein haftendes Kapital, sondern einen haftenden Trägerver-
band, und sie waren steuerlich begünstigt.

Zu Beginn der achtziger Jahre bildeten sich die ersten regionalen
Sparkassenverbände, die sich zum Deutschen Sparkassenverband
zusammenschlossen. 1897 war es so weit, daß ein Entwurf zu einem
Sparkassengesetz vorgelegt werden konnte. Bis 1900 stieg die Zahl
der Sparkassen auf 2 685 an.

Die im Jahre 1907 herrschende allgemeine Wirtschaftskrise mit
sehr hohen Zinssätzen und beängstigender Geldknappheit begünstigte
die Einführung des bargeldlosen Zahlungsverkehrs im Sparkassenwe-

sen. Den Sparabteilungen konnten nun besondere Depositen- und Kontokorrentabteilungen angegliedert werden; mit ihnen wurde der Scheck- und Überweisungsverkehr durchgeführt. Der Überweisungs- und Scheckverkehr war für die Sparkassen besonders geeignet, da sie über ein engmaschiges Stellennetz verfügten.

Die neuen wirtschaftlichen Herausforderungen zwangen die Sparkassen, sich provinz- und länderweise zu Zweckverbänden, den sogenannten Giroverbänden, zusammenzuschließen, die Körperschaften des öffentlichen Rechts waren. Die erste Girozentrale entstand am 5. Oktober 1908 in Sachsen als Abteilung des Giroverbandes der sächsischen Gemeinden. Die meisten Giroverbände und Girozentralen sind in den Jahren 1908–14 gebildet worden. Die preußischen Giroverbände schlossen sich 1916 zum Deutschen Zentralgiroverband zusammen, der im Jahre 1918 die Deutsche Girozentrale (DGZ) in Berlin gründete.

Erste Giro-
zentralen

2.3 Die Entstehung der Kreditgenossenschaften

Die Entwicklung der Kreditgenossenschaften wurde, ähnlich der der Sparkassen, durch drei Faktoren bestimmt: die Bildung von Zentralinstituten und Verbänden, die Verkündung des ersten Genossenschaftsgesetzes und die Ausdehnung der Geschäftstätigkeit. Von 1865 an waren die Kreditgenossenschaften neben den Sparkassen, den Hypothekenbanken, den Privatbankiers und den großen Aktienbanken fest etabliert.

Als erste Kreditgenossenschaft gründete Schulze-Delitzsch 1850 in Delitzsch bei Leipzig einen sogenannten „Vorschußverein". 1851 folgte der Eilenburger Darlehenskassenverein.

Vorschußverein
von 1850

Aufgrund der guten Erfahrungen wurden bald weitere Kreditgenossenschaften gegründet. Die Mitglieder dieser Volksbanken waren Träger und Kunden des Bankgeschäftes zugleich. Ihre Mitgliedsbeiträge bildeten das Eigenkapital der Genossenschaften. Für ihre Verbindlichkeiten hafteten alle Mitglieder solidarisch, und zwar bis zum preußischen Genossenschaftsgesetz von 1867 mit ihrem vollen Vermögen, danach in Höhe der angesammelten Mitgliedsbeiträge. Das Reichsgenossenschaftsgesetz folgte erst 1887.

Mitglieder dieser Kreditgenossenschaften waren hauptsächlich Handwerker und Geschäftsleute, an die insbesondere kurzfristige Kredite, die den Auszahlungsfristen der Einlageseite entsprachen, vergeben wurden. Die Geschäftsführung war hauptamtlich und stützte sich auf streng kaufmännische Grundsätze. 1864 wurde in Berlin die Deutsche Genossenschaftsbank von Soergel, Parrisius & Co als zentrale Genossenschaftskasse zur Refinanzierung der Kreditgenossenschaften errichtet.

Unabhängig vom späteren Mißerfolg der Deutschen Genossenschaftsbank – sie mußte 1904 mit der Dresdner Bank fusionieren – stieg die Zahl der gewerblichen Kreditgenossenschaften bis 1913 auf 1 500 an mit über 800 000 Mitgliedern.

Raiffeisen-Kreditgenossenschaften Die Raiffeisen-Kreditgenossenschaften entstanden wenig später als die Volksbanken. In seinem 1866 erschienenen Buch: „Die Darlehens-Kassenvereine", legte Wilhelm Raiffeisen seine Grundsätze zur Führung von Kreditgenossenschaften dar. Anders als Schulze-Delitzsch hielt Raiffeisen neben dem Selbsthilfeprinzip auch an christlich-karitativen Gedanken fest. Ziel seiner Genossenschaftsbestrebung war nicht das Streben nach Gewinn, sondern die Hilfe und Förderung von wirtschaftlich Schwachen. Raiffeisen hatte in den 50er Jahren verschiedene Vereine auf genossenschaftlicher Basis gegründet und zunächst empfohlen, sich dem Verband von Schulze-Delitzsch anzuschliessen. Wenig später rückte er von diesem liberalen Konzept wieder ab, denn er hatte erkann, daß für die Lage der Kleinbauern eine spezielle Ausrichtung der Genossenschaften notwendig sei. Die Raiffeisen-Genossenschaften kombinierten mehrere Geschäftszweige: die kurz- und langfristige Gewährung von Darlehen an Landwirte und das Warengeschäft, insbesondere mit landwirtschaftlichen Betriebsmitteln und Kohle. Daneben entwickelten sich ländliche Spezialgenossenschaften, z.B. Winzergenossenschaften unter Wilhelm Haas. Unterstützt von staatlichen Stellen und Bauernverbänden, war der Haas'sche Verband bei der Gründung von Genossenschaftsbanken bald erfolgreicher als die Organisation von Raiffeisen.

Raiffeisen und Schulze-Delitzsch Organisatorische und geschäftliche Streitigkeiten führten Mitte der 70er Jahre zum Bruch mit Schultze-Delitzsch. Raiffeisen strebte eine straffe Zentralisierung der landwirtschaftlichen Genossenschaften, wie die Darlehenskassen nun genannt wurden, durch Zentralkassen auf Länder- und Reichsebene an. 1872 gründete er die erste zentrale landwirtschaftliche Genossenschaftsbank, 1876 die Landwirtschaftliche Zentral-Darlehenskasse, beide mit Sitz in Neuwied. Als Verband entstand 1877 der „Anwaltsverband ländlicher Genossenschaften".

Spaltung Mit der Trennung Raiffeisens von den gewerblichen Kreditgenossenschaften begann zugleich die Spaltung der landwirtschaftlichen Genossenschaftsbewegung. 1883 wurde in Offenbach eine zentrale „Vereinigung der deutschen landwirtschaftlichen Genossenschaften" gegründet, die sich 1903 in den „Reichsverband der deutschen landwirtschaftlichen Genossenschaften" umwandelte. Erst ab 1890 näherten sich die beiden Verbände wieder einander an. Eine dauerhafte Vereinigung gelang jedoch erst 1930. Die Abspaltung der ländlichen Genossenschaften hat jedoch deren Entwicklung nicht behindert: bis zum Ersten Weltkrieg entstanden in Deutschland rund 17 000 Kreditgenossenschaften. Beinahe in jedem Dorf existierte eine Genossenschaftsbank.

2.4 Das Hypothekenbankgesetz und die Entwicklung der Hypothekenbanken

In der zweiten Hälfte des 19. Jahrhunderts bildeten sich, als Folge des gesamtwirtschaftlichen und industriellen Aufschwungs, die Hypothekenbanken als anerkannt wichtigstes Instrument für den Realkredit heraus. Der Grundgedanke einer Hypothekenbank, Grundbesitz hypothekarisch zu beleihen und die dazu nötigen Gelder durch Ausgabe von Pfandbriefen aufzubringen, wurde zuerst in der 2. Hälfte des 18. Jahrhunderts von den preußischen Landschaften verwirklicht. Der Unterschied zwischen dem Pfandbrief der Landschaften und dem Pfandbrief der Hypothekenbanken lag darin, daß letzterer eine Schuldverschreibung war, die nicht am beliehenen Objekt haftete.

Im Jahre 1862 erfolgte die Gründung der beiden ersten Hypothekenbanken in Deutschland, der Frankfurter Hypothekenbank in Frankfurt am Main und der Deutschen Hypothekenbank in Meiningen: in Frankfurt wurde einem Antrag auf Konzessionierung durch die beiden bekannten Privatbankhäuser Gebrüder Bethmann und Raphael Erlanger stattgegeben. Das Gründungskapital betrug 5 Millionen Gulden. Zur gleichen Zeit stellten in Meiningen die Mitteldeutsche Creditbank sowie die Frankfurter Bankhäuser W. F. Jäger und S. Sulzbach ebenfalls den Antrag auf Gründung einer Hypothekenbank. Die Konzession war an die Bedingung geknüpft, daß die Gründer ein Kapital von 8 Millionen Gulden aufbringen mußten. 1863 wurde als erste Hypothekenbank in Preußen die „Erste Preußische Hypotheken-Actien-Gesellschaft" ins Leben gerufen. Im Jahre 1864 erhielt in Bayern die schon 1835 gegründete Bayerische Hypotheken- und Wechselbank aus München das Recht, Pfandbriefe auszugeben. In den folgenden Jahren wurde eine Reihe weiterer Hypothekenbanken errichtet, darunter die Württembergische Hypothekenbank in Stuttgart (1867), die Bayerische Vereinsbank in München (1869) und die Deutsche Hypothekenbank Actiengesellschaft in Berlin (1872).

Erste Hypothekenbanken

Die im Jahre 1863 vom Preußischen Staat festgelegten Normativbestimmungen engten die Gründung von Hypothekenbanken in Preußen sehr ein. Diese Maßnahmen hatten zur Folge, daß die meisten
Hypothekenbanken außerhalb Preußens gegründet wurden. Lediglich
die Frankfurter Hypothekenbank und die Preußische Central-
Bodenkredit-Aktiengesellschaft waren von den Bestimmungen ausge-
nommen.

Eine gesetzliche Regelung des Hypothekenbankwesens wurde bereits im Jahre 1868 gefordert. Wegen des zwischen 1865 und 1870
herrschenden Kreditmangels erwogen staatliche Stellen, die finanziellen Bedürfnisse des Grundbesitzes zu regeln. Doch erst am 1. Januar
1900 trat das Hypothekenbankgesetz in Kraft, das von einer Kommission ausgearbeitet worden war, der auch Direktoren der Hypothekenbanken angehörten. Die wichtigste Bestimmung dieses Gesetzes diente
dem Schutz der Pfandbriefgläubiger.

In den Jahren 1893–96 wurden, nach längerer Pause, einige neue
Hypothekenbanken vor allem als gemischte Hypothekenbanken nach
dem Vorbild der 1835 gegründeten Bayerischen Hypotheken- und
Wechselbank errichtet. Zu erwähnen ist dabei die 1903 gegründete
Hessische Landeshypothekenbank AG, deren Aktien sich im Besitz
des hessischen Staates und der hessischen Gemeinden befanden.

Von 1870 bis 1914 entwickelte sich das Geschäft der Hypothekenbanken sehr positiv. Sie widmeten sich in dieser Zeit vor allem der
Finanzierung des Wohnungsbaus, der durch die öffentliche Hand,
durch gemeinnützige Siedlungsgesellschaften oder durch Private getragen wurde. Das enorme Wachstum der Städte in diesem Zeitraum
wäre ohne die Finanzierung durch die Hypothekenbanken nicht zustande gekommen.

2.5 Gründung und Entwicklung der Reichsbank

Von besonderer Bedeutung waren nach der Gründung des Norddeutschen Bundes 1867 und des Deutschen Reiches 1871 eine Reform und
eine Vereinheitlichung des deutschen Geldwesens, denn selbst nach
der Reichsgründung bestanden noch sieben verschiedene Münzsyste-
me mit 126 verschiedenen Silbermünzen. Dabei gab es in Deutschland
überwiegend die Silberwährungen. Das Sinken des Goldpreises und
die faktische Durchsetzung des Goldstandards in anderen Ländern
gaben aber auch in Deutschland den Anreiz zur Umstellung auf eine
Goldwährung. Ab 1871 war die Goldmark, unterteilt in 100 Pfennige,
gesetzliches Zahlungsmittel. Die neue Währung setzte sich schnell

Marginalia:
Normativ-
bestimmungen

Gemischte
Hypotheken-
banken

Goldwährung

durch und galt für industriell entwickelte Regionen wie Sachsen und das Ruhrgebiet genauso wie für das agrarische Mecklenburg oder die Hansestädte. 1873 verloren alle Silbermünzen mit Ausnahme des bis 1907 geltenden Silberthalers ihren Status als gesetzliches Zahlungsmittel. Daß der Übergang von den Silberwährungen zu einer Goldwährung so gut gelang, lag u.a. an den erheblichen Goldvorräten des Reiches. Allein nach dem deutsch-französischen Krieg hatte das Reich 5 Mrd. Goldfranc Reparationen von Frankreich erhalten.

Das Hauptproblem nach 1871 bestand darin, in den einzelnen Staaten Deutschlands eine Notenbankreform durchzusetzen, nämlich: die bei der Gründung des Deutschen Reiches bestehenden 31 Notenbanken aufzulösen und ein für ganz Deutschland zuständiges Notenbankinstitut zu schaffen. Nach langen Verhandlungen gelang es auf Initiative von Ludwig Bamberger, die Reichsbank zu verwirklichen.

Deutsche Reichsbank

Die Reichsbank ging aus der Preußischen Bank hervor, und zwar in der Weise, daß Preußen die Preußische Bank an das Reich verkaufte. Am 1. Januar 1876 eröffnete die Deutsche Reichsbank durch Übernahme des gesamten Geschäftsapparates der Preußischen Bank ihre Schalter.

Die Verwaltungsorgane der Reichsbank waren das Reichsbankkuratorium, die Generalversammlung und der Zentralausschuß. Bis zum Autonomiegesetz 1922 war die Reichsbank im wesentlichen von der Reichsregierung abhängig.

Zur Vermeidung inflatorischer Notengeldschöpfung war die sogenannte „indirekte Kontingentierung" der nicht durch den Goldbestand der Reichsbank gedeckten Noten festgelegt worden. Das Bankgesetz erlaubte die steuerfreie Emission ungedeckter Noten nur innerhalb eines für jede Notenbank genau festgelegten Kontingentes. Dieses Kontingent war bei der Reichsbank mit 250 Millionen Mark annähernd doppelt so hoch wie die Kontingente aller Privatnotenbanken insgesamt.

Um ihr steuerfreies Kontingent nicht zu überschreiten, hatte die Reichsbank nun die Möglichkeit, wenn die Geldnachfrage stieg, den Diskontsatz zu erhöhen, dadurch die Refinanzierung der Geschäftsbanken zu verteuern und so die Nachfrage zu dämpfen. Alternativ konnte sie durch Goldankäufe ihre Reserve vergrößern und also gedeckte Noten emittieren. Indirekt war die Ausgabe von Noten von der Bestimmung der Dritteldeckung (Banking-Prinzip) abhängig, die besagte, daß die Reichsbank für den Betrag ihrer im Umlauf befindlichen Noten jederzeit mindestens ein Drittel in kursfähigem deutschen

Geld, Reichskassenscheinen, Gold in Barren oder ausländischen Münzen bereithalten mußte.

In der Devisenpolitik hielt sich die Reichsbank bis 1899 sehr zurück, und so betrugen die durchschnittlichen Bestände an Wechseln *Diskontpolitik* auf das Ausland kaum 4 Millionen Mark. Die Diskontpolitik war in jener Zeit das einzige effektive Steuerungsmittel der Reichsbank.

Bei einem konjunkturellen Aufschwung verringerte sich die Reserveposition der Reichsbank, und dadurch wurde eine Diskonterhöhung notwendig. Umgekehrt verfuhr sie bei einem konjunkturellen Abschwung. Von 1875 bis 1910 änderte die Reichsbank insgesamt 58 mal den Diskontsatz.

2.6 Der Einfluß der Banken auf die deutsche Industrie bis zum Ersten Weltkrieg

Von der Mitte des 19. Jahrhunderts an intensivierte sich die Zusammenarbeit der Banken mit der Industrie. Die Umwandlungen bestehender Unternehmen in Aktiengesellschaften und die zahlreichen Gründungen neuer Aktiengesellschaften boten insbesondere den Aktienbanken ein großes Geschäftsfeld. Keineswegs selten beteiligten sie sich bereits am rechtlichen Gründungsvorgang. Eigentliche Hauptaufgabe der Banken waren aber die Übernahme und Plazierung der neu geschaffenen Effekten beim Publikum. Ziel der Banken war nicht, durch ihre Initiative neue Industriezweige ins Leben zu rufen, sondern diejenigen Projekte mit Kapital auszustatten, die Aussicht auf größte Rentabilität hatten. Im allgemeinen prüften die Banken anstehende Projekte daher äußerst sorgfältig.

Direkte Beteiligungen der Banken an Industrieunternehmen dienten in erster Linie nicht spekulativen Zwecken, sondern der Siche-*Emissionskredit* rung des gegebenen „Emissionskredits". Um das Vertrauen zukünftiger Aktienkäufer zu sichern und um das Risiko der Anleger möglichst gering zu halten, schien eine ständige Überwachung der Industrieunternehmen durch eine Beteiligung geboten. Gegenüber dem Emissionsgeschäft standen die laufenden Kreditgeschäfte mit der Industrie noch im Hintergrund.

Nach der Krise von 1857 hielten sich die Banken in ihrem Engagement der Industrie gegenüber bis in die 60er Jahre hinein merklich zurück. Erst im „Gründungsboom" von 1870 beteiligten sich die Akti-*Gründerbanken* enbanken wieder nennenswert am Gründungsgeschäft. Hinter den unseriösen Geschäften der „Gründerbanken" treten allerdings die andauernden großen Verdienste der seriösen Banken um die Industrialisierung in Deutschland allzu leicht in den Hintergrund.

Die Gründerbanken wurden zu dem einzigen Zweck gegründet, in der Hochkonjunktur (unbedeutende) Industrieunternehmen neu zu gründen oder sie in Aktiengesellschaften umzuwandeln. Der Gewinn bestand in der Differenz zwischen dem für das Unternehmen aufgewendeten Kaufpreis und dem Erlös, der – oft mittels Manipulationen – an der Börse plazierten Aktien. Die auf diese Weise gegründeten Unternehmen waren selten lebensfähig, wurden aber dennoch sich selbst überlassen. Als Prototyp dieser reinen Spekulationsbanken gilt die Quistorp'sche Vereinsbank, Berlin, deren Zusammenbruch 1873 den „Gründerkrach" einläutete.

Ursache der Krise war nach der vorangegangenen, durch die Spekulationswelle noch übersteigerten Hochkonjunktur eine Verlangsamung der Nachfrage nach Produktionsmitteln. Die auf spekulativer Basis entstandenen Gründerbanken und die von ihnen gegründeten Unternehmen mußten liquidieren. Die seriösen Banken versuchten dagegen, auch während der Krise, die ihnen nahestehenden Unternehmen unter finanziellen Opfern zu retten.

Zunehmend wichtiger wurde das reguläre Kreditgeschäft mit der Industrie. Vorreiter waren hier die Deutsche Bank und der Barmer Bankverein, die dem spekulativen Geschäft von Anfang an reserviert gegenüberstanden. Industrielle Investitionen wurden nun oft mit Krediten vorfinanziert, bevor die Unternehmen dann an die Börse gingen. So wurde das industrielle Kreditgeschäft so immer mehr zur Voraussetzung für das Emissionsgeschäft. Die Kredite, meist in Form des Akzeptkredites, wuchsen in die Dimension von Großkrediten hinein. Die Kontokorrentkredite zur Betriebsdurchführung entwickelten sich ebenfalls in dieser Größenordnung. Zwar machte sich die Industrie damit einerseits von den Banken abhängig, andererseits verknüpften die Banken damit jedoch ihr wirtschaftliches Schicksal mit dem der Industrie und mit dem Verlauf der Konjunktur. *Industrielles Kreditgeschäft*

Zur besseren Überwachung der Industrieunternehmen strebten die Banken daher an, daß die betreffenden Unternehmen nur mit jeweils einer Hausbank in Beziehung standen. Die hierfür benötigte Kapitalkraft der einzelnen Banken war mit ein wichtiger Grund der einsetzenden Konzentration der Banken.

Die Aktiennovelle von 1884 begründete die Überwachungspflicht der Aufsichtsräte, in die die Banken nun vermehrt eigene Mitglieder entsandten, um Einfluß auf die Geschäftsleitungen auszuüben. Waren umgekehrt auch Industrielle in den Aufsichtsräten der Banken vertre- *Aufsichtsrat* ten, so war ihr Einfluß dort vergleichsweise gering. Ihre Wahl erfolgte aus freundschaftlichen und repräsentativen Motiven, auch, um neue industrielle Beziehungen anzuknüpfen.

Seit den Krisenjahren nach 1873 unterstützten die Großbanken Konzentrationsbestrebungen der mit ihnen besonders verbundenen Montanindustrie durch die Gewährung von entsprechenden Großkrediten und – erstmals 1893 auf Initiative der Berliner Handels-Gesellschaft bei der Ausdehnung der Harpener Bergbau-AG – durch die Vorfinanzierung von Übernahmen durch Bankenkonsortien. Der Anstoß zu den Konzentrationsvorgängen kam jedoch in der Regel aus der Industrie.

Die Haltung der Banken gegenüber diesen Konzentrations- und Kartellierungsprozessen bestimmte sich aus den wirtschaftlichen Auswirkungen auf die ihnen nahestehenden Unternehmen. Eine höhere Rentabilität der Betriebe minderte das Risiko der Banken und erleichterte damit ihren Emissionskredit. Unternehmen, die sich gegen Kartellierungen eine Kartellierung sperrten, wurden von den Banken nicht selten mittels Kreditsperren und Aktienaufkäufen zur Einwilligung gezwungen.

Bei der Unterstützung der von den 1880er Jahren an aufkommenden elektrotechnischen Industrie und ihrer Konzentrationsbestebungen verfolgten die Banken ebenfalls vorrangig eigene geschäftspolitische Ziele. Als die Elektrokonzerne Mitte der 90er Jahre jedoch dazu übergingen, eigene Finanzierungs- und Beteiligungsgesellschaften zu gründen – im Jahre 1895 etwa die „Bank für elektrische Unternehmungen" der AEG – verringerte sich der Einfluß der Banken.

Auch bei der Montanindustrie begann sich eine finanzielle Verselbständigung der Großkonzerne abzuzeichnen. Unternehmen, wie Krupp und Thyssen, gingen dazu über, die Erweiterung ihrer Betriebe teilweise durch die Ausgabe von Obligationen anstatt durch Inanspruchnahme von Bankkrediten zu finanzieren. Auch die Tatsache, daß eine einzige Bank allein die gesteigerten Kreditansprüche der Konzerne nicht mehr befriedigen konnte, stärkte ihre Position gegenüber den Banken.

Die Konzentration der Industrie hatte gleichfalls eine nicht zu vernachlässigende Rückwirkung auf die Banken: die großen industriellen Zusammenschlüsse führten zur Annäherung und Zusammenarbeit der bisher konkurrierenden Großbanken.

Die nicht unumstrittene Rolle der Großbanken bei der Industriekonzentration gab immer wieder Anlaß zu Kontroversen auch in der politischen Theorie. 1910 legte der SPD-Theoretiker und spätere

Reichsfinanzminister Rudolf Hilferding sein viel beachtetes Haupt-
werk „Das Finanzkapital" vor, dessen Thesen er später zur Konzeption   Das Finanz-
des ‚Organisierten Kapitalismus' weiterentwickelte.   kapital
Ausgehend von
der marxistischen Theorie analysierte er erstmals den „Gründergewinn" als Lohn der Banken für deren Hilfe bei der Gründung von
Kartellen und Syndikaten und der Ausschaltung der Konkurrenz im
industriellen Sektor. Diese neue Entwicklungsetappe der kapitalistischen Gesellschaft bezeichnete er als die des „Finanzkapitals", das
eine „friedliche" Zusammenarbeit in den monopolistisch organisierten
Industriezweigen herbeiführe. Langfristig entstehe so ein Generalkar-
tell, dem die Organisation der Wirtschaft immer besser gelinge – die
Vision einer kapitalistischen Planwirtschaft.

3. Erster Weltkrieg, Inflation, Bankenkrise und Zweiter Weltkrieg

3.1 Kriegsfinanzierung und Inflation

Zu Beginn des Ersten Weltkrieges verfolgte die staatliche Finanzpolitik drei Ziele gleichzeitig. Sie mußte nicht nur den gewaltigen Finanzbedarf der Regierung befriedigen, sondern sollte daneben auch die
kriegsbedingte Verteuerung in engen Grenzen halten und versuchen,
die private Nachfrage soweit einzudämmen, daß sich die Industrie
veranlaßt sah, von Friedens- auf Kriegsproduktion umzustellen. Um
diese Ziele zu erreichen, war es nötig, private Kaufkraft durch Steuern
oder Anleihen abzuschöpfen.

Um die Bevölkerung zunächst nicht mit höheren Steuern zu bela-
sten, wählte die deutsche Regierung den Weg der Kriegsfinanzierung   Kriegs-
durch Kredite, die wie 1871 durch dem besiegten Gegner aufzuerle-   finanzierung
gende Kontributionen zurückgezahlt werden sollten. Das Reich legte
insgesamt neun Kriegsanleihen auf, die einen Erlös von fast 97 Millionen Mark einbrachten. Dennoch mußte ein beträchtlicher Teil der
Staatsausgaben durch die Aufnahme kurzfristiger Kredite finanziert
werden. Diese kurzfristige Reichsschuld wuchs so bis Kriegsende auf
über 51 Mrd. Mark an. Hauptgläubiger waren die Reichsbank und die
Geschäftsbanken.

Von 1916 an wurden Steuern auf Kriegsgewinne von Privatpersonen und Kapitalgesellschaften erhoben. Sie erbrachten aber erst ein
Jahr später hohe Beiträge. Bereits 1914 war das Bankgesetz geändert

worden. Verbunden mit einem Verbot der Goldausfuhr wurde die Reichsbank von der Verpflichtung befreit, ihre Noten in Gold einlösen zu müssen. Die Dritteldeckung des Notenumlaufs durch Gold blieb zwar formal bestehen, um aber einer Verteuerung der Kredite entgegenzuwirken, wurde die Notensteuer abgeschafft.

Mit dem Darlehenskassengesetz wurde faktisch eine weitere Banknotenemission geschaffen. Die Reichsdarlehenskassen vergaben Kredite gegen Verpfändung von Waren oder Wertpapieren und deckten damit die von ihnen ausgegebenen Darlehenskassenscheine. Obschon keine gesetzlichen Zahlungsmittel, wurden sie im Zahlungsverkehr allgemein akzeptiert und trugen wesentlich zum Anstieg der Geldmenge bei. Der Wechselkurs und die innere Kaufkraft der Mark verfielen rapide, zunächst für die Öffentlichkeit fast unbemerkt.

Inflation Die offene Inflation setzte freilich erst nach Kriegsende und nach Aufhebung der Bewirtschaftungs- und Preisvorschriften ein. Hinzu kam ein wachsendes Haushaltsdefizit, das sich wegen der Kriegsfolgelasten – Sachreparationen und Kriegsopferversorgung – nicht beseitigen ließ. Die Besetzung des Ruhrgebietes durch Frankreich und der passive Widerstand sowie ein Generalstreik verschärften die Hyperinflation, so daß das deutsche Finanz- und Geldsystem 1923 ganz zusammenbrach. Die Reichsbank hob den Diskontsatz nur unzureichend an, um einen Ausgleich für die Geldentwertung zu erreichen. Der Diskontsatz erreichte zwar 1923 mit 90 v.H. seinen Höchststand, die Mark besaß jedoch im selben Jahr gerade ein Millionstel ihres Wertes von 1914.

Aus der wachsenden Desintegration der deutschen Wirtschaft folgte der Zwang schnell eine stabile Währung herzustellen. Nach verschiedenen Plänen von Karl Helfferich, Rudolf Hilferding und Rentenmark Hans Luther wurde schließlich ab November 1923 eine „Rentenmark" von der neu gegründeten, vom Reich unabhängigen Rentenbank ausgegeben. Dabei wurde das Verhältnis für den Umtausch zwischen der entwerteten Papiermark und der neuen Rentenmark auf eine Billion Mark zu einer Rentenmark festgelegt. Die neuen Banknoten waren durch die hypothekarische Belastung des landwirtschaftlich und gewerblich genutzten Grundbesitzes gedeckt. Sie mußten jederzeit von der Rentenbank in Rentenbriefe, d.h. Wertpapiere, die Forderungen an den Grundbesitz darstellten, eingelöst werden.

Die Rentenmark war jedoch nur eine Übergangswährung. Erst im Zusammenhang mit der Lösung des Problems der Reparationen gelang es, die Währung endgültig zu stabilisieren.. Ein internationaler Sachverständigenausschuss unter dem Amerikanischer Rufus Dawes sollte feststellen, wie die deutsche Zahlungsfähigkeit wieder hergestellt werden könnte. Deutschland hatte 1923 so gut wie keine Reparationszahlungen mehr geleistet.

Die Sachverständigenkommission legte im April 1924 ihr Gutachten, den Dawes-Plan, vor, der im August 1924 im Londoner Abkommen zwischen den Reparationsgläubigern, den Vereinigten Staaten und dem Deutschen Reich beschlossen wurde. Mit dem Londoner Abkommen von 1924 wurde im Deutschen Reich die Währungseinheit Reichsmark eingeführt. Der Banknotenumlauf mußte nun zu mindestens 40 v.H. mit Gold oder Devisen gedeckt sein, wobei drei Viertel der Deckung aus Gold bestehen mußte. Für die restliche Deckung genügten erstklassige Handelswechsel. Da keine Goldmünzen mehr geprägt wurden, war die neue Währung keine Goldumlaufwährung, sondern lediglich eine Goldkernwährung.   **Reichsmark**

Neben der Reichsbank durften noch vier Privatnotenbanken, die Bayerische Notenbank, die Württembergische Notenbank, die Sächsische Bank und die Badische Bank, nach ansonsten gleichen Dekkungsvorschriften ein begrenztes Notenkontingent emittieren.

Kreditgeschäfte zur Förderung des deutschen Außenhandels, die Verwaltung öffentlicher Gelder und Geldmarktoperationen durfte die Reichsbank gemäß den Bestimmungen des Dawes-Planes nicht mehr durchführen. Zur Fortführung dieser Geschäfte wurde die Deutsche Golddiskontbank als hundertprozentige Tochter der Reichsbank gegründet.

Nach der Stabilisierung der Währung war Deutschland ein attraktiver Anlageplatz für ausländische Investoren. Der Wechselkurs der Reichsmark entsprach mit 4,20 RM zum Dollar dem der Mark bis 1914. Die Zinsen an den deutschen Kapitalmärkten waren fast doppelt so hoch wie die an den ausländischen. Durch die im Reichsbankgesetz von 1924 festgelegte internationale Kontrolle der Reichsbank schienen die Stabilität der Währung und die deutsche Zahlungsfähigkeit gesichert. Aus diesen Gründen strömten 1924 bis 1930 ausländische Kredite in großem Ausmaß nach Deutschland. Bis Herbst 1930 betrug die deutsche Auslandsverschuldung rund 25 Mrd. RM. Im Vergleich dazu belief sich der jährliche Haushalt des Deutschen Reichs auf 10 Mrd. RM.   **Wechselkurs**

Besonders problematisch war der mit 60% hohe Anteil der kurzfristigen Gelder, der in einer wirtschaftlichen Krise schnell abgezogen werden konnte. Hauptgläubigerland mit rund 40% der Kredite waren die Vereinigten Staaten, die nach dem Krieg von einem Schuldner- zu einem Gläubigerland geworden waren. Zwar warnte die Reichsbank immer wieder vor der zu hohen kurzfristigen Auslandsverschuldung, eine Herabsetzung des Diskontsatzes, um die Geldmarktzinsen zu senken und ausländische Anleger „abzuschrecken", blieb ihr aber aus Gründen der Währungsstabilität versagt. Zudem wurden die hereinströmenden Devisen dringend für die Reparationszahlungen gebraucht. Die deutschen Reparationszahlungen wurden von den Empfängerländern dazu benutzt, ihre Schulden, die während des Krieges entstanden waren – die interalliierten Schulden – zu bezahlen. So gelangten die deutschen Reparationszahlungen letztlich in die Vereinigten Staaten, von wo die meisten Auslandskredite stammten. Dieser Kreislauf wird als Kommerzialisierung politischer Schulden bezeichnet: aus staatlichen Reparationsverpflichtungen wurden kommerzielle Verbindlichkeiten gegenüber ausländischen Kapitalanlegern.

3.2 Das Verhältnis der deutschen Banken zur Industrie bis Anfang der 30er Jahre

Während des Ersten Weltkriegs hatten lukrative Rüstungs- und Kriegsaufträge die Tendenz der Industrie nach zunehmender finanzieller Unabhängigkeit verstärkt. Diese Lage änderte sich grundlegend während der Inflation. Schwierigkeiten der Umstellung auf die Friedensproduktion, Streiks und die gestiegenen Lohnforderungen und Rohstoffpreise zwangen die Unternehmen wieder, Bankkredite in Anspruch zu nehmen oder vermehrt Aktien und Obligationen auszugeben.

Die „Flucht in die Sachwerte" der Großindustrie – wegen der Geldentwertung wurde jegliche Liquidität sofort wieder angelegt – führte zur oft wahllosen Übernahme von Unternehmen der verschiedensten Branchen, mitunter auch zur Beteiligung bei Banken. Teilweise gründeten die Konzerne eigene Konzernbanken. So besaß Mannesmann die Westfalenbank AG und konnte dadurch Wechseldiskontkredite direkt bei der Reichsbank, unter Umgehung der Großbanken, aufnehmen. Da Bankkredite erst bei fortgeschrittener Entwertung zurückgezahlt wurden, erlitten die Banken während der Inflationszeit erhebliche Verluste. Ihr Einfluß auf die Industrie wurde durch diese Entwicklung immer geringer.

Angesichts des gewaltigen Kapitalbedarfs der deutschen Industrie in der Phase der Stabilisierung nach 1924 – sie mußte den Anschluß an den Weltmarkt wiederfinden – gelang es den Banken zumindest teilweise, ihren Einfluß auf die Industrie zurück zu erlangen. Ihre Entscheidungen über die Vergabe von Großkrediten bestimmten weitgehend den Zusammenschluß selbständiger Unternehmen zu leistungsfähigeren, größeren Einheiten und die Entflechtung und Reorganisation der bestehenden Großkonzerne. So übernahm beispielsweise 1925 ein Konsortium von 15 Gläubigerbanken die Auflösung des Stinnes-Konzerns.

Ende 1925 waren der Chemie-Konzern I.G. Farbenindustrie und 1926 die Vereinigten Stahlwerke AG gegründet worden. Einige Großkonzerne konnten durch direkte Kreditaufnahme im Ausland oder direkt am Kapitalmark ihre Unabhängigkeit gegenüber den deutschen Banken wahren. So waren die AEG oder die I.G. Farbenindustrie AG per Saldo sogar Gläubiger der Banken. **Großkonzerne**

3.3 Die deutsche Bankenkrise von 1931

Die Weltwirtschaftskrise machte sich bei den deutschen Banken zunächst in zwei Bereichen bemerkbar. Zum einen gerieten einige Großschuldner in Zahlungsschwierigkeiten und mußten mit Krediten versorgt werden. Zum anderen blieben die Dividendenerträge ihres Aktienbesitzes aus.

Der Erfolg der Nationalsozialisten und die Niederlage der Regierungskoalition bei der Septemberwahl 1930 erschütterten das Vertrauen in die Stabilität und Kreditwürdigkeit der Weimarer Republik. Die Reaktion des Auslands war der Abzug von kurzfristigen Darlehen, die größtenteils langfristig angelegt waren. Der massive Vertrauensverlust gegenüber den Großbanken schlug sich in fallenden Kursen, ab Februar 1931 sogar unter pari, nieder. Schwierigkeiten der Konzerne Nordstern und Karstadt sowie die Ankündigung eines Reparationsmoratoriums durch Reichskanzler Brüning schufen weitere Unruhe unter den Auslandsgläubigern.

Selbst das Hoover-Moratorium, das einen einjährigen Aufschub fälliger Reparationszahlungen gewährte, verhalf nicht zu mehr Kreditwürdigkeit. Unter dem Ansturm der Gläubiger drohten nicht nur Zahlungsunfähigkeit wegen Devisenknappheit nach außen, sondern auch Zahlungsunfähigkeit im Inlandsverkehr. **Zahlungsunfähigkeit der Banken**

Nach dem Bankrott des Bremer Nordwolle-Konzerns konnte dessen Hausbank, die Darmstädter und Nationalbank (Danatbank), als erste Bank am 13. Juli 1931 ihre Schalter nicht mehr öffnen. Andere Banken mußten wenig später ebenfalls ihre Zahlungsschwierigkeiten eingestehen. Nachdem ein letzter Versuch, Kredithilfe vom Ausland zu bekommen, gescheitert war, entschied sich die Reichsregierung, die zwei folgenden Tage, den 14. und 15. Juli 1931, zu nationalen „Bank- **Bankfeiertage** feiertagen" zu erklären, um so die offene Einstellung der Zahlungen durch die meisten Banken zu vermeiden.

Durch das Basler Stillhalteabkommen über die kurzfristige Stundung der Auslandsschulden, das immer wieder verlängert wurde, und auf Grund einer strengen Devisenbewirtschaftung konnte der weitere Abzug von Devisen eingedämmt werden.

Zur Wiederherstellung des innerdeutschen Zahlungsverkehres wurde die Akzept- und Garantiebank mit einem Kapital von 20 Mill. RM durch das Reich gegründet. Mit ihrer Hilfe konnten die Banken Forderungen in reichsbankfähige Wechsel umwandeln und so ihre Refinanzierung sicher stellen. Als Konsequenz der Bankenkrise wurde im September 1931 die heute noch bestehende Bankenaufsicht eingeführt.

Im Frühjahr 1932 war die Sanierung der Großbanken durch Kapitalrekonstruktionen abgeschlossen. Die Reichsregierung und die Golddiskontbank hatten über 1,4 Milliarden RM zur Verfügung gestellt. Danat- und Dresdner Bank wurden gegen den Willen der Aktionäre und Vorstände zusammengeschlossen. Auch der DeDi-Bank (Deutsche Bank und Disconto-Gesellschaft) und der Commerz- und Privatbank war zum Ausgleich ihrer Verluste staatliches Kapital zugeführt worden. Durch Beteiligungen des Reiches und der Golddiskontbank waren die drei größten deutschen Geschäftsbanken damit faktisch verstaatlicht.

Restrukturierung

Neben 650 Mill. RM zur Erhaltung der Zahlungsfähigkeit der Sparkassen erhielten allein die Dresdner Bank 300 Mill. RM und die Danat-Bank 200 Mill. RM neues Kapital. Nach der Restrukturierung der Großbanken besaßen die Golddiskontbank 35% der Anteile der DeDi Bank, das Reich und die Golddiskontbank 70% der Commerz- und Privatbank und 91% der Dresdner Bank. Nur die Berliner Handels-Gesellschaft überstand als einzige private Großbank die Krise ohne staatliche Hilfe. Auch die beiden gemischten Hypothekenbanken in Bayern benötigten keine staatliche Hilfe. Die drei Berliner Großbanken konnten jedoch bereits in den Jahren 1936/37 wieder vollständig reprivatisiert werden.

3.4 Der Rückgang der Privatbanken

Auch während des Ersten Weltkriegs und zwischen den beiden großen Kriegen ging die Zahl der Privatbanken ständig zurück. Der Fortschritt der Industrialisierung und die Ausdehnung der Großbanken um die Jahrhundertwende wirkten sich auf viele Privatbanken aus und förderten die Einsicht, sich entweder selbst zu größeren Banken zusammenzuschließen oder sich an eine große Geschäftsbank anzulehnen.

Die Inflationszeit und die Bankenkrise verringerten die Zahl der Privatbanken erheblich. Infolge der „Arisierungspolitik" des Dritten Reiches mußten nach der nationalsozialistischen Machtübernahme viele jüdische Bankhäuser ihre Pforten schließen oder wurden von einer Großbank übernommen. So übernahm die Deutsche Bank die Angestellten und Aktiva des Bankhauses Mendelssohn & Co. (Berlin). Die bedeutendste „Arisierung" durch die Dresdner Bank war die Übernahme von S. Bleichröder (Berlin) und Gebr. Arnold (Dresden). Traditionelle Namen, wie Jacob S. H. Stern, A. Levy, J. Dreyfus etc. verschwanden. Oft übernahmen „arische" Bankiers jüdische Bankhäuser und änderten den Firmennamen, wie im Falle des Hamburger Bankhauses M. M .Warburg, dessen Inhaber emigrierten. Die Zahl der Privatbanken ging so von 1932 bis 1939 , hauptsächlich durch „Arisierungen", von 1350 auf 520, d.h. um 60%, zurück. Während die Bilanzsumme aller Banken zwischen 1932 und 1939 von 37 auf 55 Mrd. RM, d. h. um rund 50% anstieg, nahm die Bilanzsumme aller Privatbankiers in dieser Zeit um rund 30%, auf nur noch 1,464 Mrd. RM, ab.

„Arisierungspolitik"

3.5 Die Ausdehnung der großen Aktienbanken

In der Weimarer Republik waren Zusammenschlüsse und die Übernahme kleinerer Banken neben einem stetigen Ausdehnen des Filialnetzes, vor allem in den großen Industriegebieten, für viele Banken oft die einzige Überlebenschance. Hatten die Großbanken, wie die Deutsche Bank, Disconto-Gesellschaft, Dresdner Bank, Commerz- und Disconto Bank, vor dem Ersten Weltkrieg nur über ein relativ geringes Netz von Filialen verfügt, so dehnten sie es sich danach in ungeahntem Maße aus. Hierbei spielte die Inflationszeit eine entscheidende Rolle.

Manche von den großen Banken konnten erst nach dem Ersten Weltkrieg zu Großbanken aufsteigen, so die Commerz- und Disconto-Bank, die ihr Filialnetz um das 30fache erhöhte. Die Übernahme von mittleren und kleinen Banken in den Provinzen war für die Großbanken die einfachste und langfristig auch einzig mögliche Art, in einer Stadt oder einem Industrierevier Fuß zu fassen. Hierbei wurde meistens lediglich der Name geändert, während die Kunden und Angestellten übernommen wurden. Auf der anderen Seite gab es eine Welle der Gründung von neuen Aktienbanken, die ihre Erklärung im wesentlichen in dem falschen Konjunkturoptimismus zu Beginn der zwanziger Jahre findet. Durch eine quantitative Erweiterung der Ban-

Ausdehnung der Großbanken

ken glaubten viele dem Aufschwung im Bankgeschäft gerecht zu werden. Die Inflation erhöhte die Zahl der Kunden; dadurch wiederum wuchsen die Belegschaften, letztlich wurden neue Aktienbanken gegründet. Obwohl viele von diesen Banken nach der Inflation wieder verschwanden, kann nicht von einer Monopolisierung innerhalb des Bankwesens gesprochen werden. Die großen Aktienbanken in Berlin blieben bestehen, und die Sparkassen, Kreditgenossenschaften, Raiffeisen- und Hypothekenbanken erweiterten die Palette des deutschen Bankwesens auf allen Gebieten.

Die Deutsche Nationalbank in Bremen war im Zuge der Bankenfusionen schon 1920 mit der Nationalbank für Deutschland KGaA., Berlin, und diese ihrerseits 1922 mit der Bank für Handel und Industrie (Darmstädter Bank) zur Darmstädter und Nationalbank KGaA. (Danatbank) zusammengeschlossen worden. Durch eine aggressive Expansionspolitik wurde die Danatbank schnell zu einer ernsten Konkurrenz für die bestehenden Großbanken.

Eine zweite Konzentrationswelle war vom Jahre 1929 an zu verzeichnen. Sie erstreckte sich über die Bankenkrise hinaus bis ins Jahr 1932. Aus den Fusionen zwischen 1929 und 1932 gingen die drei Großbanken Deutsche Bank, Dresdner Bank und Commerzbank hervor; es verschwanden u.a. die Norddeutsche Bank, die Rheinische Kreditbank, die Danatbank und die Süddeutsche Disconto-Gesellschaft.

Großbanken-
fusionen

Besonderes Aufsehen hatte im Jahre 1929 die Fusion der Disconto-Gesellschaft mit der Deutschen Bank erregt. Hauptgrund war die schlechte Rentabilität beider Unternehmen. Zudem wollte die Deutsche Bank den industriellen Großkonzernen eine kapitalkräftigere Bank entgegenstellen, die in Verhandlungen entsprechend stark auftreten konnte.

3.6 Das deutsche Bankwesen 1933–1939

Nach dem politischen Umbruch im Jahr 1933 wurde auch eine Neuordnung des deutschen Bankwesens in Angriff genommen. Mitte 1933 wurde von der Reichsregierung eine Enquête-Kommission gebildet, die untersuchen sollte, welche Maßnahmen zu treffen wären, um einer Bankenkrise, wie im Juli 1931, vorzubeugen. Der „Untersuchungsausschuß für das Bankwesen 1933" legte im Dezember 1933 – noch weitgehend frei von der nationalsozialistischen Ideologie – den Entwurf für ein „Reichsgesetz über das Kreditwesen" vor. Im Reichsge-

Bankenenquête

setz für das Kreditwesen (KWG) vom 5. Dezember 1934 wurde am vorhandenen Bankenaufbau nichts geändert, das Bankwesen jedoch einer strengen Aufsicht unterstellt, die durch das bei der Reichsbank eingerichtete „Aufsichtsamt für das Kreditwesen" und den „Reichskommissar" ausgeübt wurden. Die Grundzüge des damaligen Aufsichtsrechts haben sich so gut bewährt, daß sie 1961 im Gesetz über das Kreditwesen übernommen wurden und daß nun das Bundesaufsichtsamt für das Kreditwesen die Bankenaufsicht ausübt.

Innerhalb der Gesamtorganisation der deutschen Wirtschaft entstand im Juni 1934 die „Reichsgruppe Banken" mit verschiedenen Unterorganisationen, d.h. Wirtschaftsgruppen. Über diese Reichsgruppe wurde das gesamte Bankwesen letztlich zum Instrument der nationalsozialistischen Wirtschaftspolitik. **Reichsgruppe Banken**

Die Summe der Kosten für die Aufrüstung 1933–1939 liegt offiziell bei 50 Mrd. RM. Dies war rund die Hälfte des Reichshaushalts. Die Finanzierung erfolgte zu 25% über sogenannte Mefo-Wechsel, deren Höhe von 12 Mrd. RM nur dem Präsidenten der Reichsbank und dem Reichswehrminister bekannt waren. Durch die Ausgabe von langfristigen Anleihen und Schatzanweisungen und Liquiditätsanleihen für Sparkassen und Versicherungen wurden weitere 17 Mrd. RM und durch kurzfristige Lieferschatzanweisungen 4 Mrd. RM finanziert. Dies bedeutet, daß zwei Drittel der Aufrüstung finanziert wurden und ein Drittel aus regulären Einnahmen des Reichshaushaltes stammte, die sich aufgrund der anziehenden Konjunktur wesentlich erhöht hatten. **Finanzierung der Aufrüstung**

Das Reichsbankdirektorium versuchte mit allen Mitteln, das Reich zu einer soliden Finanzierung der Reichsausgaben zu verpflichten. Nach einer Denkschrift an den Reichskanzler vom Januar 1939 wurde das Direktorium entlassen. Durch das Gesetz über die Deutsche Reichsbank vom 15.6.1939 wurde die Reichsbank direkt dem Reichskanzler unterstellt und alle Vorschriften, die eine weitere Geldschöpfung einengten, wurden beseitigt. Eine unbeschränkte Finanzierung des Krieges durch die Reichsbank war damit möglich.

Von 1938 an wurden in Österreich und in den besetzten Gebieten einheimische Banken konfisziert und Filialen errichtet. So übernahm die Deutsche Bank die Böhmische Unionbank und den Wiener Creditanstalt-Bankverein. Über die Société Générale de Belgique erhielt sie einen beherrschenden Einfluß auf die Banken der Balkanländer. Die Dresdner Bank übernahm von der Böhmischen Escompte-Bank und Creditanstalt deren Filialen. Durch diese Entwicklung wuchsen die Großbanken weiter. Mit Kriegsbeginn dehnten sie das Netz ihrer Fi- **Bankenübernahmen in den besetzten Gebieten** lialen auch auf die besetzten Gebiete aus. Während die Deutsche Bank sich einem direkten Einfluß der Partei etwas entziehen konnte, wurde die Dresdner Bank weitgehend durch Nationalsozialisten geleitet. Der Anteil der Großbanken an der Finanzierung der Aufrüstung

Anteil der Groß- wird jedoch fast immer überschätzt. Während die Bilanzsumme der
banken an Berliner Großbanken sich in den Jahren 1932–1939 nur um 15% auf
der Kriegs- 10 Mrd. RM erhöhte, wuchsen die Bilanzsummen sowohl der Spar-
finanzierung kassen als auch der Girozentralen und Landesbanken um über 100%
und betrugen 1939 insgesamt 40 Mrd. RM

3.7 Die Sparkassen

Die Sparkassen waren während des Ersten Weltkrieges in die Zeichnung von Kriegsanleihen mit einbezogen worden. Nach Kriegsende entwickelten sie sich immer mehr zu Universalbanken. Durften sie schon seit 1909 Depositenabteilungen und begrenzt Kontokorrentkonten einrichten, erhielten sie 1919/20 die vollständige Freigabe des Depots- und auch des Effektenkommissionsgeschäfts, jedoch unter Ausschluß spekulativer Geschäfte.

Mit dem Fortschreiten der Inflation trat bei den Sparkassen an die Stelle der Hypothekar- und Wertpapieranlagen zunehmend der Kom-
Kommunalkredit munalkredit, während der Personalkredit einen bisher nie gekannten
der Sparkassen Tiefstand erreichte. Zudem hatten die Sparkassen große Schwierigkeiten mit ihren Kriegsanleihen im Nennwert von 11 Mrd. RM, die sie beim Ende des Krieges nicht untergebracht hatten; dadurch erlitten sie einen Kursverlust von fast 2 Mrd. RM.

Mit der Stabilisierung der Währung Ende 1923/Anfang 1924 begann auch für die Sparkassen eine deutliche Aufwärtsentwicklung. Während zunächst noch kurzfristige Kredite überwogen, trat ab 1927 wieder das traditionelle Geschäft – Spareinlagen und langfristige, meist hypothekarisch gesicherte Ausleihungen – in den Vordergrund. 1924 erfolgte der Zusammenschluß des Deutschen Sparkassenverbandes mit dem Deutschen Zentralgiroverband zum Deutschen Sparkassen- und Giroverband. 1930 verfügten die Sparkassen jedoch erst über 12,4 Mrd. RM Einlagen, etwa 2/3 des Bestandes von 1913.

Die Sparkassen hatten während der Bankenkrise im Jahre 1931
Sparkassen in der einen starken Rückgang zu verzeichnen und wurden mindestens genau
Bankenkrise so in Mitleidenschaft gezogen wie die Privatbanken. Die Spareinlagen gingen deutlich zurück; sie stiegen erst 1933 wieder an. Auch die zu enge Bindung an die Kommunen legte eine Sparkassenreform nahe. Aufgrund persönlicher Verflechtungen – in den Aufsichtsräten saßen

oft Bürgermeister – waren häufig zu hohe Kommunalkredite vergeben worden.

Mit Hilfe dreier Notverordnungen gelang es 1931, die Sparkassen von der kommunalen Finanzsphäre abzukoppeln und ihre Liquidität langfristig sicherzustellen. Wichtigstes Ergebnis waren die rechtliche Verselbstständigung der Sparkassen und Girozentralen und die Übertragung des Eigentums an den bisherigen (kommunalen) Sondervermögen auf die jeweiligen Institute. Die Haftung der kommunalen Gewährsverbände blieb jedoch bestehen.

Mit der Konsolidierung der wirtschaftlichen Verhältnisse von 1937 an erlebte das Sparen einen erneuten Aufschwung. Bis Ende 1939 stiegen die Einlagen auf 21,5 Mrd. RM. Das Wachstum der Spar- und Giroeinlagen ist einerseits auf den konjunkturellen Aufschwung, andererseits aber auch auf eine größere Sparneigung und auf die zunehmende Ausweitung des bargeldlosen Zahlungsverkehrs zurückzuführen. **Aufschwung des Sparens**

1939 hatte der Sparkassensektor eine Bilanzsumme von 27,7 Mrd. RM. und damit einen Marktanteil von rund 50% der Bilanzsumme aller Bankengruppen.

Die Vorstände der Sparkassen waren von 1933 an zunehmend unter den Einfluß der nationalsozialistischen Partei geraten, zumal auch die Aufsichtsräte mit nationalsozialistischen Bürgermeistern und Landräten besetzt waren.

3.8 Die Kreditgenossenschaften

Nach dem Ersten Weltkrieg waren die gewerblichen Kreditgenossenschaften, die Volksbanken, in zwei Verbände gespalten. Der „Allgemeine Verband" lehnte die Zusammenarbeit mit der Preußischen Zentral-Genossenschaftskasse ab, da diese teilweise im Staatsbesitz war. Der konkurrierende „Hauptverband" sah dagegen gerade in der Zusammenarbeit mit der ‚Preußenkasse' die Möglichkeit, Handwerksgenossenschaften mit schmälerem Kapitalgrundlagen Kredite zu verschaffen. Die Handwerkskammern regten eine Fusion der beiden Verbände an. Dies gelang bereits 1920. Der Allgemeine Verband mit 946 Volksbanken schloß sich mit dem Hauptverband, dem 459 Volksbanken angehörten, zum Deutschen Genossenschaftsverband zusammen. **Deutscher Genossenschaftsverband**

Die Zentral-Darlehenskasse der landwirtschaftlichen Genossenschaften beteiligte sich 1905 mit drei Mill. Mark am Kapital der Preußenkasse. Die Deutsche Raiffeisenbank AG – unter diesem Namen

firmierte seit 1923 das Spitzeninstitut der ländlichen Genossenschaften
– mußte Anfang 1929 in Liquidation treten.
Aufgrund der schlechten Lage der Landwirtschaft und auf Druck
der Preußenkasse fusionierten die weltanschaulich und parteipolitisch
gespaltenen Verbände der landwirtschaftlichen Kreditgenossenschaften im Februar 1930 (‚Frankfurter Genossenschaftspakt‘) zum Reichsverband der deutschen landwirtschaftlichen Genossenschaften – Raiffeisen – e.V. Dieser umfaßte 36 000 Genossenschaften und war damit
der auch international der größte seiner Art.

*Zunahme der
kurzfristigen
Kredite*

Wie bei den Sparkassen, verdoppelte sich in den Jahren 1933–
1939 die Bilanzsumme der Kreditgenossenschaften und stieg von
4,284 Mrd. RM auf 8,236 Mrd. RM an. Die Kreditgenossenschaften
hatten zusammen damit einen Marktanteil von rund 15%. Gegenüber
der Zeit vor 1914 hatte sich allerdings das Kreditgeschäft der
ländlichen Kreditgenossenschaften vom langfristigen Kredit zum
kurzfristigen Kredit verlagert, das von einem Drittel auf zwei Drittel
des Aktivgeschäfts anstieg.

3.9 Die Hypothekenbanken

Aufgrund der allgemein geringen Bautätigkeit während des Ersten
Weltkriegs ging das Geschäft der Hypothekenbanken stark zurück. Da
die Hypothekenkredite nach Kriegsende von den Kunden mit entwertetem Geld zurückgezahlt wurden, der Pfandbriefumlauf sich gleichzeitig aber kaum verringerte, hatten die Realkreditinstitute auch besonders unter der starken Inflation zu leiden.

Durch das Aufwertungsgesetz von 1925 wurden die Alt-Hypo-
theken, auch die mit entwertetem Geld zurückgezahlten, um 25% auf-
gewertet. Auch in Folge der regen Bautätigkeit der Jahre ab 1925
verbesserte sich die Lage. Bis 1929 hatten die privaten Hypothekenbanken wieder 5,6 Mrd. RM Hypothekenforderungen erworben. Ihr

*Marktanteil der
Hypotheken-
banken*

Anteil am Hypothekenmarkt, verglichen mit den Vorkriegsjahren,
verringerte sich dagegen zugunsten der Sparkassen, der öffentlich-
rechtlichen Realkreditinstitute und der Versicherungen, so daß der
Marktanteil der privaten Hypothekenbanken am Hypothekargeschäft
sich von 40% der Vorkriegszeit auf 20–25% fast halbierte.

Die Inflation hatte viele Hypothekenbanken veranlaßt, sich in den
Jahren 1921–23 zu Gemeinschaftsgruppen mit Gewinn- und Verlustausgleich zusammenzuschließen. Nach der Währungsreform lösten
sich die Gruppen schnell auf oder wurden für ihre Mitglieder bedeu-
tungslos.

Die einzige Gemeinschaftsgruppe, die heute noch besteht, ist die Vereinsbank-Gruppe. Drei bayerische gemischte Hypothekenbanken hatten sich 1921 zu einem Konzern mit Arbeitsteilung zusammengeschlossen Die bayerische Handelsbank und die Nürnberger Vereinsbank brachten ihre Bankabteilungen in die Bayerische Vereinsbank ein und konzentrierten sich auf das Hypothekengeschäft. Daneben bildeten sich auch schon einzelne straff organisierte Konzerne mit gemeinsamer Geschäftspolitik, wie die Deutsche Hypothekenbank AG, die mit der Preußischen Boden-Credit-Aktien-Bank und sechs Hypothekenbankenanstalten die Gemeinschaftsgruppe Deutscher Hypothekenbanken bildeten. 1930 schlossen sich drei weitere Institute an. Wie bei den Aktienbanken gab es außerdem eine Reihe von Neugründungen mit Staatsanteilen, z.B. die Deutsche Genossenschafts-Hypothekenbank AG in Berlin.

Einen großen Einbruch im Hypothekargeschäft bedeutete die Notverordnung vom Dezember 1931. Die in Folge der Bankenkrise angeordnete Senkung der Kapitalmarktzinsen verursachte auch schwere Einbußen im Pfandbriefgeschäft. Zwar konnte Mitte der 30er Jahre das normale Beleihungsgeschäft wieder aufgenommen werden, jedoch entzog die gezielte Umlenkung der Kapitalströme zur Finanzierung der Rüstungsproduktion und zur Deckung des öffentlichen Finanzbedarfes den Hypothekenbanken zunehmend ihre Geschäftsgrundlagen.

Rückläufiges Pfandbrief- geschäft

Die Bilanzsumme der Hypothekenbanken stagnierte in den Jahren 1932 bis 1939 bei rund 6,5 Mrd. RM. Nur die gemischten Hypothekenbanken konnten in dieser Zeit ihre Bilanzsumme um 50% auf 3,2 Mrd. RM erhöhen; das resultierte allerdings nicht aus dem Hypothekengeschäft. Wie die Sparkassen und Genossenschaftsbanken waren die gemischten Hypothekenbanken zunehmend gezwungen, Staatspapiere zu übernehmen.

3.10 Die Bausparkassen und andere neue Institutionen

Schon 1885 gründete Pastor Friedrich von Bodelschwingh die „Bausparkasse für Jedermann" des Arbeiterheim-Vereins in Bielefeld. Zwar hatte die Bodelschwingh'sche Bausparkasse zunächst Erfolg, dennoch geriet die Idee des Bausparen wieder in Vergessenheit, da die wirtschaftlichen Voraussetzungen einer Eigenheimbewegung breiter Bevölkerungsschichten fehlten.

Nach dem Ersten Weltkrieg bewirkten Wohnungsnot und Kapitalknappheit die Wiederentdeckung des Bauspargedankens. Georg Kropp gründete 1921, als erste wirklich bedeutende deutsche Bau-

G.d.F.Wüstenrot sparkasse, die Gemeinschaft der Freunde (G.d.F) in Wüstenrot/Württemberg. 1924 gliederte Kropp dem Verein die Abteilung „Treuhandbausparkasse" an und begann mit dem Abschluß von Bausparverträgen.

In der Folgezeit entstanden in allen Teilen Deutschlands private Bausparkassen in den verschiedensten Rechtsformen, die in der Öffentlichkeit großen Zuspruch fanden. 1928 wurde von Johannes Lubahn eine Beamtenbausparkasse gegründet, die heute als Beamtenheimstättenwerk, gemeinnützige Bausparkasse für den öffentlichen Dienst GmbH (BHW), firmiert.

Die öffentlichen Sparkassen und Girozentralen lehnten das kollektive Bausparen zunächst ab, konnten sich aber auf Dauer diesem neuen Geschäftszweig nicht verschließen und gründeten ab 1929 eigene Bausparkassen. Nach 1933 kam es zur Gründung des genossen-
Genossenschaft- schaftlichen Bausparwesens, wobei sich die gewerbliche Genossen-
liches Bauspar- schaftsorganisation der bereits bestehenden Gesellschaft für zwei-
wesen stelligen Grundkredit/Deutsche Bausparer AG, bediente.

Schließlich entstanden in Deutschland seit den letzten Vorkriegsjahren Arbeitnehmerbanken, Gewerkschaftsbanken und Beamtenbanken. Ihrer Aufgabe nach lassen sie sich am ehesten mit den ländlichen und gewerblichen Kreditgenossenschaften vergleichen, da sie wie diese, vordringlich den Kreditbedarf einer bestimmten sozialen Gruppe befriedigten.

3.11 Das deutsche Bankwesen im Dienste der Kriegsfinanzierung 1939–45

Die Technik der Finanzierung des Zweiten Weltkrieges im Deutschen Reich war beachtlich und erfolgreich. Der Deckungsanteil der Steuern an den Kriegsausgaben war zwar wesentlich höher als im Ersten Weltkrieg. Dennoch hat sich das Deutsche Reich in den Kriegsjahren
Geräuschlose hauptsächlich der sogenannten „geräuschlosen" Finanzierungsmetho-
Kriegs- de bedient. Das bedeutete, daß der weitaus größte Teil der ausgegebe-
finanzierung nen Anleihen nicht über die Börse und damit beim sparenden Publikum, sondern bei den Kreditinstituten untergebracht wurde. Die Finanzlage des Reiches sollte grundsätzlich nicht in der Öffentlichkeit diskutiert werden. Die Staatsfinanzierung erfolgte daher bei den Geldinstituten, die ihre Einlagen überwiegend in Reichstiteln anlegten. Der Staat schöpfte so einen Teil des Anstiegs der Spar- und Giroeinlagen ab, den er durch seine eigenen Zwangsmaßnahmen selbst verursacht hatte.

Zu Beginn des Krieges war noch niemand bereit, Sachwerte zu verkaufen, und niemand konnte über seine Bezugsscheine hinaus Geld ausgegeben. Das Horten von Geld zu Hause war aber bei Strafe verboten. So sammelte sich die überschüssige Liquidität auf den Bankkonten an.

Das Regime erhöhte die Attraktivität des Sparens zudem noch durch Steuervergünstigungen. Ab Herbst 1941 war das „Eiserne Sparen" möglich, wonach ein Arbeitnehmer jeden Monat bis zu 26 RM von seinem Lohn direkt abziehen und steuer- und sozialversicherungsfrei anlegen lassen konnte. Hinzu kamen Einlagen von Unternehmen, deren geplante Investitionen noch nicht genehmigt waren. Da von privater Seite kaum Kreditnachfrage bestand, waren die Kreditinstitute froh, ihre Liquidität in verzinslichen Staatspapieren anlegen zu können. Der einfache Sparer wurde auf diese Weise, ohne es zu bemerken, Gläubiger des Reiches. „Eisernes Sparen"

Ab Mitte 1944 wurde die Finanzierung des Krieges immer schwieriger. Das Reich konnte nur noch einen Teil seiner Schuldtitel unterbringen. Einziger Ausweg blieb die verstärkte Inanspruchnahme der Notenpresse, denn mit dem zunehmenden Verlust besetzter Gebiete waren von dort keine Besatzungskontributionen mehr zu erwarten

Die Gesamtausgaben des Deutschen Reichs für den Krieg betrugen bis Februar 1945 insgesamt 657 Mrd. RM. Darin waren Ausgaben für die Wehrmacht in Höhe von 445 Mrd. RM und für andere (zivile) Zwecke in Höhe von 212 Mrd. RM enthalten. Von diesen Ausgaben wurden immerhin 215 Mrd. RM, d.h. 48%, durch Steuern, Zölle, Überschüsse der reichseigenen Betriebe (VIAG), der Reichspost und der Reichsbahn gedeckt. In diesen Einnahmen waren auch 85 Mrd. RM Besatzungskosten aus den besetzten Gebieten enthalten. Allein Frankreich bezahlte 31,6 Mrd. RM Kontributionen für die deutsche Besatzung. Etwas mehr als die Hälfte der Reichsausgaben, d.h. 342,6 Mrd. RM, mußten durch Kredite finanziert werden. Davon entfielen 117 Mrd. RM auf lang- und mittelfristige Kredite und 225,5 Mrd. RM auf kurzfristige Kredite. Finanzierung der Kriegskosten

Im letzten vollen Kriegsjahr 1944 stiegen die Staatsschulden monatlich um 7 Mrd. Reichsmark. Die Kreditinstitute legten ihre liquiden Mittel immer mehr in kurzfristigen Titeln, vor allem in Schatzwechseln, an. So kam es, daß sich bei Kriegsende der größte Teil der vom Reich ausgegebenen Schuldtitel bei Banken, Sparkassen, Genossenschaften, Lebens- und Sozialversicherungen befand. In Ermangelung anderer Anlagewerte waren die Institute zum Erwerb dieser Titel praktisch gezwungen.

In den letzten Monaten des Krieges ließen sich die Anzeichen der Hochinflation nicht mehr verbergen. Das System der geräuschlosen Kriegsfinanzierung endete in rasch fortschreitender Geldentwertung. Schon 1941 war in Deutschland und den besetzten Gebieten die „Zigarettenwährung" entstanden. Sie diente den Besatzungstruppen als Wertübertragungsmittel für den Handelsverkehr mit der Bevölkerung. Die Zigarette als Währungseinheit war handlich, praktisch verpackt, leicht zu transportieren, haltbar und genormt.

Zigaretten-
währung

Während die Zigarettenpreise im Ausland, vor allem in den USA, in der Kriegszeit stabil blieben, stieg der deutsche Zigarettenpreis extrem an. Während der Wert einer Zigarette im Herbst 1939 noch 0,04 RM betrug, stieg er bis April 1945 auf 6 bis 8 RM.

Seit 1943 befanden sich die Banken immer mehr in den Zentren des Luftkrieges, so daß sich die Zerstörungen der Bankgebäude häuften. Gegen Kriegsende kam es durch den gestörten Post- und Eisenbahnverkehr zu immer größeren Störungen, so daß der Geschäftsverkehr mit den anderen Banken und der Reichsbank zusammenbrach. Mit dem Vorrücken der alliierten Front mußten immer mehr Banken und Geschäftsstellen ihre Schalter schließen Das Reichsbankgebäude in Berlin und die Zentralen der Großbanken waren Bombenangriffen zum Opfer gefallen. Am 2. Mai 1945 besetzten sowjetische Soldaten die Hauptniederlassungen der Banken in Berlin. Die Kassenbestände wurden beschlagnahmt und dienten der teilweisen Deckung der alliierten Besatzungskosten. Für einige Wochen ruhte der gesamte Bankverkehr. Der Zusammenbruch der deutschen Wirtschaft und des gesamten Bankwesens hatte sich parallel zum militärischen Zusammenbruch vollzogen.

Zusammenbruch
des Bankwesens

4. Das deutsche Bankwesen nach dem Zweiten Weltkrieg: Zerschlagung und Wiederaufbau

4.1 Die Währungsreform und die Neuordnung des Notenbanksystems in der BRD

Die Reichsbank war nach Kriegsende geschlossen worden, der Zahlungsverkehr wurde jedoch immer noch in Reichsmark abgewickelt. Dabei lähmte die zurückgestaute Inflation das gesamte Wirtschaftsleben. Ursachen waren die Verschuldung des Reiches bis zum Ende des Krieges, die Demontagen, die den Kaufkraftüberhang über die Güterseite verstärkten, und das reichlich fließende Besatzungsgeld. Tauschhandel, Schwarzhändler und die „Zigarettenwährung" bestimmten die unmittelbare Nachkriegswirtschaft. Eine grundsätzliche Reform des Geld- und Bankwesens war erforderlich.

Am 20. Juni 1948, dem Tag der Währungsreform, wurde in den **Währungsreform** westlichen Besatzungszonen die Reichsmark durch die Deutsche Mark ersetzt. Die Einzelheiten der Währungsreform basierten auf Plänen der amerikanischen Militärregierung, die sich von deutschen Experten hatte beraten lassen. Das Umtauschverhältnis betrug 1:10; Löhne, Mieten und Renten wurden 1:1 umgestellt. Jeder Bürger erhielt einen „Kopfbetrag" von 40 DM gegen 40 RM, öffentliche Kassen und Arbeitgeber 60 DM je Arbeitnehmer. In der sowjetischen Zone wurde nur drei Tage später die Ostmark (amtliche Bezeichnung: D-Mark Ost) als neue Währung eingeführt. Parallel zur westdeutschen Währungsreform setzte Ludwig Erhard, auch für die Alliierten überraschend, die Freigabe der gebundenen Preise und die Aufhebung der Rationierung wichtiger Güter durch. Damit war der Wechsel von einer Planwirtschaft zur sozialen Marktwirtschaft eingeleitet.

Eine wichtige Voraussetzung für die Währungsreform im Westen bildete die Regelung der Zentralbankfrage nach dem Vorbild des amerikanischen Federal-Reserve-Systems, d.h. der Aufbau der Landeszentralbanken im Winter 1946/47 und der Bank deutscher Länder im **Bank deutscher** März 1948. Letzterer wurde aufgrund des Emissionsgesetzes, das auch **Länder** die Mindestreservevorschriften enthielt, das Recht verliehen, Noten auszugeben. Im Juli 1957 wurde die Bank deutscher Länder durch Gesetz in die Deutsche Bundesbank umgewandelt. Ihr Sitz blieb Frankfurt am Main. Der Notenbank wurde – neben dem alleinigen Recht, Banknoten auszugeben – folgende Aufgabe gestellt: die Stabilität der Währung zu garantieren, d.h. den Geldumlauf zu regulieren und die Versorgung der Wirtschaft mit Krediten zu sichern.

Nach der Währungsreform mußten zahlreiche Schwierigkeiten überwunden werden. Wegen der neugewonnen Kaufkraft und der Aufhebung der Bewirtschaftungsvorschriften begann sich im Spätsommer 1948 eine typische inflatorische Preisentwicklung abzuzeichnen. Im Frühjahr 1949 setzte eine deflatorische Preisentwicklung ein, die Zahl der Arbeitslosen stieg.

Arbeitsbeschaffungsprogramme, eine Lockerung der Kreditpolitik und der Wirtschaftsboom infolge des Koreakrieges halfen, diese Probleme zu überwinden. Auch eine erste Zahlungsbilanzkrise konnte mit Hilfe eines Sonderprogramms der Europäischen Zahlungsunion, die Deutschlands Hauptgläubiger war, gebannt werden. Neben der Währungsstabilität im Inland war die Wiederherstellung des deutschen Kredits im Ausland von gleichwertiger Bedeutung. Man sah dies als unbedingte Voraussetzung für eine Wiederbelebung des Im- und Exports an. Mit dem Londoner Schuldenabkommen von 1953 wurden die deutschen Auslandsschulden der Vorkriegszeit geregelt. Dadurch gewann der deutsche Kredit im Ausland wieder an Ansehen und die D-Mark war der Konvertibilität ein gutes Stück näher gekommen. Zu diesem Zeitpunkt war auch schon eine gewisse politische und wirtschaftliche Stabilität erkennbar. Das deutsche „Wirtschaftswunder" wurde offensichtlich. Im Sommer 1956 wurde Vollbeschäftigung erreicht.

Londoner Schuldenabkommen

Am 1.7.1957 trat das Gesetz über die Deutsche Bundesbank in Kraft. Die stabilitätsorientierte Politik der Bundesbank führte dazu, daß die Deutsche Mark zu einer der stabilsten Währungen der Welt wurde. An die unterschiedlichen Inflationsraten im In- und Ausland wurde die Deutsche Mark durch Aufwertungen angepaßt, wobei die Festsetzung der neuen Währungsparitäten bis 1971 bei der Bundesregierung lag. Nach dem Zusammenbruch des Weltwährungssystems von Bretton Woods am 15. August 1971 und der Freigabe der festen Wechselkurse kam es in der Folge durch „floating" zu weiteren Aufwertungen. Dabei hat die Deutsche Mark nicht nur gegenüber den Währungen Europas, insbesondere gegenüber dem britischen Pfund, dem französischen Franc, der italienischen Lira und der spanischen Peseta, erheblich an Wert gewonnen. Der Kurs des Dollars sank von 4 DM 1969 auf bis zu 1,50 DM pro Dollar Mitte 1996, wobei sogar kurzfristig ein Dollarkurs von unter DM 1,30 erreicht wurde, der die Exportmöglichkeiten der deutschen Industrie erschwerte.

Aufwertungen

Nach dem Vertragswerk von Maastricht soll die dritte Stufe der Europäischen Wirtschafts- und Währungsunion (EWWU) realisiert werden. Die Vorläuferin der künftigen Europäischen Zentralbank (EZB) mit Sitz in Frankfurt/Main ist das Europäische Währungsinstitut (EWI). Ab 1.1.1999 soll die Währungsunion mit der europäischen Einheitswährung Euro in Kraft treten. Ab 2002 werden Euro-Banknoten und -Münzen die Deutsche Mark und die Währungen aller Mitgliedsländer ablösen.

Euro

Die Bundesbank hat, wie ihre Vorgängerin, die Bank deutscher Länder, stets eine von der Regierung unabhängige Politik betreiben können. Allerdings gab es immer wieder Konflikte mit der Bundesregierung, so erstmals im Herbst 1950, als Konrad Adenauer gegen eine

Leitzinserhöhung protestierte, die Wilhelm Vocke aufgrund der Korea-krise durchsetzte. Auch Ludwig Erhard kritisierte 1961 Bundesbank-präsident Blessing im Streit über die erste Aufwertung der Deutschen Mark. In der Zeit der großen Koaltition unter Kurt Georg Kiesinger gab es Konflikte mit der Bundesbank, weil die Bundesregierung den Empfehlungen des Zentralbankrates im Zusammenhang mit der Auf-wertung von 1969 nicht entsprach. Auch die Regierungen Brandt und Schmidt haben Meinungsunterschiede mit der Bundesbank offen aus-getragen: 1972 trat aufgrund der Kontroversen mit der Bundesbank unter Karl Klasen sogar Wirtschaftsminister Karl Schiller zurück. 1981/82 kritisierte Bundesbankpräsident Karl-Otto Pöhl die Regierung Schmidt wegen ihres Haushaltsdefizits. Bundeskanzler Helmut Schmidt lehnte jedoch ein Arbeitsbeschaffungsprogramm ab und warf der Bundesbank in seiner Abschiedsrede von 1982 sogar vor, sie hätte zum Nachteil des Landes und seiner Beschäftigten ihren Spielraum für Zinssenkungen nicht genutzt.

Kontroversen mit der Bundesbank

Auch unter der Regierung Helmut Kohl hat die Bundesbank im-mer wieder die Grenzen ihres Einflusses erfahren müssen. Die Regie-rung handelte so, wie sie es politisch für richtig hielt.

So hatte die Bundesbank auf die währungspolitischen Entschei-dungen der Bundesregierung bei der deutschen Wiedervereinigung 1990 keinen Einfluß. Im Februar 1990 wurde die Bundesbank von der Ankündigung einer Wirtschafts- und Währungsunion überrascht. Aus politischen Erwägungen setzte sich die Bundesregierung auch über den Rat der Bundesbank hinweg, Löhne und Guthaben der DDR auf der Basis zwei zu eins umzutauschen. Dagegen konnte die Bundes-bank 1997 die Pläne des Finanzministers, die Goldvorräte höher zu bewerten und den Buchgewinn teilweise noch 1997 auszuschütten, abwehren. Immerhin hat die Bundesbank als Ratgeber viel in der Pla-nung der gemeinsamen europäischen Währung durchsetzen können, so eine europäische Zentralbank nach ihrem Vorbild.

Wiedervereini-gung und Bun-desbank

Die bankenstatistischen Veröffentlichungen der Bundesbank glie-dern die deutschen Geschäftsbanken wie folgt auf: zunächst wird zwi-schen Universalbanken, Spezialbanken und sonstigen Instituten des Bankenbereichs unterschieden. Universalbanken betreiben das Einla-gen- und Kreditgeschäft und zugleich das gesamte Wertpapier- (Ef-fekten-)geschäft.

Statistische Gliederung der Geschäftsbanken

Zum Sektor Universalbanken gehören die Kreditbanken (Groß-banken, Regional- und sonstige Banken, Privatbanken sowie Zweig-stellen ausländischer Banken), der Sparkassensektor (Sparkassen, Girozentralen, Landesbanken) und der Genossenschaftssektor (Kredit-

genossenschaften, Volksbanken, Raiffeisenbanken und Zentralkassen).
Zu den Spezialbanken, über die die Bundesbank statistisch berichtet,
gehören die Realkreditinstitute, Teilzahlungskreditinstitute, Kreditinstitute für Sonderaufgaben und die Postbank. Zu den „sonstigen
Instituten des Bankenbereichs" gehören die Kapitalanlagegesellschaften, die Bausparkassen, Wertpapiersammelbanken und Bürg-
schaftsbanken.

4.2 Die Großbanken

Nach Kriegsende wurde den Berliner Bankhäusern die Ausübung aller
Finanzgeschäfte zeitweilig verboten. Die meisten Banken hatten Berlin allerdings schon verlassen. Die drei größten Banken, die Deutsche
Bank, die Dresdner Bank und die Commerzbank, wichen nach Hamburg aus. Die Sowjetunion verbot und enteignete alle privaten Geschäftsbanken in ihrer Besatzungszone. An ihre Stelle trat ein System
staatlicher („volkseigener") und genossenschaftlicher Bankinstitute.

Auflösung der Die alliierten Westmächte lösten von Mai 1947 an die deutschen
Großbanken Großbanken gegen deren Willen in 30 Teilinstitute mit nur regionaler
Bedeutung auf. Sie besaßen keine eigene Rechtsform und veröffent-
lichten keine Bilanzen. Die Großbanken selbst wurden aber nicht
liquidiert. Sie blieben als juristische Personen bestehen, obschon ihre
Geschäftätigkeit ruhen mußte.

Durch das „Gesetz über den Niederlassungsbereich von Kreditinstituten" vom 29. März 1952, das „Großbankengesetz", wurde die
Auflösung der Großbanken bestätigt, die Anzahl der Teilinstitute jedoch verringert. Im September 1952 erfolgten dann die sogenannten
Ausgründungen, durch die der Geschäftsbetrieb der Großbanken von
den jeweiligen Nachfolgeinstituten übernommen wurde. Jede der drei
Großbanken erhielt je ein Nachfolgeinstitut für die nördlichen Bundesländer, für Nordrhein-Westfalen und für die südlichen Bundesländer. 1955 vereinbarten die Aufsichtsräte der Nachfolgebanken einen
Gewinn- und Verlustausgleich („Gewinnpool") zur Stärkung der finanziellen Kraft der Banken und zum „Schutz der Aktionäre".

Fusionsgesetz Das Gesetz zur „Aufhebung der Niederlassungsbereiche von
Kreditinstituten", das sogenannte Fusionsgesetz, hob 1956 das Groß-
bankengesetz auf und ermöglichte damit die Wiedervereinigung der
Nachfolgebanken. So haben seit 1957 die Deutsche Bank und die
Dresdner Bank ihren Sitz in Frankfurt am Main und seit 1958 die
Commerzbank ihren Sitz in Düsseldorf. Die Berliner Tochterinstitute
der Großbanken, die Berliner Disconto-Bank AG, die Bank für Handel

und Industrie AG und die Berliner Commerzbank AG, wurden nicht
mit in die Wiederherstellung einbezogen.

Seit 1959 sind die Großbanken auch im privaten Kundengeschäft
tätig. Hauptgründe dieser neuen Zielsetzung waren die Gewinnung
einer neuen Kundengruppe vor dem Hintergrund des zunehmenden
bargeldlosen Zahlungsverkehres und die zunehmende Konkurrenz
durch Sparkassen und Kreditgenossenschaften.

Seit ihrer Gründung ist das Auslandsgeschäft ein wichtiges Geschäftsfeld der Großbanken. Dennoch dürfte ihr Marktanteil – 1959
finanzierten sie die Hälfte der deutschen Außenhandelsgeschäfte –
auch hier etwas zurückgegangen sein. Vom allgemeinen Aufschwung
des Depositengeschäftes haben die Großbanken dagegen, dank ihres
großen Engagements im Emissionsgeschäft und im Effektenhandel,
überproportional profitiert.

1995 unterhielten die drei Großbanken Deutsche Bank AG,
Dresdner Bank AG und Commerzbank AG ein Filialnetz von rund
2 500 Stützpunkten. Ihr Marktanteil, gemessen am Geschäftsvolumen,   **Marktanteile der**
betrug mit 700 Mrd. DM 10% des Volumens aller Bankgruppen und   **Großbanken**
26% des Kreditbankensektors. Durch das starke Wachstum des Spar-
kassen- und des Genossenschaftssektors war der Marktanteil der
Großbanken tendenziell sinkend, wobei zwischen 1980 und 1990 der
Marktanteil beim Kreditvolumen und der Bilanzsumme wieder anstieg.

Den Großbanken ähnlich und z.T. untereinander verflochten wurden die Landesbanken, die Deutsche Girozentrale, die genossenschaftlichen Zentralkassen, die DG (Deutsche Genossenschafts-)Bank
und die BfG (Bank für Gemeinwirtschaft). Der immer härter werdende
Wettbewerb um Marktanteile führte zu einem Kampf um das Auslandsgeschäft, um Großgeschäfte und vor allem um Privatkunden.

Neben der Verbraucherwerbung der Großbanken wurden 1995
„Direktbanken" als Tochtergesellschaften gegründet. Diese neuen   **Direktbanken**
Banken bieten u.a. eine Verzinsung der Girokonten-Guthaben an und
sind teilweise 24 Stunden an 7 Wochentagen erreichbar. Ihre Wertpa-
pier-Dienste bieten sie zu Discount-Tarifen an. Zu den bekanntesten
Direktbanken gehören die Advance Bank (Vereinsbank, ab 1998
Dresdner Bank), die Bank 24 (Deutsche Bank),die Consors Discount-
Broker (Schmidt-Bank), die Comdirekt Bank (Commerzbank) und die
Direkt Anlage Bank (Hypo-Bank) sowie die Allgemeine Deutsche
Direktbank. Mit diesen Gründungen wollen die Groß-und Regional-
banken Marktanteile im Wertpapiergeschäft und in der Führung von
privaten Girokonten gewinnen und eine Alternative zum zunehmenden

Überweisungsverkehr per PC und Btx (Home-banking, Tele-banking) bieten. Marktführer bei den Direktbanken war 1996 die Quelle Bank, die aus dem Teilzahlungsgeschäft des Großversandhauses Quelle entstanden ist. Die Deutsche Bank eröffnete ab 1996 erstmals „bankingshops" in Warenhäusern und Supermärkten, um die längeren Ladenöffnungszeiten nutzen zu können und um neue Kunden zu gewinnen.

Obwohl sich die Ertragslage der Großbanken zu Beginn der 90er Jahre trotz gegenläufiger Entwicklung in Industrie und Handel wesentlich verbesserte, sind weitere Veränderungen bei den deutschen Großbanken absehbar. Eine Schlüsselposition haben die Versicherungskonzerne Allianz und Münchner Rück. So war 1996 die Allianz mit 5% an der Deutschen Bank, 23% an der Dresdner Bank, 23% an der Bayerischen Hypotheken- und Wechselbank, 16% an der Berliner Handels- und Frankfurter (BHF) Bank, 12% an der IKB Deutsche Industriebank und mit 4% an der Bayerischen Vereinsbank beteiligt.

Beteiligungen des Allianz-Konzerns

Umgekehrt halten die Deutsche Bank, die Dresdner Bank und die Bayerische Vereinsbank je 10% der Geschäftsanteile des Allianz Konzerns. 1996 übernahm die Deutsche Bank 5,2% der Bayerischen Vereinsbank. Bis dahin hielten die großen Aktienbanken untereinander keine Aktienpakete, die 5% überschritten.

Konzern-Bilanzsummen 1996 der größten deutschen Kreditinstitute

Angaben in Mrd. DM

1. Deutsche Bank		866,8
2. Bayerische Vereinsbank	403,6	
Bayerische Hypobank	339,4	743,0
3. Bankgesellschaft Berlin/Nord LB		567,1
4. Dresdner Bank		561,2
5. Westdeutsche Landesbank		470,8
6. Commerzbank		448,0
7. Bayerische Landesbank		360,5
8. DG Bank		331,8
9. Kreditanstalt für Wiederaufbau		251,6
10. Südwestdeutsche Landesbank		207,4

Durch die europäische Einigung besteht der Zwang zu weiteren internationalen Kooperationen und Übernahmen. In der deutschen Bankenlandschaft stehen Ende der neunziger Jahre weitere Zusammenschlüsse an. So war wohl 1997/98 das Zusammengehen der beiden bayerischen Regionalbanken, der Vereinsbank (BV) und der Hypobank zur Bayerischen Hypo- und Vereinsbank nur ein erster Schritt.

4.3 Privatbankiers, Regionalbanken und sonstige Kreditbanken

Zur Gruppe der Kreditbanken werden in der Statistik der Bundesbank auch die Privatbankiers gezählt, von denen es 1957 noch 245, 1975 lediglich 128, 1981 nur 83 und 1995 nur noch ganze 65 gab. Dieser starke Rückgang ist Ausdruck zunehmender Insolvenzen und Übernahmen, die auf den steigenden Kostendruck und Wettbewerb im Bankgeschäft, aber auch auf Mißmanagement zurückzuführen sind. — *Rückgang der Privatbankiers*

Viele Privatbanken und kleinere Aktienbanken fusionierten, um im Wettbewerb mithalten zu können. Die größte Fusion fand 1971/72 zwischen C. G. Trinkaus (Düsseldorf) – dem damals größten privaten Bankhaus in Deutschland – und Burkhardt & Co. (Essen) statt. Eine andere Möglichkeit boten die Kooperation und Anlehnung an eine Großbank. Nach 1968 intensivierte sich dann auch die Zusammenarbeit mit den Girozentralen und Landesbanken und den größeren Sparkassen.

Großes Aufsehen erregte in den Jahren 1973/74 die Schließung mehrerer Bankhäuser infolge Devisenspekulationen, darunter die des Kölner Bankhauses I. D. Herstatt KGaA (Kommanditgesellschaft auf Aktien). Immer wieder kommt es auch zur Entziehung der Bankerlaubnis durch die Bankenaufsicht.

Die bedeutendsten privaten Bankhäuser sind Sal. Oppenheim jun. & Cie. KGaA. (Köln-Frankfurt) mit einer Konzernbilanzsumme von 28 Mrd. DM im Jahr 1994, Trinkhaus & Burkhardt KGaA, (Düsseldorf) mit 14 Mrd. DM, Schröder, Münchmeyer, Hengst & Co. (Hamburg-Frankfurt-Offenbach) und Merck, Finck & Co., Privatbankiers (München-Düsseldorf-Frankfurt). Ein Teil dieser Privatbanken ist in den Besitz ausländischer Banken übergegangen oder gehört, wie das Bankhaus Lampe KG in Bielefeld, das der Oetker Gruppe zugerechnet wird, zu einem Konzern. Eine Ausnahme bildet die SchmidtBank KGaA in Hof/Saale, die mit einem dichten Filialnetz in Oberfranken und seit der Wiedervereinigung auch in den südlichen Teilen von Sachsen und Thüringen, mit einer Bilanzsumme von 10 Mrd. DM im Jahr 1995 eine regional begrenzte Rolle spielt. Überregional hat die Schmidt-Bank 1992 die Münchner Thurn und Taxis Bank und 1996 die Frankfurter Metallbank übernommen. — *Bedeutende Privatbanken*

Mit der Gründung der Tochtergesellschaft Concors Discount-Broker hat dieses Privatbankhaus 1995 die zweite Direktbank gegründet, die sich hauptsächlich auf das beratungsfreie, preisgünstige und telefonische Wertpapiergeschäft spezialisiert hat.

Die Privatbankiers, die in der Rechtsform eines Einzelkaufmanns oder einer Personenhandelsgesellschaft geführt werden, hatten 1996 **Marktanteil der** ein Geschäftsvolumen von 52 Mrd. DM und damit einen Marktanteil **Privatbanken** von nur noch 0,7% des Geschäftsvolumens aller Bankengruppen. Bei den Kreditbanken hatten diese Privatbankiers einen Marktanteil von rund 3% am Geschäftsvolumen.

Zur Gruppe der Regionalbanken und sonstigen Kreditbanken werden alle Banken mit Ausnahme der Großbanken gezählt, die in der Rechtsform einer AG oder einer GmbH geführt werden. Der **Bedeutende** wesentliche Unterschied zwischen den Regionalbanken und den **Regionalbanken** Großbanken besteht in der regionalen Begrenzung ihres Tätigkeitsbereichs. Zu nennen sind u.a. die ab 1997/98 fusionierte Bayerische Vereinsbank (BV)und die Bayerische Hypotheken- und Wechselbank (Hypo-Bank), die Berliner Handels- und Frankfurter Bank (BHF Bank, Frankfurt-Berlin), die Westfalen Bank AG (Bochum), die Vereins- und Westbank AG (Hamburg) und die Baden-Württembergische Bank AG, (Stuttgart). In der 1994 entstandenen Bankgesellschaft Berlin AG haben sich die Berliner Bank AG, die Landesbank Berlin und die Berlin-Hannoversche Hypothekenbank AG zur sechstgrößten deutschen privaten Geschäftsbank zusammengeschlossen. Durch die Fusion mit der Norddeutschen Landesbank Hannover entsteht 1998 ein Spitzeninstitut, das aufgrund seiner Bilanzsumme mit der Dresdner Bank um den dritten Platz unter den größten deutschen Kreditinstituten konkurriert.

Die Bank für Gemeinwirtschaft AG (Frankfurt), die ebenfalls zu den Regionalbanken zählt, obwohl sie ein größeres überregionales Filialnetz betreibt, geht auf die Hausbanken der Gewerkschaften, die in den 20er Jahren entstanden, zurück. Diese Gewerkschaftsbanken wurden 1933 enteignet und die „Bank der deutschen Arbeit" gegründet, die 1945 wieder liquidiert wurde. Danach wurde, ähnlich den Großbanken, auch das gewerkschaftliche Bankwesen dezentralisiert. Mit der Fusionierung der von den Gewerkschaften und Konsumgenossenschaften gegründeten sechs regionalen Gemeinwirtschaftsbanken zur BfG wurde 1958 der Weg zu einer Universalbank vom Range der Großbanken beschritten. Nach schneller Expansion kam die BfG u.a. durch die Konkurse der Neuen Heimat und der Coop in Schwierigkeiten und wurde 1993 von der französischen Staatsbank Credit Lyonais übernommen, die wenig später ebenfalls in Turbulenzen geraten ist.

Daß die Bezeichnung Regionalbanken oft nicht mehr zutrifft, zeigen auch die Filialnetze der Bayerischen Vereinsbank und der Hypo-Bank außerhalb Bayerns. In Norddeutschland ist die Bayerische Vereinsbank (BV) mit der Vereins- und Westbank vertreten. 1997 hat die BV die zum Quelle-Konzern gehörende Noris Verbraucherbank in Nürnberg übernommen und so ihr überregionales Konsumenten-Kredit-Geschäft gesteigert.

Die Regionalbanken und sonstigen Kreditbanken einschließlich der Privatbankiers, die nicht in der Rechtsform eines Einzelkaufmanns oder einer Personenhandelsgesellschaft geführt werden, hatten 1996 ein Geschäftsvolumen von rund 1 000 Mrd. DM; das entspricht einem Marktanteil von 13% am Volumen aller Bankengruppen und 53% an dem der Kreditbanken.

Die Großbanken, Regionalbanken, Privatbankiers sowie die Verbände der deutschen Hypothekenbanken und Schiffsbanken haben als Dachorganisation den Bundesverband deutscher Banken e.V.

Die Zahl der Zweigniederlassungen ausländischer Banken belief sich 1996 auf 160. Die überwiegend in Frankfurt angesiedelten ausländischen Bankfilialen spielen hauptsächlich im Kreditgeschäft von Unternehmen in ausländischem Besitz eine Rolle. Ihr Geschäftsvolumen belief sich 1996 auf 338 Mrd. DM; ihr Marktanteil beträgt damit 4%.

Marktanteile der Regionalbanken

Zweigniederlassungen ausländischer Banken

4.4 Die Sparkassen

Der Sparkassensektor ist in der Bundesrepublik dreistufig aufgebaut. Die untere Stufe bilden die örtlichen Sparkassen. Die mittlere Stufe wird durch die regionalen und meist auf Länderebene tätigen Girozentralen und Landesbanken repräsentiert. Als Spitzeninstitut des Sektors und Zentralinstitut der Girozentralen fungiert die Deutsche Girozentrale/Deutsche Kommunalbank.

Das Sparkassenwesen erholte sich nach dem Zweiten Weltkrieg nur langsam. Die Umstellung und teilweise Sperrung der ehemaligen RM-Einlagen schufen ein psychologisch schlechtes Sparklima; der Nachholbedarf an Konsum war unermeßlich. Erst nach 1949, also ein Jahr nach der Währungsreform, zeigten sich erste Ansätze einer neuen Sparbereitschaft innerhalb der Bevölkerung, verursacht durch verschiedene staatliche Anreize. 1959 führten die Sparkassen das prämienbegünstigte Sparen ein, das staatliche Prämien und Steuererleichterungen versprach.

Das Gironetz der Sparkassenorganisation war nach 1945 intakt geblieben. Der Giroverkehr konnte daher sofort wieder aufgenommen werden, und die Giroeinlagen wuchsen schnell. Einen wesentlichen Wachstumsschub erhielten die Sparkassen nach der Einführung der bargeldlosen Lohnzahlung 1957. Auch der seit Anfang der fünfziger Jahre eingeführte Konsumentenkredit trug maßgeblich zum Wachstum der Sparkassen bei.

Bargeldlose Lohnzahlung

Im Zuge des Wiederaufbaues belebte sich auch das Kreditgeschäft. Der Mittelstandskredit erlangte wachsende Bedeutung. Die Zunahme des Auslandsgeschäftes der Sparkassen, das über die Landesbanken bzw. Girozentralen abgewickelt wurde, trug dem steigenden Außenhandelsvolumen des Mittelstandes Rechnung. Auch der zunehmende Reiseverkehr ins Ausland und die finanziellen Abwicklungen der Import-und Exportgeschäfte des Mittelstandes steigerten den Sorten- und Devisenhandel sowie das Reisezahlungsmittelgeschäft der Sparkassen, die im Verbund mit den Landesbanken/Girozentralen sich größere Marktanteile sichern konnten.

Die Zentralinstitute der deutschen Sparkassen sind die Landes-Banken/Girozentralen. Sie dienen als Verrechnungsstellen des bargeldlosen Zahlungsverkehrs und besorgen den Liquiditätsausgleich zwischen den einzelnen Sparkassen. Zusätzlich haben sie meist die Aufgabe einer Staats- oder Kommunalbank und dienen den Bundesländern als Hausbank. Als Universalbanken sind sie darüber hinaus berechtigt, Bankgeschäfte aller Art zu betreiben, konzentrieren sich aber auf das Großgeschäft. Ihr Spitzeninstitut ist die Deutsche Girozentrale – Deutsche Kommunalbank, Frankfurt/Main. Die 1969 durch Fusionen entstandene Westdeutsche Landesbank (WestLB) hat ein Bilanzvolumen von 471 Mrd. DM (1996), das größer ist als das der Commerzbank (448 Mrd. DM 1996). Die WestLB betätigt sich in den 90er Jahren über Beteiligungen zunehmend unternehmerisch, so. z.B. auf dem stark wachsenden Reise- und Touristikmarkt (TUI, LTU, Hapag-Lloyd).

Landesbanken/ Girozentralen

Mitte der 70er Jahre gerieten mehrere Landesbanken/Girozentralen, darunter die Hessische Landesbank, in Schwierigkeiten. Diese wurden jedoch durch eine Gemeinschaftsaktion der gesamten deutschen Sparkassenorganisation überwunden. Die teilweise untereinander verflochtenen Landesbanken verzeichneten in den 80er Jahren ein besonders starkes Wachstum, das u.a. auf eine große Expansion im Auslandsgeschäft zurückzuführen war. Die (1995) 624 Sparkassen sind in regionalen Sparkassen- und Giroverbänden zusammengeschlossen, die ihrerseits zusammen mit den 13 Landesbanken Mitglieder des Deutschen Sparkassen- und Giroverbandes, Bonn, sind. Die meist öffentlich-rechtlichen Institute sind im allgemeinen im Bereich ihrer Haftungsträger tätig, also vor allem in Kommunen und Kreisen.

Daneben gibt es eine kleine Anzahl von Freien Sparkassen, die nicht den Beschränkungen unterliegen, die für öffentlich-rechtliche Sparkassen gelten. Sie sind Institute mit öffentlich-rechtlichem Charakter, aber ohne kommunale oder sonstige Gewährträger. Zu diesen Freien Sparkassen gehören die in der Form wirtschaftlicher Vereine geführte Frankfurter Sparkasse von 1822 und die 1825 gegründete Sparkasse in Bremen mit Bilanzsummen von 26 bzw. 15 Mrd. DM (1996). **Freie Sparkassen**

In der sowjetischen Besatzungszone und späteren DDR wurden 1945 zunächst die Sparkassen, Landesbanken/Girozentralen und öffentliche Bausparkassen geschlossen. Zugleich wurden die Städte und Kreise ermächtigt, neue Sparkassen zu errichten, die aber nicht Rechtsnachfolgerinnen der geschlossenen Sparkassen sein durften. Von 1952 an bestanden 198 Stadt- und Kreissparkassen, die unter der Aufsicht der Städte und Kreise standen und vom Finanzministerium der DDR kontrolliert wurden. Ihre wichtigste Aufgabe war die Förderung des bargeldlosen Zahlungsverkehrs und des Sparwesens, um so den Bargeldumlauf niedrig zu halten und überschüssige Kaufkraft abzuziehen. Andererseits war der Konsumentenkredit neben dem Wohnbaukredit die wichtigste Kreditart.

1995 existierten 107 Sparkassen in den neuen Bundesländern, die durch raschen Aufbau nach der Wiedervereinigung sich nunmehr in einer Konsolidierungsphase befinden. Besonders in der ersten Phase waren erhöhte Abschreibungen und Wertberichtigungen auf notleidende Kredite zu verzeichnen.

Verbundpartner der Sparkassen-Finanzgruppe, der die Sparkassen, Landesbanken, Landesbausparkassen und Sparkassen-Versicherungen angehören, sind die Kapitalanlagegesellschaften Deka (Deutsche Kapitalanlagegesellschaft) und Despa (Deutsche Sparkassen-Immobilien-Anlage Gesellschaft mbH), Kapitalbeteiligungsgesellschaften, Leasinggesellschaften, Factoringgesellschaften und der Deutsche Sparkassenverlag. Zu den größten Sparkassen zählen die Hamburger Sparkasse und die Landesgirokasse Stuttgart mit Bilanzsummen von 40 bzw. 34 Mrd. DM (1995). Das Geschäftsvolumen aller 624 deutschen Sparkassen belief sich 1996 auf 1 500 Mrd. DM und das der 13 Girozentralen/Landesbanken auf 1 400 Mrd. DM. Gemessen am Geschäftsvolumen aller Bankengruppen lag 1996 der Marktanteil der Sparkassen bei 20% und der Landesbanken bei 18%. **Verbundpartner der Sparkassen-Finanzgruppe**

Bei den Universalbanken hatte die Sparkassenorganisation 1995 hinsichtlich der Bilanzsumme einen Marktanteil von sogar 49%. Bei den Krediten an Nichtbanken lag er bei 48,3% und bei den Einlagen von Nichtbanken bei 47,4%. Damit ist die Sparkassenorganisation dem Volumen nach die bedeutendste Gruppe im deutschen Bankwesen. Sie beschäftigte 1995 insgesamt 375 000 Mitarbeiter mit 28 000 Ausbildungsplätzen und war nach der Siemens AG der größte Arbeitgeber in Deutschland.

4.5 Die genossenschaftlichen Kreditinstitute

Nach dem Kriegsende im Jahre 1945 vereinigten sich die 12 Landesverbände ländlicher Genossenschaften im Bundesgebiet zu einer Arbeitsgemeinschaft; sie gründeten 1948 den Deutschen Raiffeisenverband e.V. in Bonn. 1949 wurde mit staatlicher Beteiligung als gemeinsames Spitzeninstitut der landwirtschaftlichen und gewerblichen Kreditgenossenschaften die Deutsche Genossenschaftskasse (DGK) mit Sitz in Frankfurt/Main gegründet.

Im selben Jahr wurde der Deutsche Genossenschaftsverband (Schulze-Delitzsch) e.V. der gewerblichen Genossenschaften wiedergegründet. Ähnlich den Raiffeisenbanken hatten auch die Volksbanken Schwierigkeiten, die steigende Nachfrage nach insbesondere langfristigen Krediten zu befriedigen. Von der Mitte der 60er Jahre an nahmen daher die Fusionen kleinerer Genossenschaften zu leistungsfähigeren, größeren Einheiten zu. Gleichzeitig wurde das Filialnetz ausgebaut.

Deutscher Genossenschafts- und Raiffeisenverband   Mit der Vereinigung der beiden Dachverbände der gewerblichen und landwirtschaftlichen Genossenschaften Ende 1971 und der Gründung des Deutschen Genossenschafts- und Raiffeisenverbandes 1972, in dem der Bundesverband der Deutschen Volksbanken und Raiffeisenbanken e.V. als Fachverband der Kreditgenossenschaften vertreten ist, ist eine Einheit im deutschen Genossenschaftswesen entstanden. 1975 verfügten die Kreditgenossenschaften über 19 000 Haupt- und Zweigstellen und besaßen damit das dichteste Bankstellennetz Europas.

Regional sind die Kreditgenossenschaften zu drei genossenschaftlichen Zentralbanken zusammengeschlossen. Neben ihrer eigentlichen Funktion als Liquiditätsausgleichs- und Clearingstelle wickeln sie heute auch Auslands-, Wertpapier- und Immobiliengeschäfte ab. Als Zentralinstitut fungiert seit 1975 die DG Bank, Deutsche Genossenschaftsbank, die ehemalige Genossenschaftskasse, mit Sitz in Frankfurt/Main.

Die bedeutendsten Genossenschaftsbanken sind die Deutsche Apotheker- und Ärztebank eG, Düsseldorf, die Berliner Volksbank eG und die Badische Beamtenbank eG, Karlsruhe. Die konsolidierten Bilanzsummen der Raiffeisenbanken, Volksbanken, regionalen genossenschaftlichen Zentralbanken und der DG Bank stiegen von 29 Mrd. DM (1960) auf 500 Mrd. DM Mitte der 80iger Jahre. Der Marktanteil des Genossenschaftssektors gemessen an der Bilanzsumme aller Kreditinsitute stieg in dieser Zeit von 9% auf 14%, so daß sich die Marktposition der Genossenschaftsbanken stark erhöht hat. 1996 hatte der Genossenschaftssektor ein Geschäftsvolumen von 1 143 Mrd. DM, wobei 260 Mrd. DM auf die drei Genossenschaftlichen Zentralbanken und die Deutsche Genossenschaftsbank und 883 Mrd. DM auf die 2 590 Kreditgenossenschaften entfielen. Bezogen auf die drei Universalbankgruppen war dies hinsichtlich der Bilanzsumme ein Marktanteil von 19,1%. Bezogen auf das Einlagengeschäft waren es sogar 25,2% gegenüber 13,1% im Jahr 1950. *(Bedeutende Genossenschaftsbanken)*

Zum Genossenschaftssektor zählen auch die 17 Sparda-Banken, die in einem eigenen Verband zusammengeschlossen sind. Sie sind als Eisenbahn-Spar- und Darlehenskassen zwischen 1886 (Karlsruhe) und 1952 (Augsburg) an allen Reichsbahndirektionen zunächst als Selbsthilfeeinrichtungen für Eisenbahner gegründet worden. 1969 erfolgte eine Ausweitung auf die Angehörigen des öffentlichen Dienstes. 1990 schloß sich die frühere Reichsbahn-Sparkasse der DDR als Sparda-Bank Berlin e.G. dem Verbund an. 1996 erreichten die Sparda-Banken mit 1,5 Millionen Mitgliedern eine Bilanzsumme von 46 Mrd. DM und haben sich zu modernen Allfinanz-Unternehmen entwickelt. Als Zentralkasse der Sparda-Banken fungiert die Deutsche Verkehrsbank AG. *(Sparda-Banken)*

Die Partner der Genossenschaftsbanken stellen einen bedeutenden Finanzverbund dar: neben der DG Bank und den drei genossenschaftlichen Zentralbanken, der GZB-Bank, der SGZ-Bank und der WGZ-Bank gehören folgende Institute zur Gruppe: die Deutsche Genossenschafts- Hypothekenbank zählt zu den größten Realkreditinstituten, die Bausparkasse Schwäbisch Hall ist die kundenstärkste Bausparkasse, die DG Diskontbank die älteste und größte deutsche Factoring Bank. Die Union Investment-Gesellschaft und die DIFA, Deutsche Immobilienfonds AG, sind bedeutende Kapitalanlagegesellschaften. Zum Verbund gehören auch die VR Leasing und die R + V Versicherung, die einen vorderen Rang in der deutschen Assekuranz *(Finanzverbund des Genossenschaftswesens)*

Bedeutende Genossenschaftsbanken

Sparda-Banken

Finanzverbund des Genossenschaftswesens

einnehmen. Das Allfinanz-Konzept des Genossenschaftssektors hat aufgrund seiner kostengünstigen Vertriebswege und der umfassenden Produktpalette zu einer starken Zunahme der Marktanteile bei allen Finanzdienstleistungen geführt.

4.6 Die Realkreditinstitute

Zu den Realkreditinstituten werden die 22 privaten Hypothekenbanken und die 13 öffentlich-rechtlichen Grundkreditanstalten in der Bundesrepublik gerechnet.

Der Zusammenbruch von 1945 bedeutete einen grundlegenden Einschnitt im Hypothekargeschäft. Die Banken mit Sitz in der sowjetischen Besatzungszone wurden geschlossen und enteignet, konnten durch Verlagerung in den Westen aber das Geschäft bald wieder aufnehmen. Die Zerstörung der Beleihungsobjekte und die Abtrennung des Ostens brachten beträchtliche Zinsverluste. Bis zur Währungsreform wurden daher die Zinsscheine der Pfandbriefe und Kommunalobligationen nur zur Hälfte eingelöst.

Hypothekargeschäft nach 1945

Zu größeren Umsätzen von privater Seite kam es erst in Folge des „Ersten Gesetzes zur Förderung des Kapitalmarkts" von 1952, das die Steuerfreiheit von Zinsen – die sogenannten Sozialbriefe – einführte. In den folgenden Jahren erlebte das Pfandbriefgeschäft einen guten Absatz. Die Hypothekenbanken trugen so zur langfristigen Finanzierung des Wiederaufbaus, auch des sozialen Wohnungsbaus, wesentlich bei. Erst durch die Ankündigung der Kuponsteuer 1964 trat eine Zäsur ein, wofür auch die Überbeanspruchung des Kapitalmarktes verantwortlich war. Zu den bedeutendsten privaten Hypothekenbanken zählen 1996 u.a. die Frankfurter Hypothekenbank Centralboden AG, Frankfurt (Deutsche Bank), die Rheinische Hypothekenbank AG, Frankfurt (Commerzbank), die Deutsche Hypothekenbank, Bremen-Hamburg (Dresdner Bank) und die Württembergische Hypothekenbank Stuttgart (Bayerische Hypotheken- und Wechselbank). Nach dem Zweiten Weltkrieg mußten die privaten Hypothekenbanken weitgehend ihre Selbständigkeit aufgeben, so daß die Großbanken, aber auch große Regionalbanken und Privatbanken, heute maßgeblich an ihnen beteiligt sind. Auf genossenschaftlicher Seite existiert die 1921 gegründete Deutsche Genossenschafts-Hypothekenbank AG Hamburg als 100%ige Tochter der DG Bank. Daneben gibt es 14 öffentlich-rechtliche Grundkreditanstalten, wie die Deutsche Pfandbrief- und Hypothekenbank AG (DePfa), Wiesbaden und die Landeskreditbank Baden-Württemberg in Karlsruhe. Sie sind besonders im Geschäft mit

Bedeutende Hypothekenbanken

der öffentlichen Hand tätig. So entfielen 1996 bei der DePfa von 150 Mrd. DM Kreditvolumen allein 111 Mrd. auf Darlehen an die öffentliche Hand. Diese Grundkreditanstalten gelten als Nachfolgeinstitute der Landschaften des 18. Jahrhunderts. Das von den Landschaften eingeführte System der Beschaffung billiger Agrarkredite durch die Ausgabe von Pfandbriefen wurde auf die Finanzierung der öffentlichen Hand, der Industrialisierung und des Wohnungsbaus übertragen. Die Realkreditinstitute hatten 1996 ein Geschäftsvolumen von rund 1 000 Mrd. DM und damit einen Marktanteil von rund 13% am Geschäftsvolumen aller Bankengruppen. 80% ihrer Aktiva waren langfristige, dinglich gesicherte Hypothekenkredite.

Marktanteile der Realkreditinstiute

Der Pfandbrief hat trotz der Globalisierung der Kapitalmärkte in den neunziger Jahren seine Position halten können: Mit einem Emissionsvolumen von insgesamt 1,4 Billionen DM lag 1996 der Umlauf deutscher Pfandbriefe über dem Volumen deutscher und italienischer Staatsanleihen.

4.7 Die Bausparkassen

In der Nachkriegszeit spielten die Bausparkassen beim Wiederaufbau des Wohnungsbestandes eine Schlüsselrolle. Der Trend zum Eigenheim, die Förderung des sozialen Wohnungsbaus (Wohnungsbauprämiengesetz ab 1952) und die gesetzliche Grundlegung des Wohnungseigentums (ebenfalls 1952), förderten den Wohnungsbau nachhaltig. Nach dem dritten Gesetz zur Förderung der Vermögensbildung der Arbeitnehmer erhielten Arbeitnehmer für vermögenswirksame Leistungen des Arbeitgebers bis DM 624,- pro Jahr, darunter auch für Bausparbeiträge eine Sparzulage von 30%. Allein 1980 wurden ca. 4,2 Mrd. DM vermögenswirksame Leistungen als Bausparbeiträge angelegt, sodaß sich die Sparzulagen auf rund 1,25 Mrd. DM beliefen. In der Folgezeit entwickelte sich das Bauspargeschäft deshalb auch besonders gut. In den 60er und 70er Jahren begann sich, bei allerdings positiver Entwicklung des gesamten Bausparkassenwesens, eine Verschiebung der Marktanteile zu Gunsten der privaten Bausparkassen abzuzeichnen. Die privaten Bausparkassen hatten das Neugeschäft, d.h. den Abschluß von Bausparverträgen über ein dichtes Netz von haupt- und nebenberuflichen Handelsvertretern organisiert. Daneben arbeiteten sie verstärkt mit Versicherungsagenten und sogenannten Allfinanzvertrieben sowie Banken zusammen. Die öffentlichen Bausparkassen, vor allem die Landesbausparkassen (LBS) stützen sich weitgehend auf das Netz der Sparkassenorganisiation.

Positive Entwicklung des Bausparwesens

Die zurückgeführte staatliche Wohnungsbauförderung zu Beginn der 80er Jahre führte zu deutlich rückläufigen Zuwachsraten. Während die Bausparkassen vor dem Zweiten Weltkrieg mit 210 000 Verträgen und einer Vertragssumme von 2 Mrd. RM ein bescheidenes Volumen hatten, gewann das Bausparwesen durch die steuerlichen Förderungen und den Wohnungsaufbau nach dem Krieg stark an Bedeutung.

1980 hatten die privaten und öffentlichen Bausparkassen einen Bestand von über 30 Millionen Verträgen mit einer Bausparsumme von 1 100 Mrd. DM erreicht. 1995 gab es in der Bundesrepublik Deutschland 22 private und 13 öffentliche Bausparkassen, die im Verband der privaten Bausparkassen e.V. und im Deutschen Sparkassen- und Giroverband e.V. zusammengeschlossen waren.

Bedeutende
Bausparkassen

Die bedeutendsten privaten Bausparkassen sind die Bausparkasse Schwäbisch Hall AG, die BHW Bausparkasse und die Bausparkasse GdF Wüstenrot eGmbH. Die privaten Bausparkassen hatten 1995 einen Gesamtbestand an Bausparverträgen in Höhe von rund 770 Mrd. DM, gegenüber 360 Mrd. DM bei den öffentlich Bausparkassen, von denen die Landesbausparkassen in Düsseldorf/Münster, München, Hannover und Stuttgart die größten waren.

Nach der Wiedervereinigung Deutschlands erlebten die Bausparkassen einen erneuten Aufschwung. Allein 1996 wurden 4.7 Millionen Bausparverträge mit einer Vertragssumme von 170 Mrd. DM abgeschlossen. 1997 bestanden insgesamt 32,5 Millionen Bausparverträge in Höhe von 1,2 Billionen DM.

Letztlich hängt die Nachfrage nach nachrangigen Bausparkrediten von der staatlichen Förderung des Bausparens und der Förderung von selbstgenutztem Wohnungseigentum ab. Dabei hat die breit gestreute Vermögensbildung durch Wohnungseigentum gesellschaftspolitisch hohe Priorität.

4.8 Die Investmentgesellschaften

Investmentsparen

Die Investmentidee ist älter als allgemein angenommen. Schon 1868 beschrieb der Gründungsprospekt des „foreign and colonial Government trust" das Investmentsparen wie folgt: „Das Ziel der Gesellschaft ist es, den kleinen Sparern dieselben Vorteile zu verschaffen, wie den Reichen, indem das Risiko durch Streuung der Kapitalanlage auf eine Vielzahl verschiedener Aktien vermindert wird".

Nachdem erste deutsche Versuche in den 20er Jahren, Investmentfonds zu gründen, wegen Inflation und Bankenkrise gescheitert waren, kam es im Jahre 1949 zur Errichtung der ersten deutschen Investmentgesellschaft. Die Allgemeine Deutsche-Investment-Gesellschaft m.b.H. (ADIG) legte 1950 ihren ersten Fonds auf, der jeweils zur Hälfte aus Rentenwerten und Aktien bestand. Regelrechte „Gründungswellen" weiterer Gesellschaften gab es dann 1955, in der ersten Hälfte der 70er und in der zweiten Hälfte der 80er Jahre.

1995 boten die im BVI Bundesverband Deutscher Investment-Gesellschaften organisierten 65 Kapitalanlagegesellschaften inklusive ihrer Luxemburger Tochtergesellschaften 597 Publikumsfonds an, in denen 254 Mrd. DM verwaltet wurden. Davon entfielen auf Aktienfonds 54 Mrd. DM, auf Rentenfonds 102 Mrd. DM, auf Immobilienfonds 60 Mrd. DM und auf Geldmarktfonds 38 Mrd. DM. Darüber hinaus verwalteten die deutschen Kapitalanlagegesellschaften 1995 für institutionelle Anleger 2624 Spezialfonds mit einem Fondsvermögen von 310 Mrd. DM. 1997 stieg das Fondsvolumen auf über 1 000 Mrd. DM. Nach der Einführung der Zinsabschlagssteuer hatten die Fonds ab 1992 einen großen Aufschwung erlebt. 1994 wurden erstmals Geldmarktfonds als Alternative zu Festgeldanlagen angeboten. Durch steigende Aktienkurse Mitte der neunziger Jahre verstärkte sich der Trend zur Anlage in Aktienfonds, die für die Anleger große Wertzuwächse erzielten. Die Investmentgesellschaften haben für die Börse eine zunehmende Bedeutung. 11% des Kurswertes deutscher Aktien wurden 1996 von deutschen Investmentgesellschaften verwaltet. Hinzu kommen die Bestände der ausländischen Investmentfonds.

Bundesverband Deutscher Investmentgesellschaften

Auch die offenen Immobilienfonds erreichten 1996 mit einem Volumen von 77 Mrd. DM gegenüber 18 Mrd. im Jahr 1990 Rekorde. Durch abnehmende Vermietungsquoten und einen zunehmenden Anteil niedrig verzinslicher liquider Mittel nahm die Rentabilität der Immobilienfonds Ende der neunziger Jahre ab. Auch bestehen Unsicherheiten über die Entwicklung des Immobilienmarktes, die durch Steuergesetzgebung und die Einführung des Euro beeinflußt wird. Die Einführung des Euro kann jedoch zu einer Flucht in die Sachwerte führen und den Trend zu Immobilienfonds verstärken.

Offene Immobilienfonds

Die Übersicht über die einzelnen Anlagemöglichkeiten ist so schwierig, daß unabhängige „Fondsshops" entstanden, die 2 500 in- und ausländische Fonds analysieren und vermitteln. Bei der Beratung durch die Banken wurde kritisiert, daß diese oft nur Fonds der ihr nahestehenden Kapitalanlagegesellschaften empfehlen.

4.9 Sonstige Spezialbanken und Kreditinstitute mit Sonderaufgaben

Kreditanstalt für Wiederaufbau

1948 wurde in Frankfurt a. M. die Kreditanstalt für Wiederaufbau als Körperschaft des öffentlichen Rechts gegründet, um – auf einen Vorschlag Hermann-Josef Abs zurückgehend – vor allem mittel- und langfristige Kredite für die Industrie zu vermitteln. Gleichzeitig sollte sie Durchgangsstelle für die Marshallplan-Gelder sein. In den ersten Jahren befaßte sich die Kreditanstalt für Wiederaufbau insbesondere mit der Durchführung der verschiedenen Sofortprogramme, dem Arbeitsbeschaffungsprogramm, der Investitionshilfe, der Exportfinanzierung und der Emission ihrer ersten beiden Anleihen. Seit 1961 führt die Kreditanstalt für Wiederaufbau im Auftrag des Bundes die Finanzierung der Entwicklungshilfe durch. Nach 1990 übernahm die KfW auch die wichtige Aufgaben der Finanzierung des Wirtschaftsaufbaus in den neuen Bundesländern. Seit der Übernahme der „Staatsbank Berlin" 1994 erbringt die KfW für den Bund Dienstleistungen im Zusammenhang mit Altforderungen und Altguthaben, für den Ausgleichsfonds Währungsumstellung und den Erblastentilgungsfonds. Dadurch stieg die Bilanzsumme 1994 auf 256 Mrd. DM gegenüber 198 Mrd. DM im Jahr 1993. Die KfW wird nach Ansicht des privaten Bankgewerbes zunehmend Wettbewerber deutscher Großbanken. 1997/8 sollen von der KfW im Rahmen der Privatisierung der Telekom und der Postbank AG Aktien aus Bundesbesitz übernommen und zu einem späteren Zeitpunkt weiter veräußert werden.

Ebenfalls als Folge des Zweiten Weltkriegs entstand die Lastenausgleichsbank, eine Bank für Vertriebene und Kriegsgeschädigte mit Sitz in Bad-Godesberg. Sie gewährte Kredite und finanzielle Beihilfen an Vertriebene, Flüchtlinge und Kriegsgeschädigte und finanziert den Lastenausgleich. Seit 1986 firmiert sie als Deutsche Ausgleichsbank. Sie finanziert heute sozialpolitische und wirtschaftsfördernde Maßnahmen des Bundes, ist daneben aber noch immer im Rahmen des Lastenausgleichs tätig.

IKB Industrie-kreditbank

Die IKB Deutsche Industriebank AG, Düsseldorf-Berlin, ist 1974 durch die Fusion von Deutscher Industriebank AG und Industriekreditbank AG entstanden. Sie wurde von der gewerblichen Wirtschaft zur Ergänzung des Finanzierungsangebotes der Geschäftsbanken gegründet. Speziell zur Förderung der Berliner Wirtschaft durch mittel- und langfristige Kredite wurde 1949 die Berliner Industriebank AG errichtet. Als Spitzeninstitut für den Agrarkredit, aber auch zur Vergabe von Krediten an die Forstwirtschaft und das Fischereiwesen wurde 1949 die Landwirtschaftliche Rentenbank in Frankfurt a. M. errichtet.

Im Jahre 1966 entstand durch die Fusion der Deutschen Landesrentenbank und der Deutschen Siedlungsbank die DSL Deutsche
Siedlungs- und Landesrentenbank Bonn, deren Aufgabe es ist, Kredite
zur Strukturverbesserung in ländlichen Gebieten zu vergeben. Die
DSL ist jedoch auch in anderen Geschäftsfeldern tätig und wird 1998
privatisiert.

Die Deutsche Verkehrs-Kreditbank AG (Frankfurt a. M.), 1923
gegründet, war die Hausbank der Deutschen Reichsbahn und nach
dem Krieg die der Deutschen Bundesbahn. Sie war hauptsächlich zum
Zweck der Frachtenstundung gegründet worden und unterhielt Zweigniederlassungen sowie zahlreiche Wechselstuben auf Bahnhöfen,
Flughäfen und Autobahngrenzübergängen. 1991 wurde die DVKB in
Deutsche Verkehrsbank AG umfirmiert und privatisiert. Sie gehört zu
60% der DG Bank und hatte 1995 eine Bilanzsumme von 9 Mrd. DM.
Seit 1996 firmieren die bisherigen Wechselstuben als ReiseBank

Deutsche Verkehrsbank

Die Postbank AG, Bonn, ist 1990 aus den früheren Postbankdien-
sten hervorgegangen. Bereits 1909 wurde der Postscheckdienst und
1939 der Postsparkassendienst eingeführt. 1996 gehörte die Postbank
über die Deutsche Post noch dem Bund. Sie soll jedoch ab 1998 privatisiert werden. 1995 hatte die Postbank AG eine Bilanzsumme von
93 Mrd. DM und ist an jedem der 15 000 Postschalter mit einer
Zweigstelle vertreten.

Die Liquiditäts-Konsortialbank GmbH (Frankfurt a. M.) schließlich wurde 1974 auf Grund der Erfahrung mit der Herstatt-Schließung
mit der Zielsetzung gegründet, unverschuldet in Zahlungsschwierigkeiten geratenen Banken schnelle Liquiditätshilfe zu leisten. In ihrer
Funktion ähnelt sie damit der 1932 nach der Bankenkrise errichteten
Akzept- und Garantiebank.

Im Anschluß an die Herstatt-Krise wurde 1974, einer gesetzlichen Initiative zuvorkommend, die bereits bestehende Einlagensicherung auf freiwilliger Basis ausgebaut. Der Sicherungsfonds des privaten Bankgewerbes wurde auf der Basis des bestehenden „Feuerwehrfonds" erheblich verbessert. Die Einlagensicherung der Sparkassenorganisiation sieht regionale Stützungsfonds, einen überregionalen
Haftungsverbund sowie ein Sicherungssystem mit und zwischen den
Girozentralen vor. Das älteste freiwillige Sicherungssystems, die genossenschaftliche Einlagensicherung, ist ähnlich und umfaßt regionale
Sicherungsfonds, für die ein überregionaler Ausgleich vorgesehen ist.
Im privaten Bankgewerbe wird nur der Schutz der Einlagen angestrebt, wohingegen im Sparkassen- und Genossenschaftssektor die

Feuerwehrfonds

Erhaltung des notleidenden Instituts, d.h. der Unternehmensschutz, im Vordergrund steht.

4.10 Entwicklungstendenzen der Gegenwart

Das Bankensystem der Bundesrepublik ist das Ergebnis einer historischen Entwicklung und kann somit nur aus der Geschichte und Tradition erklärt werden. Es stellt sich 1996 als ein differenziertes Gebilde mit rund 3 800 Instituten und 40 000 Bankstellen dar. Die Bezeichnung Universalbanksystem bezeichnet diese „Bankenlandschaft" nur unzureichend, da eine Vielzahl Spezialinstituten vorhanden ist, die allerdings meist zum Beteiligungsbesitz einer Universalbank gehören.

Seit Mitte der sechziger Jahre wurde immer wieder das angelsächsische Modell einer Abtrennung des Wertpapiergeschäftes diskutiert. Tatsächlich sind die Absatzerfolge amerikanischer Investmentgesellschaften und Broker mit den Ergebnissen des Wertpapiergeschäftes deutscher Universalbanken nicht vergleichbar. In den USA ist das Aktien- und Emissionsgeschäft viel bedeutender als in Deutschland.

Börsen- Der Kurswert aller börsennotierten inländischen Aktien („Börsenkapitalisierung kapitalisierung"), hat in Deutschland nach dem Börsengang der Telekom Ende 1996 erstmals die Grenze von 1 Billion DM überschritten. Dagegen war die Börsenkapitalisierung in den USA mit 13,5 Billionen DM und in Japan mit 5 Billionen DM um ein Vielfaches höher. Die Börsenkapitalsierung im Vergleich zum Bruttosozialprodukt betrug 1996 in Deutschland 27%, in den USA 122% und in Großbritannien 152%.

Die amerikanische, britische oder japanische Wirtschaft finanziert sich mehr über die Ausgabe von Aktien, während in Deutschland vor allem die mittelständische Wirtschaft sich über Bankkredite finanziert. Von den rund 550 000 deutschen Kapitalgesellschaften werden nur 3 000 in der Form einer Aktiengesellschaft geführt, von denen 1997 weniger als 800 an der Börse notiert waren. Über 70% des Geldvermögens privater Haushalte (1996 rund 5 Billionen DM) wird in Buchpositionen bei Banken und Versicherungen gehalten, der Rest in Wertpapieren. Der Wertpapierbestand privater Haushalte enthält vorwiegend festverzinsliche Wertpapiere. Nur 5,5% des privaten Geldvermögens war 1996 in Aktien angelegt. Diese Sachverhalte werden Aktienkultur zu Recht als „unterentwickelte Aktienkultur" beklagt. Die Schuld für diese Entwicklung wird dem Universalbanksystem zugeschrieben.

Kritiker des deutschen Universalbanksystems sehen Interessenkonflikte einer Universalbank durch die Verbindung des Kredit-und

Einlagengeschäfts mit dem Wertpapiergeschäft. Auch das Wertpapiereigengeschäft und Investmentgeschäft könne mit dem Wertpapiergeschäft kollidieren. Eine Abschaffung des Universalbanksystems und eine Respezialisierung ist jedoch unwahrscheinlich.

Unter dem Schlagwort „Macht der Banken" wird immer wieder das von den Banken im Rahmen der Verwaltung von Wertpapierdepots ausgeübte Stimmrecht auf Hauptversammlungen kritisiert. Ein weiterer Machtfaktor wird in der personellen Verflechtung zwischen Bank und Nichtbankunternehmen durch die gegenseitige Präsenz in den Aufsichtsräten gesehen. Im Mittelpunkt der Kritik steht die meist historisch gewachsene Beteiligung der Banken an Industrie- und Handelsunternehmen. Unbeachtet blieben dabei meist die Finanzbeteiligungen der Banken an Unternehmen des finanziellen Sektors, z. B. an Versicherungen. **Bankbeteiligungen**

Vollmachtstimmrecht, Aufsichtsratspräsenz und Beteiligungsbesitz der Banken begründen zusammen ein beachtliches Einflußpotential auf die deutsche Wirtschaft. In Kenntnis dieser immer wieder auftretenden Kritik hat die Deutsche Bank 1997 angekündigt, sich aus der Vorsitzfunktion von Aufsichtsräten in Beteiligungsunternehmen zurückzuziehen. Ein Rückzug aus den Beteiligungen wird jedoch vor einer Steuerreform wegen der hohen staatlichen Abschöpfung der damit verbundenen Erlöse für nicht sinnvoll gehalten. Auch wenn die sozialistischen Forderungen einer Verstaatlichung der Banken unrealistisch sind, reicht der Wettbewerb nicht aus, um Fehlentwicklungen auszuschließen. So wird in Zukunft eine weitere Intensivierung der staatlichen Bankenaufsicht im Hinblick auf private Kreditvermittler, **Bankenaufsicht** Allfinanzberater und Strukturvertriebe, auf das bisher nicht kontrollierbare Geschäft der Banktöchter im Ausland und auf das unübersichtliche Geschäft mit Finanzderivaten für notwendig angesehen.

Nicht nur die Großbanken stehen in der Kritik der Öffentlichkeit. So bemängelt die EU Kommission die aus der Gewährträgerhaftung entstehenden Wettbewerbsvorteile der Sparkassen und Landesbanken. Insbesondere die im Ausland verstärkt tätigen Landesbanken haben durch die uneingeschränkte staatliche Haftungszusage eine bessere Einstufung (Rating) und damit Wettbewerbsvorteile. Die EU drängt daher auf eine zügige Privatisierung des öffentlichen Bankensektors. Dennoch wurde 1997 von der EU der Sonderstatus der öffentlich-rechtlichen Kreditinstitute bestätigt, soweit sie öffentliche Aufträge erfüllen.

Die zunehmende Bedeutung des Auslandsgeschäfts wurde durch verstärkte Präsenz am Bankplatz Luxemburg und durch Auslagerun- **Auslandsgeschäft** gen nach London dokumentiert. Um ihre traditionell starke Stellung im Auslands-und Investmentgeschäft zu halten oder auszubauen, übernahmen die Deutsche Bank und die Dresdner Bank Mitte der neunziger Jahre die bedeutenden Investmenthäuser Morgan Grenfell und Kleinwort Benson in London.

Durch die schnell fortschreitende Entwicklung der elektronischen Datenverarbeitung war es notwendig, innerbetriebliche Strukturen und Abläufe zu ändern. Diese Anpassungen werden auch in Zukunft notwendig sein. Auch der immer mehr zunehmende bargeldlose Zahlungsverkehr durch Kreditkarten oder Euroscheckkarten verringert den Bargeldumsatz und verändert die Bankdienstleistungen. Neue Entwicklungen mit wiederaufladbaren Chips auf Euroscheckkarten, die elektronische Geldbörse, oder „Internet-banking" verdeutlichen diesen Trend. Durch neue Vertriebsformen, wie das „Direkt-banking" per Telefon, Fax oder „Home-banking" mit PC, Automatenfilialen, Geldautomaten an Tankstellen oder Filialen in Kaufhäusern und Supermärkten sowie die verstärkte Verbraucherwerbung wird der Kampf um Marktanteile verstärkt. Obwohl die Leistungserstellung im Bankbetrieb in hohem Maß personalbezogen ist, kam ab Mitte der neunziger Jahre bei den privaten Banken ein erheblicher Personalabbau in Gang. Gleichzeitig wurden verstärkt Geldautomaten und Kontoauszugsdrucker aufgestellt. Von den 1997 in Deutschland vorhandenen rund 35 000 Geldautomaten gehörten 19 000 zu den Sparkassen, 12 000 zu den Volksbanken und 4 000 zu den drei Großbanken. Durch hohe Gebühren für Abhebungen von sogenannten Fremdkunden könnten in Zukunft u.a. die Kunden der Direktbanken benachteiligt werden.

Neue Organisationsstrukturen und neue oder anders strukturierte Aufgabenstellungen verlangten auch eine entsprechende Umorientierung der Mitarbeiter und Führungskräfte, wobei der Kunde mehr in den Mittelpunkt rückte. Durch Qualifizierung und Motivation der Mitarbeiter sollen die Kunden optimal beraten und zufrieden gestellt werden. Durch die enge Zusammenarbeit mit Versicherungen und die Gründung eigener Versicherungen sowie das Vordringen der Versicherungen in den Bereich der Vermögensverwaltung werden die Grenzen zwischen Banken und Versicherungen zunehmend verwischt und die Allfinanz-Idee gestärkt. Dabei besteht ein heftiger Wettbewerb zwischen Lebensversicherungen und Investmentfonds um die private Altersvorsorge.

Margin notes:

Neue Vertriebsformen

Neue Organisationsstrukturen

Allfinanz-Idee

5. Die deutsche Versicherungswirtschaft im 19. und 20. Jahrhundert

5.1 Die Wurzeln und Anfänge des Versicherungswesens

Das deutsche Versicherungswesen läßt sich auf drei zunächst selbständige Entwicklungslinien zurückführen, die erst vom 19. Jahrhundert an ineinander übergingen.

Im Gegensatz zu den Mittelmeerländern, den Niederlanden und England fehlte in Deutschland bis Mitte des 18. Jahrhunderts die erwerbswirtschaftlich orientierte Versicherung. Vielmehr entwickelte sich das Versicherungswesen hier zunächst aus den Genossen- und Sterbekassen, die sich im Lauf der Zeit gegen entsprechende Beiträge auch für Außenstehende öffneten und damit die Entwicklung des (kleinen) Vereins auf Gegenseitigkeit begründeten.

Eine weitere deutsche Besonderheit war die im 17. Jahrhundert entstandene öffentlich-rechtliche Gebäudebrandversicherung, die aus den im norddeutschen Raum weit verbreiteten Brandgilden hervorging. Verschiedene solche Gilden schlossen sich 1676 zur Hamburger „General-Feuercasse“, der heutigen Hamburger Feuerkasse, zusammen. Dem Hamburger Vorbild folgten bis Ende des 18. Jahrhunderts fast alle deutsche Staaten, die die Versicherungen meist mit Beitrittszwang und Monopolrecht ausstatteten. **General Feuerkasse von 1676**

Als erste private Versicherungsgesellschaften wurden erst 1765 zwei Seeversicherungsaktiengesellschaften mit Sitz in Hamburg bzw. in Berlin gegründet. Sie hatten zunächst nur wenige und zumeist kurzlebige Nachahmer. Erst um die Jahrhundertwende erlebte die privatwirtschaftliche Versicherung einen nachhaltigen Aufschwung. Begünstigt durch den Liberalismus, den Rückgang des staatlichen Einflusses und die einsetzende Industrialisierung setzte sich der Versicherungsgedanke immer mehr durch. Gleichzeitig erkannten die Versicherer, daß nur durch Zusammenfassung möglichst vieler gleichartig gefährdeter Objekte ein echter Versicherungsschutz gewährt werden konnte. Auch Erkenntnisse der Mathematik und der Wahrscheinlichkeitstheorie wurden nun systematisch mit in die Risikenabschätzung einbezogen. Neben die größeren öffentlich-rechtlichen Sozietäten traten nun zunehmend die privaten Versicherer in der Form der Aktiengesellschaft oder in der Form des „großen Vereins auf Gegenseitigkeit“, die sich von den älteren genossenschaftlichen Gegenseitig- **Verein auf Gegenseitigkeit** keitsvereinen durch ihre kaufmännische Geschäftsführung unterschieden.

In der ersten Hälfte des 19. Jahrhunderts leisteten die privaten Versicherer hauptsächlich in drei Versicherungszweigen Pionierarbeit: im Bereich der Transport-, der Feuer- und der Lebensversicherung. Der Aufschwung des Hamburger und Bremer Handels bewirkte die allmähliche Verdrängung der Einzelassekurateure zu Gunsten der neu gegründeten Aktiengesellschaften in der Seeversicherung. Besonders erfolgreich war die 1814 gegründete Dritte Hamburger Versicherungsgesellschaft, die ab 1857 als Norddeutsche Versicherungsgesellschaft firmierte. Mit der Übernahme kombinierter See-, Fluß- und Landtransporte durch die Reedereien entstand für die Seeversicherer zunehmend die Notwendigkeit, sich der Binnentransportversicherung zuzuwenden. Ab 1818 erhielten sie Konkurrenz von der Kölner Rheinschiffahrts-Assekuranzgesellschaft, die sich im Folgejahr ebenfalls dem Landtransportversicherungsgeschäft zuwandte. 1845 strukturierte Gustav Mevissen sie zur See-, Fluß- und Landtransport-Versicherungsgesellschaft „Agrippina" um. 1837 entstand in Heilbronn als erste deutsche Transport-Spezialversicherungsgesellschaft eine Schiffahrtsassekuranz, aus der später die Württembergische und Badische Vereinigte Versicherungsgesellschaft AG hervorgehen sollte.

Im Geschäft der Mobiliarfeuerversicherung, das von den öffentlichen Versicherungen nicht betrieben wurde, waren in Deutschland zunächst ausländische, vorherrschend englische Versicherer tätig. Als erste deutsche private Feuerversicherungsgesellschaft wurde 1812 die Berlinische Feuer-Versicherungsanstalt errichtet. Sie ist damit die älteste heute noch bestehende deutsche Versicherungsaktiengesellschaft. Ganz wesentlich zum Rückgang des Marktanteils der ausländischen Versicherer trug aber die 1820 von Wilhelm Arnoldi gegründete „Gothaer Feuerversicherungsbank für den deutschen Handelsstand" bei. Das Unternehmen war sehr erfolgreich und brachte es schon in den ersten drei Jahren seines Bestehens auf eine Versicherungssumme von 45 Millionen Talern. Größte private Feuerversicherungsgesellschaft in Deutschland wurde jedoch die 1825 von David Hansemann gegründete Aachener Feuer-Versicherungs-Gesellschaft.

Der Hamburger Großbrand von 1842, der große Teile der Stadt vernichtete, hatte erhebliche Auswirkungen auf die Versicherungswirtschaft. Die großen Schäden bestärkten die Gründung der ersten deutschen Rückversicherung, an der, neben Mevissen und den Rothschilds, mehrere Kölner Bankhäuser beteiligt waren. Nach langen Verhandlungen konnte die Kölnische Rückversicherungsgesellschaft

Agrippina

schließlich 1852 ihre Geschäfte aufnehmen. Obwohl weitere deutsche Neugründungen betrieben wurden, spielten ausländische Rückversicherer auf dem deutschen Versicherungsmarkt weiterhin eine wichtige Rolle. Erste Rückversicherungen

Die Lebensversicherung kam in Deutschland erst relativ spät zur Entwicklung. Zwar schufen Johann Christian Ludwig mit dem Braunschweigischen Allgemeinen Prediger-, Schullehrer- und Witweninstitut, aus dem die Braunschweigische Lebensversicherung A.G. hervorging, und Wilhelm Benecke mit der Hamburger Lebensversicherungsaktiengesellschaft schon 1806 erste Versicherungen auf mathematischer Grundlage. Beide hatten jedoch einen eng begrenzten Wirkungskreis. Als erste bedeutende deutsche Gesellschaft gründete Arnoldi 1827 die Gothaer Lebensversicherungsbank auf Gegenseitigkeit. Weitere Gründungen von Gesellschaften in Leipzig (1830) und Karlsruhe (1835) folgten. Erste preußische Gründung war 1835 die Berlinische Lebensversicherungsgesellschaft. Das Monopolrecht, das ihr der preußische Staat bis 1851 einräumte, wirkte sich allerdings hemmend auf weitere Neugründungen aus. Die erste deutsche Rentenversicherung gründeten Wilhelm Reinöhl, der schon in Österreich Erfahrung auf diesem Gebiet gesammelt hatte, und der Verleger Georg Ebner 1833 in Stuttgart. Gothaer Lebensversicherungsbank

Die Ausbreitung des Versicherungsgedankens und die Gründungswelle neuer deutscher Gesellschaften in der ersten Hälfte des 19. Jahrhunderts bewirkten einen Rückgang des Einflusses ausländischer Gesellschaften auf dem deutschen Markt. Diese Tendenz verstärkte sich durch staatliche Eingriffe und Maßnahmen, wie das preußische Gesetz über die Mobiliarversicherung von 1837, das den Zulassungszwang für ausländische Gesellschaften einführte.

5.2 Von der Reichsgründung bis zum Ersten Weltkrieg

Da die Nachfrage der Wirtschaft nach Versicherungen wuchs, wurden die Versicherungsunternehmen vor neue Aufgaben gestellt. Nur Großunternehmen waren in der Lage, die unterschiedlichsten Deckungswünsche zu erfüllen. Eine Intensivierung der Risikenspezialisierung, Angliederungen neuer Sparten und die Umwandlung der Unternehmen zu Mehrzweiggesellschaften waren Folgen dieser Entwicklung.

Gänzlich neue Versicherungszweige entstanden, wie die Diebstahl- oder Viehversicherung. Der Zweig der Vermögensversicherung (Kursverlust-, bzw. Kreditversicherung) wurde wichtiger. Große Spezial-Transportversicherungen wie die Transatlantische Versicherungs-AG, Neue Versicherungszweige

Dresden (1860) oder die Deutsche Lloyd Versicherungs-AG, Berlin (1870), wurden errichtet. Auch die 1879 unter Mitwirkung namhafter Persönlichkeiten wie des Heidelberger Rechtsgelehrten Prof. Dr. Bluntschli gegründete Mannheimer Versicherungsgesellschaft beschränkte sich zunächst mit großem Erfolg auf die internationale Transportversicherung.

Erste Absprachen und lose Zusammenschlüsse, aber auch rechtliche Regelungen, wie die allgemeinen Seeversicherungsbestimmungen von 1861 und die Feuerversicherungsbedingungen von 1874, führten zu einer Vereinheitlichung und Konsolidierung im Versicherungswesen.

Zusammenarbeit und Anpassung an die veränderten Anforderungen führten in anderer Hinsicht zu einer Angleichung der unterschiedlichen Unternehmensformen. Die öffentlichen Sozietäten führten größtenteils kaufmännische Geschäftsmethoden ein, die Aktien-Gesellschaften beteiligten ihre Versicherten am Gewinn; die Gegenseitigkeitsvereine begrenzten die Nachschußpflicht oder schafften sie gänzlich ab. In technischer und organisatorischer Hinsicht bemühten sich alle drei Zweige, die jeweiligen Vorzüge der anderen sich anzueignen.

Auch der Ausbau des deutschen Rückversicherungswesens förderte die Zusammenarbeit der deutschen Assekuranz.

Unter Federführung des Versicherungskaufmannes Carl von Thieme und des Bankiers Wilhelm Finck wurde 1880 die Münchener Rückversicherungsgesellschaft errichtet. Beteiligt waren neben Thieme und Finck die Bank für Handel und Industrie, Berlin, der Nürnberger Industrielle v. Cramer-Klett und der Münchener Rechtsanwalt v. Pemsel. Erstversicherer – wie von Thieme beabsichtigt – wollten sich nicht beteiligen. Mit Recht kann damit das Jahr 1880 als Beginn des Auslandsgeschäfts der deutschen Versicherer bezeichnet werden, als die Münchener Rück international tätig wurde. Bis zum Ersten Weltkrieg verfolgte sie eine Geschäftspolitik der zahlreichen Beteiligungen an anderen Unternehmen und entwickelte sich so zur größten Rückversicherungsgesellschaft der Welt.

Pläne, die Münchener Rück durch die Aufnahme des Erstversicherungsgeschäftes – gedacht war insbesondere an die Unfallversicherung – weiter auszubauen, wurden zwar verworfen, führten aber zur Gründung der Allianz Versicherungs-AG im Jahre 1890. Beteiligt waren neben Thieme und Finck der Münchener Industrielle Maffei und die Deutsche Bank. Die Allianz wurde schnell zu einem maßgeblichen Haftpflicht- und Transportversicherer. Mit dem Beistand der

Münchner Rückversicherungsgesellschaft

starken Rückversicherungsgesellschaft führte sie von der Jahrhundertwende an die Maschinenversicherung in Deutschland ein. Nach einigen Anfangsschwierigkeiten entwickelte sich diese sogar zu einem Exportartikel der deutschen Versicherungswirtschaft. Das Versicherungsaufsichtsgesetz vom 12.5.1901, die Einrichtung einer zentralen Aufsichtsbehörde, des „Kaiserlichen Aufsichtsamts" für Privatversicherung in Berlin und das Versicherungsvertragsgesetz vom 30.5.1908 verstärkten die staatliche Regulierung, gaben damit aber der deutschen Individualversicherung zugleich einen gesetzlichen Rückhalt. Versicherungs-
aufsicht

Neue Zweige wurden erschlossen, was auch dem technischen Fortschritt Rechnung trug. 1901 wurde mit der Übernahme von Risiken aus der Fahrt mit Heißluftballons und lenkbaren Luftschiffen begonnen, und die Autokaskoversicherung in Deutschland wurde eingeführt. Der Beginn der Automobil-Haftpflichtversicherung datiert auf 1902 – sieben Jahre, bevor 1909 die Gefährdungshaftung für Kraftfahrzeughalter durch das Gesetz über den Verkehr mit Kraftfahrzeugen begründet wurde.

Die öffentlichen Versicherer weiteten ihre Tätigkeit seit 1910 auf das Gebiet der Lebensversicherung aus. Ebenfalls in diesem Bereich wurden Gewerkschaften und Konsumgenossenschaften tätig, als sie 1912 mit der Hamburger Gewerkschaftlich-Genossenschaftlichen-Lebensversicherungs-AG das gewerkschaftliche Versicherungswesen begründeten. 1911 konstituierten sich der Verband öffentlicher Lebensversicherungsanstalten in Deutschland und die Vereinigung deutschen Privatversicherer.

Welchen Aufschwung das deutsche Versicherungswesen insgesamt genommen hatte, verdeutlichen die entsprechenden Statistiken: bis zum Ausbruch des Ersten Weltkrieges beaufsichtigte das Reichsaufsichtsamt u.a. 962 Lebens-, 48 Unfall- und Haftpflicht-, 685 Vieh- sowie 101 Feuer- und Gebäudeversicherungsunternehmen. Die Aktiven aller Versicherungsgesellschaften – mit Ausnahme der gesetzlichen Sozialversicherung – betrugen 1913 rund 6 Mrd. RM. Aufschwung der
Versicherungen

5.3 Vom Ersten Weltkrieg bis zum Zusammenbruch 1945

Der Ausbruch des Weltkrieges unterbrach die günstige Entwicklung der deutschen Versicherungswirtschaft. Dennoch gab es zwei wichtige Neugründungen: 1917 gründete die Münchener Rück die Hermes Kreditversicherungs-AG, Berlin, als erstes Spezialunternehmen für alle Zweige der Kredit-, Kautions- und Vertrauensschadensversicherung.

1918 errichtete Robert Gerling die Allgemeine Versicherungs-AG, eine Sachversicherung, in Köln. Leitgedanke Gerlings war dabei der direkte Kontakt zur Wirtschaft unter weitgehendem Ausschluß von Vermittlern. Dazu errichtete er unter starker Beteiligung der Industrie lokale Sachversicherungsunternehmen in ganz Deutschland.

Während der Inflation entstand eine Vielzahl neuer Versicherungsunternehmen, die versuchten, die fortschreitende Geldentwertung durch eine „Einheitsversicherung", d.h. der preisgünstigen Zusammenfassung verschiedener Risiken in einer Einheitspolice, zu ihren Gunsten zu nutzen. Sie wurden jedoch nach der Währungsreform von 1924 zahlungsunfähig. Gleichzeitig entstanden aber auch neue seriöse Zweige wie die Aufruhr-, Ausfuhr- oder die Neuwertversicherung.

Einheitsversicherung in der Inflation

Der gestiegene Kostendruck und der erhöhte Kapitalbedarf verstärkten die ohnehin vorhandene Tendenz zur Konzentration der Versicherungswirtschaft. Vertikal kooperierten Direkt- und Rückversicherer, horizontal verstärkte sich der Zusammenschluß der einzelnen Unternehmen zu Verbänden. Der gemischtwirtschaftliche Versicherungskonzern bildete sich heraus. Durch einen Gemeinschaftsvertrag mit der Münchener Rück, bei gegenseitiger Übernahme von Aktien und Eingliederung der Globus- und der Hermesversicherung, stieg die Allianz-Gruppe Anfang der 20er Jahre zur größten kontinentaleuropäischen Versicherungsgesellschaft auf. In Köln entstand der Gerling-Konzern, in Berlin der Nordstern-Konzern. Ebenfalls in Berlin entstanden in den Jahren 1922–24 speziell für die Landwirtschaft bestimmte Versorgungseinrichtungen, die als Raiffeisen- und Volksbanken- (R+V) Versicherung eine Gruppe bildeten. Auch in der Agrippina Lebensversicherungs AG und der Rheinischen Versicherungsgruppe, die u.a. durch Beteiligungen der Aachener und Münchener und der Nordstern-Gruppe entstanden war, schlossen sich mehrere Gesellschaften zusammen.

Versicherungs-Konzerne

Einen großen Aufschwung erlebte die private Krankenversicherung. Um Bestrebungen auf Einbeziehung in die Pflichtversicherung zu begegnen, wurde der Münchener Verein Krankenversicherungsanstalt a. G. als Krankenkasse des Bayerischen Handwerks und Gewerbes gegründet. In Berlin konstituierte sich 1927 die Deutsche Krankenversicherungs-AG. Obschon ihre Aktienmehrheit durch Eingreifen der Reichsaufsicht während der Wirtschaftskrise der dreißiger Jahre auf die Hamburg-Mannheimer Versicherungsgruppe überging, entwickelte sie sich im Laufe der Zeit zum größten deutschen Krankenversicherer.

Krankenversicherung

Ebenfalls 1927 gründete die Siemens & Halske AG mit der Tela Versicherungs-AG für technische Anlagen eine erste Spezialversicherung für die Anlagen der Nachrichtentechnik, die das Schwachstromversicherungsgeschäft aufnahm. Die D.A.S. Deutscher Automobilschutz Allgemeine Rechtsschutz Versicherungs-AG, die 1928 auf Schweizer Betreiben in Berlin gegründet wurde, nahm in Deutschland als erstes Versicherungsunternehmen das Spezialgeschäft der Rechtsschutzversicherung auf. Einen Aufschwang nahm Ende der 20er Jahre das konfessionelle Versicherungsgeschäft. Von katholischer Seite wurden die Volkshilfe Lebensversicherung, von evangelischer Seite die Vorsorge-Lebensversicherung der Victoria-Versicherungsgruppe gegründet.

1929 führte die Zahlungsunfähigkeit der Frankfurter Allgemeinen Versicherungs-AG (FAVAG), infolge versicherungsfremder Spekulationsgeschäfte, zum größten Zusammenbruch der deutschen Versicherungsgeschichte. Zwar konnte die FAVAG mit Hilfe der Allianz und der Münchener Rück gerettet werden und als Frankfurter Versicherungs-AG das Geschäft wieder aufnehmen. Dieses Ereignis gab jedoch Rufen nach verstärkter staatlicher Kontrolle Auftrieb. Die Neufassung des Gesetzes über die Versicherungsaufsicht von 1931 trug dieser Tendenz Rechnung.

Der Dirigismus des Dritten Reiches verstärkte den staatlichen Druck auf die Versicherungswirtschaft. Die deutschen, ab 1939 auch die österreichischen Gesellschaften wurden den Bezirksstellen der „Reichsgruppe Versicherungen" zur Aufsicht unterstellt. Lediglich der Zusammenbruch 1945 verhinderte die schon geplante Verstaatlichung. Trotz der Gründung neuer Unternehmen und der Erschließung neuer Versicherungszweige, teilweise gefördert durch staatliche Regelungen, – für Handwerksmeister wurden 1938, für Kraftfahrzeughalter 1939 Haftpflichtversicherungen eingeführt – kann die Zeit von 1933 bis Kriegsbeginn als Phase der Bereinigung der Versicherungswirtschaft angesehen werden. So verringerte sich allein die Zahl der Lebensversicherer in diesem Zeitraum um 691 Gesellschaften.

Die großen Versicherungskonzerne verhielten sich in der Zeit des Nationalsozialismus wie die Banken regierungskonform und wurden zwangsläufig vom totalitären System vereinnahmt.

Reichsgruppe
Versicherungen

5.4 Vom Kriegsende bis zu den 1990er Jahren

Die Jahre nach dem Zusammenbruch können als entwicklungsgeschichtlicher Tiefpunkt der deutschen Versicherungswirtschaft bezeichnet werden. In der sowjetischen Besatzungszone wurden sämtliche privaten Versicherungsunternehmen verboten; infolgedessen zogen die meisten von ihnen in die westlichen Besatzungszonen um. Durch die Isolierung Berlins sahen sich ebenfalls viele von den in der Viersektorenstadt ansässigen Unternehmen gezwungen, ihren Stammsitz in den Westen zu verlegen oder dort zumindest eine Zweigniederlassung zu errichten. Die Unternehmen der sowjetischen Zone wurden durch staatliche Monopolbetriebe ersetzt, die ihrerseits 1952 in der Deutschen Versicherungsanstalt zusammengefaßt wurden.

Verlagerung in den Westen

1945 siedelten folgende Unternehmen um: Iduna-Germania (nach Hamburg), die National-Versicherungsgruppe (nach Lübeck) und die Vorsorge (nach Düsseldorf). Als erste Neugründung nach dem Krieg entstand die „Neue Begräbniskasse von 1945 V.V.a.G. Hamburg". Weitere Umsiedlungen in den folgenden Jahren betrafen die Aachener und Münchener Leben (nach Karlsruhe), die Leipziger Versicherungsgruppe (nach Frankfurt am Main), die Gothaer Leben und Allgemeine (nach Göttingen), die Raiffeisen- und Volksbanken-Versicherungsgruppe (nach Wiesbaden) und die Allianz-Gruppe (nach München). Im Bereich der öffentlich-rechtlichen Lebensversicherung schloß die Lebensversicherungsanstalt Berlin die durch die Liquidation der Provinzial-Lebensversicherungsanstalt Brandenburg entstandene Lücke. Die Auflösung der ehemals gewerkschaftlichen Versicherungsunternehmen – die sieben Gesellschaften mit Sitz in Hamburg, München und Berlin waren im Dritten Reich von der Deutschen Arbeitsfront übernommen worden – gemäß dem Kontrollratsgesetz Nr. 57 war die größte, jemals in Deutschland vorgenommene, Liquidation im Versicherungsbereich. Nachfolgegesellschaften wurden die Alte Volksfürsorge und die Deutsche Sachversicherung Eigenhilfe. 1948 konstituierte sich der Gesamtverband der Versicherungswirtschaft e.V. in Köln als Dachorganisation der im gleichen Jahr wiederentstandenen Fachverbände.

In den Jahren unmittelbar nach dem Krieg wirkten sich ungleich und einengend angewandte Vorschriften der alliierten Besatzungsmächte und die Geldentwertung nachteilig auf den Geschäftsablauf der westdeutschen Versicherungswirtschaft aus. Aber auch die Währungsreform stellte die Unternehmen vor nicht unerhebliche Probleme. Dank der vorhandenen organisatorischen Grundlagen konnten sie sich aber, schneller als erwartet, den neuen Verhältnissen anpassen. Für klarere rechtliche Verhältnisse sorgte zudem das Gesetz über die Versicherungsaufsicht vom 31.7.1951, denn bis dahin hatte es, obwohl das entsprechende Reichsaufsichtsgesetz fortbestand, keine funktionierende staatliche Aufsicht mehr gegeben. Dem neu geschaffenen Bundesaufsichtsamt für das Versicherungs- und Bausparwesen in Berlin wurden nun die Funktionen und Kompetenzen des ehemaligen Reichsaufsichtsamtes übertragen. Damit war wieder eine tatsächliche Aufsicht über die Privatversicherung hergestellt.

Die fünfziger Jahre und das „Wirtschaftswunder" brachten der Versicherungswirtschaft wieder erste betriebswirtschaftliche Erfolge. Umstrukturierungen, Neugründungen und technische Neuerungen bestimmten das Jahrzehnt. Die Direktion der Hermes wurde nach Hamburg verlegt und von der Bundesregierung mit der Abwicklung der neu geschaffenen Ausfuhrgarantien und -bürgschaften des Bundes und mit der Abwicklung der Garantien für den Warenverkehr zwischen der Bundesrepublik und West-Berlin betraut. *Wirtschaftswunder*

1950 konstituierten sich in Bonn der Deutsche Herold-Konzern und in Hamburg der Versicherungsverband des Deutschen Kraftverkehrs V.a.G (KRAVAG). Die öffentlich-rechtlichen Sachversicherer gründeten ein Jahr später einen eigenen Rückversicherer, die Deutsche Rückversicherungs-AG in Hamburg. Der Gerling-Konzern errichtete 1953 die Gerling-Konzern Versicherungszentrale AG als Holding in Köln. Im selben Jahr führten die europäischen Kraftfahrversicherer die ‚Grüne Internationale Versicherungskarte' ein. 1954 gründete der Bielefelder Industrielle Rudolf-August Oetker in Hamburg die Condor-Versicherungsgruppe. 1957 konstituierte sich die Deutsche Kernreaktor-Versicherungsgemeinschaft.

Als einschneidender technischer Fortschritt in der Arbeitsorganisation sind der 1953 erstmalige Einsatz von Diktiergeräten und elektrischen Schreibmaschinen und vor allem ab 1956 der Einsatz von Computern in der deutschen Versicherungswirtschaft zu werten. *Neue Organisationsmittel*

Positiv wirkten sich die politischen Entwicklungen der späten fünfziger Jahre auf die Versicherungswirtschaft aus. Gemäß dem deutsch-französischen Saarvertrag von 1956 wurden mit Beteiligungen aus beiden Ländern im Saarland neue Unternehmen gegründet. Darunter waren z.B. die Saar-Rhein Allgemeine Versicherungs-AG (1957), die Zenith Versicherungs-AG (1957/58) und die Cosmos Allgemeine Versicherungs-AG (1959). Die Bildung der Europäischen Wirtschaftsgemeinschaft (EWG) im Jahre 1957 hatte u.a. auch die Niederlassungs- und Dienstleistungsfreiheit für Versicherungsunternehmen und die europäische Harmonisierung des Versicherungsrechts zum Ziel. Beide Ziele wurden jedoch zunächst nicht erreicht. 1959 hob die Bundesregierung die Versicherungssteuer für Lebens- und Krankenversicherungen auf.

Die sechziger und siebziger Jahre waren geprägt von einer weiteren Rationalisierung der Arbeitsorganisation. Insbesondere die elektronische Datenverarbeitung beinhaltete bei den in der Versicherungswirtschaft anfallenden Datenmassen ein enormes Automatisierungs- und Einsparpotential. Die Musterbedingungen für die Krankheitskosten- und Krankenhaustagegeldversicherung von 1966 und für die Maschinenversicherung von 1968 sorgten für eine weitere Vereinheitlichung im Versicherungswesen. Die Zulassung der fondsgebundenen Lebensversicherung auf der Basis von Investmentanteilen 1969 und die Aufnahme der Lebensversicherung in den Katalog der vermögenswirksamen Leistungen 1970 erhöhten die Attraktivität dieser Sparte. Im Jahre 1974 wurde das Recht der Vermögensanlagen für Versicherungsunternehmen reformiert. 1977 wurde endlich eine Verordnung über die Ausbildung zum Versicherungskaufmann erlassen. Damit war auch dieses Berufsbild einheitlich geregelt.

Positive Geschäftsentwicklung

Die insgesamt positive Entwicklung der Versicherungswirtschaft in dieser Zeitspanne darf freilich über Rückschläge, die u.a. durch Katastrophen verursacht wurden, nicht hinwegtäuschen. Zu den größten Schadensereignissen für die deutsche Erst- und Rückversicherung gehörte der Wirbelsturm ,Capella', der 1976 über Nordwest-Europa zog. Ein Jahr später führte der Brand des zentralen Ersatzteillagers der Kölner Fordwerke zum größten Einzelschaden in der Geschichte der deutschen Feuerversicherung. Großes Aufsehen erregte 1984 ein Unwetter in München. Tennisballgroße Hagelkörner verursachten Schäden vor allem an Pkws, die zu Versicherungsansprüchen in der Größenordnung von 1,5 Mrd. DM führten.

Großschäden

Anders als in der Kreditwirtschaft haben sich über die Jahre die Rechts- und Unternehmensformen der öffentlich-rechtlichen, der erwerbs- und der genossenschaftlichen Versicherer weitgehend angeglichen. Es gibt einen gemeinsamen Spitzenverband; Unternehmensziele, Dienstleistungen und Verfahrensweisen sind recht einheitlich. Im Jahre 1980 waren auf dem deutschen Markt 6 288 Versicherungsunternehmen tätig, wovon allerdings nur 365 als bedeutend einzustufen waren. Die Aktiengesellschaften hatten einen Marktanteil von 60%, die Versicherungsvereine auf Gegenseitigkeit (VVag) von 25%, die öffentlich-rechtlichen von ca. 10% sowie die ausländischen Versicherer ungefähr von 4%. Als Domäne der AG gelten die Lebens- und Sachversicherung, während die öffentlich-rechtlichen Versicherer in der Sach- und Gebäudeversicherung stark vertreten sind.

Auch im Versicherungswesen ist der allgemeine Konzentrations- und Verflechtungsprozeß spürbar: An der Allianz-Gruppe war 1996 die Münchener Rück mit 25%, die Deutsche Bank, die Dresdner Bank und die Vereinsbank mit jeweils 10% und die Hypobank mit 5% beteiligt. 60% des Kapitals liegen daher bei Versicherungen und Banken. Die Allianz ihrerseits hielt 25% an der Münchner Rück, 97% an der Vereinten Versicherungsgruppe, 90% an der Hermes Versicherung und 20% an der Hamburg-Mannheimer Versicherungs-AG.

Konzentrationen und Verflechtungen

1997 hat die Münchner Rück weitere Beteiligungen an Erstversicherungen in der Ergo Versicherungsgruppe AG Düsseldorf zusammengefaßt. Aus dem Zusammenschluß der Victoria Holding AG und der D.A.S. Allgemeine Rechtsschutz Versicherungs-AG einerseits und der Hamburg-Mannheimer Versicherungs-AG und der Deutschen Krankenversicherung AG (DKV) andererseits entstand dadurch die zweitgrößte deutsche Versicherungsgruppe mit einem Marktanteil von 8% und einem Prämienvolumen von 21 Mrd. DM (1996).

Das deutsche Aufsichtsrecht läßt nicht zu, alle Versicherungszweige in einer Rechtseinheit zu betreiben. Es gilt das Prinzip der Spartentrennung durch Unternehmenstrennung. Dahinter steht das Motiv der rechtlichen Abschottung der haftenden Vermögensmassen; so soll u.a. das Kapital der Lebensversicherung vor dem Verlustrisiko aus den risikoträchtigeren Schadensversicherungssparten geschützt werden. Die starke Konzernbildung ist mit eine Folge dieser Spartentrennung, da ein alle Versicherungszweige umfassendes Angebot allein durch Unternehmensverflechtung möglich ist. 1980 gab es in Deutschland rund 150 Versicherungskonzerne. Die Mitgliedsunternehmen des Gesamtverbandes der Deutschen Versicherungswirtschaft (GDV) erreichten 1995 ein Prämienvolumen von 218,7 Mrd. DM zuzüglich Erträgen aus Kapitalanlagen in Höhe von 80 Mrd. DM. Im Vergleich dazu beliefen sich die Ausgaben des Bundes 1995 auf 460 Mrd. DM.

Die größten deutschen Versicherungsgruppen waren 1995 die Allianz AG, München (Prämieneinnahmen 68 Mrd. DM), die Münchner Rückversicherungs Gesellschaft AG (29 Mrd. DM), die AMB Aachener und Münchener Beteiligungs AG, Aachen (15 Mrd. DM), der Gerling Konzern, Köln (10,6 Mrd. DM), der CKAG Colonia Konzern, Köln (9,7 Mrd. DM), die Victoria Holding-AG, Berlin (8,8 Mrd. DM), der HDI Haftpflichtverband der Deutschen Industrie VvaG, Hannover (8,3 Mrd. DM) sowie die R+V Versicherungsgruppe, Wiesbaden (8 Mrd. DM).

Die größten privaten Krankenversicherer waren 1995 die DKV (4,8. Mrd. DM), die Vereinte Krankenversicherung (4,26 Mrd. DM), die Debeka (4 Mrd. DM) und die Signal Krankenversicherung (1,7 Mrd. DM).

5.5 Die Sozialversicherung.

Die Entwicklung der deutschen Sozialversicherung, die weltweit Anerkennung und Nachahmung fand, geht im wesentlichen auf Otto von Bismarck zurück, der sich von der sozialen Absicherung der Arbeiterschaft eine Entschärfung der sozialen Frage und eine Eindämmung der Sozialdemokratie versprach. Deshalb muß die Bismarcksche Sozialpolitik im Kontext des Sozialistengesetzes von 1878 betrachtet werden.

Ursprung der Sozialversicherung

Zwar bestand schon vor 1878 eine Fülle sozialer Einrichtungen in Form der bereits erwähnten Gilden-, Knappschafts- und Sterbekassen. Von einer umfassenden Absicherung der ärmeren Schichten konnte jedoch keine Rede sein. 1871 wurde das Reichshaftpflichtgesetz erlassen, da als Folge der zunehmenden Technisierung der Betriebe die Unfallgefahren angestiegen waren. Es enthielt eine Gefährdungshaftung der Unternehmer bestimmter Industriezweige und schuf eine Kollektivunfallversicherung für die Arbeitnehmer. Das Gesetz war allerdings unbefriedigend und vergrößerte ungewollt die Spannungen zwischen Arbeitnehmern und -gebern, da es dem verletzten Arbeitnehmer die Beweislast über die Schuld des Arbeitgebers auferlegte. Die Ansprüche der Geschädigten konnten oft erst durch Prozesse durchgesetzt werden.

Am 17. November 1881 erließ Wilhelm I. eine kaiserliche Botschaft zur sozialen Frage, die die Einführung einer umfassenden Absicherung ankündigte. Daran anknüpfend beschloß der Reichstag die ‚drei Säulen der Sozialversicherung‘

Drei Säulen der Sozialversicherung

1. das „Gesetz, betreffend die Krankenversicherung der Arbeiter" vom 15.6.1883,
2. das „Unfallversicherungsgesetz" vom 6.7.1884,
3. das „Gesetz betreffend die Invaliditäts- und Altersversicherung" vom 22.7.1889.

Die Krankenversicherung wurde zu 2/3 vom Arbeitnehmer und zu 1/3 vom Arbeitgeber bezahlt. Die Leistungen enthielten ärztliche Behandlung, Arzneimittel und Krankengeld – 50% des Lohnes – für 13, später 26 Wochen. 1/3 der Versicherungspflichtigen versicherten sich in den neu geschaffenen Allgemeinen Ortskrankenkassen (AOK), 2/3 verblieben in den Betriebskrankenkassen. Bis zum Ersten Weltkrieg änderte sich dieses Verhältnis zugunsten der AOK auf 60% zu 40%.

Die Unfallversicherung wurde ausschließlich aus Arbeitgeber- Unfall-
beiträgen finanziert und zunächst auf Industriebetriebe beschränkt. versicherung
Träger der Versicherung waren die für die einzelnen Gewerbezweige zuständigen Berufsgenossenschaften. Die Leistungen umfaßten ärztliche Behandlung, Erwerbsunfähigkeits- und Hinterbliebenenrente und im Todesfall ein Sterbegeld. Da die Berufsgenossenschaften auch technische Aufsichtsbeamte in die Betriebe entsenden durften, sorgten sie bald für eine bessere Unfallverhütung. Sowohl Kranken- als auch Unfallversicherung waren Pflichtversicherungen für Arbeiter und Angestellte mit weniger als 2 000 Mark Jahreseinkommen.

Die Alters- und Invaliditätsrentenversicherung wurde jeweils zur Alters-
Hälfte von Arbeitgebern und -nehmern aufgebracht und regional in versicherung
den Landesversicherungsanstalten organisiert. Da die Renten recht niedrig gehalten wurden und teilweise sogar unter dem Existenzminimum lagen, mußten sie anfangs von der Armenfürsorge ergänzt werden. 1911 wurden die Angestellten mit einem Jahreseinkommen von bis zu 5 000 M in die Arbeiterversicherung miteinbezogen. Die Rentenversicherung für Angestellte wurde jedoch von der zentralen Reichsversicherungsanstalt in Berlin wahrgenommen. Diese Trennung der beiden Rentenversicherungsträger besteht prinzipiell bis heute fort. Die im selben Jahr erlassene Reichsversicherungsordnung brachte eine Zusammenfassung aller Vorschriften der gesetzlichen Versicherungen und die Einführung der Hinterbliebenenrente. Der Erste Weltkrieg und die Inflation stellten die Sozialversicherung vor ernste Belastungen und verursachten einen empfindlichen Leistungsabbau.

Die Arbeitslosenversicherung wurde erst 1927 eingeführt. Träger Arbeitslosen-
wurde die Reichsanstalt für Arbeitsvermittlung und Arbeitslosenver- versicherung
sicherung. Ihre erste Belastungsprobe zur Zeit der Wirtschaftskrise überstand die neugeschaffene Versicherung allerdings nicht. 1931 mußten, trotz staatlicher Zuschüsse, ihre Leistungen so stark gekürzt werden, daß sie im Grunde ihren Verpflichtungen nicht mehr nachkommen konnte.

Nach dem Zweiten Weltkrieg wurde die deutsche Sozialversicherung weiterentwickelt. Die wichtigsten Neuerungen betrafen dabei die Rentenversicherung: Im Rentenversicherungs-Neuregelungsgesetz von 1957 wurde u.a. die bruttolohnbezogene dynamische Rente – die sogenannte. Rentenanpassung – und die Angleichung der Arbeiter- an die Angestelltenrentenversicherung festgeschrieben. Das Rentenreformgesetz von 1972, die Einbeziehung der Landwirte, die Öffnung der Rentenversicherung für Selbständige und die Einführung der flexiblen Altersrente (1972) sowie die Aufnahme der freischaffenden Künstler und Publizisten (1984) in die Sozialversicherung und die Konkursausfallversicherung (1974) stellten weitere wichtige Verbesserungen dar.

Probleme der Sozial- versicherung

Verlangsamung des wirtschaftlichen Wachstums und Steigen der Arbeitslosigkeit führten in den siebziger und achtziger Jahren bei der Sozialversicherung zu ersten Problemen und zu Kritik. Die zusätzlichen Belastungen der Rentenversicherung nach der deutschen Wiedervereinigung durch hohe versicherungsfremde Leistungen in den neunziger Jahren haben zu weiteren Erhöhungen der Sozialabgaben geführt. Diese beeinträchtigen sowohl die internationale Wettbewerbsfähigkeit durch Erhöhung der Lohnstückkosten als auch die Leistungsbereitschaft der Arbeitnehmer.

1994 wurde, als fünfte Säule der Sozialversicherung neben der Renten-, Kranken-, Unfall- und Arbeitslosenversicherung die Pflegeversicherung eingeführt. Sowohl für die häusliche als auch für die stationäre Pflege erhalten Pflegebedürftige auf Grund der neuen Pflichtversicherung Leistungen. Damit verbesserte sich sowohl die Lage der Pflegebedürftigen und auch derjenigen, die sie zu Hause pflegen. Sie erhalten eine Alterssicherung und sind unfallversichert. Allerdings bot die bürokratische Durchführung Anlaß zu vielfältiger Kritik. Im Gegensatz zur Finanznot der anderen Sozialversicherungen konnten bei der Pflegeversicherung allein zwischen 1994 und 1996 Rücklagen in Höhe von 8 Mrd. DM angelegt werden.

Folgen der demographischen Veränderungen

Die demographischen Veränderungen durch das Steigen der Lebenserwartung und das Sinken der Kinderzahlen sowie die hohe Arbeitslosigkeit haben dazu geführt, daß 1996 bei der Rentenversicherung auf 100 Beitragszahler bereits 47 Rentner kommen, die im Durchschnitt 16 Jahre Rente beziehen. Die auf dem Umlageverfahren beruhende gesetzliche Rentenversicherung ist daher in Schwierigkeiten geraten: 1965 wurde bei Einnahmen von 35,7 Mrd. DM ein Überschuß von rund 2 Mrd. DM erzielt. 1995 überstiegen die Ausgaben in Höhe von 360 Mrd. DM die Einnahmen um fast 10 Mrd. DM.

Umlageverfahren, Kapitaldeckungsverfahren

Die gesetzliche Rentenversicherung ist von Bismarck 1891 als kapitalgedecktes Versorgungssystem eingeführt worden. Erst 1957 erfolgte die Umstellung auf das Umlageverfahren. Grund dafür war, daß nach der Währungsreform von 1948 die Renten zwar im Verhältnis 1:1 umgestellt, die Deckungsmittel jedoch fast wie wertlos wurden. Seit 1948 arbeitete die Sozialversicherung mit riesigen Fehlbeträgen, die mit der Einführung des Umlageverfahrens verschwanden. In der

Mitte der neunziger Jahre aufgekommenen Diskussion wird immer wieder eine Rückkehr zu einer Alterssicherung nach dem Kapitaldekkungsverfahren oder einer Grundrente aus Steuermitteln gefordert. Durch Rentenreformen wird die Erhöhung des Renteneintrittsalters und eine Senkung des Rentenniveaus festgeschrieben, weil die Rentenbeiträge, die 1997 bei über 20% der Einkommen lagen, nicht weiter gesteigert werden können. Die gesetzliche Rentenversicherung muß zudem von versicherungsfremden Leistungen entlastet werden. Nur ein Teil davon wurde durch Zuschüsse des Bundes finanziert. Zusätzlich muß die zukünftige gesetzliche Altersrente durch eine private Altersvorsorge in Form von Lebensversicherungen, Investmentsparen oder Immobilien ergänzt werden.

Auch die gesetzliche Krankenversicherung hat seit den achtziger Jahren trotz der Gesetze zur Kostendämpfung im Gesundheitswesen erhebliche Finanzprobleme. Diese wurden bisher durch steigende Pflichtbeiträge gedeckt, die 1996 bei bis zu 14% des Einkommens lagen.

Schließlich ist auch die Arbeitslosenversicherung durch die Rekordarbeitslosigkeit Mitte der neunziger Jahre in Finanznöte geraten, die durch Bundeszuschüsse beseitigt wurden.

Eine Konsolidierung der Sozialversicherungen scheint langfristig nur durch den Abbau der Arbeitslosigkeit und durch Einschränkung der Leistungen möglich.

II. Grundprobleme und Tendenzen der Forschung

A. Forschungsstand der Bankengeschichte

Die Geschichte der Banken im 19. und 20. Jahrhundert ist, wie das Quellen- und Literaturverzeichnis zeigt, im Vergleich zu anderen Wirtschaftszweigen, dem Handel, der Industrie und vor allem dem Versicherungswesen, sehr gut erforscht. Dies hat verschiedene Gründe: Seit 1971 gibt das Institut für bankhistorische Forschung e.V. (IbF), Frankfurt, eine wissenschaftliche Zeitschrift, zunächst das Archiv [29] und ab 1974 das Bankhistorische Archiv [30] heraus. Dazu kommen 30 Bei- und Sonderhefte [77–105], in denen die Ergebnisse der wissenschaftlichen Kolloquien publiziert sind. Das IbF gibt daneben eine Schriftenreihe mit bisher 19 Bänden sowie Studien zur Entwicklung der Kreditwirtschaft (5 Bände) heraus. Die wichtigsten Publikationen sind jedoch die 1983 erschienene Deutsche Bankengeschichte in drei Bänden [73], die Europäische Bankengeschichte [107], die Deutsche Börsengeschichte [106] und das Sammelwerk über die Geschichte der deutschen Kreditwirtschaft 1945–1992 [108]. $\quad$ Institut für bankhistorische Forschung

Der Deutsche Sparkassen- und Giroverband veröffentlicht über die Gesellschaft zur Förderung der wissenschaftlichen Forschung über das Spar- und Girowesen e.V. seit 1986 die Ergebnisse der Sparkassenhistorischen Symposien [269-279] und publiziert in der Reihe „Sparkassen in der Geschichte" Dokumentationen, Forschungsberichte und Reprints historischer Originalausgaben [280]. $\quad$ Sparkassenhistorische Symposien

Schließlich gibt der Bayerische Sparkassen- und Giroverband seit 1987 die Zeitschrift für Bayerische Sparkassengeschichte [253] heraus. Vorläufer war seit 1981 der Arbeitskreis für Sparkassengeschichte, der unter „Sparkassen in der Geschichte" die Ergebnisse der jährlichen Tagungen veröffentlichte, bis diese Reihe dann vom deutschen Sparkassen- und Giroverband weitergeführt wurde. Der Bereich der Sparkassen und Girozentralen ist auch durch eine Fülle von Fest- $\quad$ Festschriften

schriften einzelner Institute gut erforscht, wobei die wissenschaftliche Qualität dieser Publikationen sehr stark schwankt.

Auch im Bereich der Genossenschaftsbanken ist eine Vielzahl von Festschriften unterschiedlichster Qualität vorhanden. Die Bibliothek des IbF enthält mehr als 1200 dieser Festschriften. Aufgrund dieser Fülle kann im Rahmen dieser Arbeit nicht auf die Festschriften des Sparkassen- und Genossenschaftssektors eingegangen werden, wobei einige Ausnahmen notwendig sind.

Auch bei den Privatbankiers, den Großbanken, den Regionalbanken und Hypothekenbanken sind anläßlich der Gründungsjubiläen teilweise wissenschaftlich beachtliche Festschriften entstanden, die für die Forschung wichtig sind. Zum heutigen Forschungsstand der Bankengeschichte tragen nicht zuletzt die als Quellen einzustufenden Veröffentlichungen der Deutschen Bundesbank und ihrer Vorgängerinstitute bei. Vor allem hat die seit Mitte der 1960er Jahre an den Universitäten verstärkt betriebene wissenschaftliche Beschäftigung mit der Bankengeschichte eine Vielzahl von Publikationen hervorgebracht.

Schließlich sei erwähnt, daß unter der Federführung der Deutschen Bank 1990 die European Association for Banking History (EABH) gegründet wurde und daß innerhalb der Gesellschaft für Unternehmensgeschichte (GUG) seit 1995 ein Arbeitskreis für Bankengeschichte besteht.

B. Quellen zur Bankengeschichte

Archivarbeiten im Bereich der Kreditinstitute sind insofern nicht unproblematisch, als dabei immer Belange der Bankkunden betroffen
Bankarchive sein können. Eine Vielzahl von Banken unterhält gut geführte Archive, darunter selbst kleine Institute. Einen Überblick gibt Band 2 (Kreditwirtschaft) des Sammelwerkes Deutsche Wirtschaftsarchive [8]. Ferner ist ein Verzeichnis des in den Archiven der deutschen Kreditinstitute vorhandenen Quellenmaterials [9] in Vorbereitung. Auch enthalten die Quellen zur deutschen Wirtschafts- und Sozialgeschichte [13] wichtige Dokumente der Bankengeschichte. Von besonderer Bedeutung sind die Publikationen der Deutschen Bundesbank, insbesondere das Deutsche Geld- und Bankwesen in Zahlen 1876–1975 [3] und die Monetären Statistiken 1948–1987 [4]. Diese enthalten statistische Dokumentationen seit 1876. Das große Archiv der Berliner Reichsbank stand allerdings nicht zur Verfügung, so daß auf Doku-

mente der unzerstörten Reichsbankleitstellen zurückgegriffen werden mußte. Neben bankstatistischen Übersichten und den Statistiken der Notenbanken sind vor allem die Bilanzzahlen der einzelnen Bankengruppen, die Statistiken des Kapitalmarktes, der öffentlichen Verschuldung und der Außenwirtschaft von großem Interesse. Seit 1948 enthalten die die Geschäfts- und Monatsberichte der Bank deutscher Länder [1] und ab 1958 die der Bundesbank [6], neben dem statistischen Teil, jeweils Berichte zur Wirtschaftslage und anderer aktueller Themen, die retrospektiv Hauptquellen des Bankwesens wurden.

Nach der Bankenkrise von 1931 wurde vom Untersuchungsausschuß für das Bankwesen 1933 eine Enquête [14] erstellt, die als Schlüsseldokument für das Bankwesen dieser Zeit angesehen werden kann. Bankenenqête von 1933

Für die einzelnen Banksektoren können beispielhaft für die Genossenschaftsbanken – als Schlüsseldokumente das Genossenschaftsgesetz [10] und die ersten Veröffentlichungen von F. W. RAIFFEISEN [11] und H. SCHULZE-DELITZSCH [12] angeführt werden.

Die fast unübersehbare Anzahl von Jubiläumschriften aus allen Bereichen des Bankwesens enthält häufig Faksimileabbildungen der Gründungsurkunden und anderer wichtiger Quellen der jeweiligen Institute.

Zu den sekundären Quellen zählen die Memoiren der Beteiligten. Memoiren
Für die Weimarer Republik und die Zeit des Nationalsozialismus sind die Memoiren der Reichsbankpräsidenten H. SCHACHT [22, 23] und H. LUTHER [21] sowie H. BRÜNINGS [17] von Interesse, wobei die Darstellungen Brünings und Schachts kritisch bewertet werden müssen. Das Finanzwesen der Kriegszeit wird bei SCHWERIN VON KROSIGK [24], dem damaligen Finanzminister, aus erster Hand dargestellt. Doch besteht bei Memoiren generell der Gefahr einer einseitigen Betrachtung.

Seit Gründung der Bundesrepublik sind die Erinnerungen von H. J. ABS [15] im Hinblick auf das Londoner Schuldenabkommen von 1953 und für die Geschichte der Bank deutscher Länder und der Bundesbank, die Memoiren der Notenbankpräsidenten W. VOCKE [26], K. BLESSING [16] und O. EMMINGER [18] wichtig. So werden bei Emminger detailliert der vergebliche Kampf der Großen Koalition von 1969 gegen eine Aufwertung der Deutschen Mark und gegen das Ende der festen Wechselkurse dargestellt. Emminger vertritt dabei die Auffassung, daß die Große Koalition an der Aufwertungsfrage auseinandergebrochen sei und die CDU deshalb die schon gewonnen geglaubte Wahl verloren habe.

Unter den Memoiren der Privatbankiers können die Erinnerungen von A. GWINNER [20], H. FÜRSTENBERG [19], H. SOMARY [25], P. WALLICH [27] und E. M. WARBURG [28] als Quellen angeführt werden. Die Aufzeichnungen von Warburg dokumentieren eindrucksvoll die „Arisierung" der traditionsreichen Hamburger Privatbank, die Emigration der Familie sowie eine nach dem Krieg nur selten erfolgte Rückgabe der Bank an die jüdischen Gesellschafter.

C. Literatur

1. Bibliographien

Bibliographien Als laufende Bibliographie der Bankengeschichte erscheint seit 1984 im Bankhistorischen Archiv [30] ein jährlicher Literaturbericht über die Neuerscheinungen. Wichtige Publikationen werden dort rezensiert. Die Literatur zur Sparkassengeschichte wurde seit 1960 durch M. PIX [35] im Bankhistorischen Archiv und ab 1978 durch J. MURA [31–33] in der „Sparkasse" publiziert. Dort ist auch seine Dokumentation der Festschriften aus der Sparkassenorganisation bis 1990 [34] erschienen. Auch enthält die dreibändige Deutsche Bankengeschichte von 1982/3 [73] in den einzelnen Teilen teilweise ausführliche Bibliographien.

2. Gesamtdarstellungen, Sammelwerke und Schriftenreihen

Handbücher und Sammelwerke, die nicht primär der Bankengeschichte dienen, können durchaus historische Aspekte enthalten. Eine Auswahl soll daher, nach dem Erscheinungsdatum geordnet, aufgeführt werden: Für das 19. Jahrhundert gaben zeitnah bereits 1854 der Band „Die Banken" von O. HÜBNER [72] sowie das 1870 erschienene „Handbuch des Bankwesens" von M. WIRTH [137] Aufschluß. Einen ersten großen Überblick über das Bankwesen verschaffen das mehrbändige Werk von H. VON POSCHINGER über „Die Bankengeschichte im Königreich Bayern 1498–1876" [122], über „Das Bankwesen und Bankpolitik in Preußen" [123] und „Die Banken im deutschen Reiche, Österreich und der Schweiz mit besonderer Rücksicht auf die Geschichte und Statistik derselben" [124]. Als wichtiges Werk über das Bankwesen erschien 1951 die 4. Auflage von A. WEBER, „Geld, Bank, Überblicke Börsen" [136]. Gute Überblicke verschaffen auch das „Enzyklopädische Lexikon für das Geld- Bank- und Börsenwesen" [37]. „Der

Bankbetrieb" in drei Bänden von K. F. HAGENMÜLLER [64] und das „Bank-Lexikon, Handwörterbuch für das Bank- und Sparkassenwesen" von J. LÖFFELHOLZ, G. MÜLLER [116]. Strukturen der Bankwirtschaft, insbesondere die Banktypologie der Universalbanken, Spezialbanken und internationaler Banken beschreibt ausführlich O. HAHN [63]. Das Handbuch „Geld- Bank- und Börsenwesen" von OBST/ HINTNER [112] wurde 1980 von N. KLOTEN und J. H. STEIN in 37. Auflage völlig neu gestaltet. Es enthält Beiträge zur Geld- und Währungspolitik, über Bankensysteme und supranationale Banken, zu Marktleistungen und Eigengeschäften der Kreditinstitute zur Unternehmensführung im Bankbetrieb sowie über Geld- und Kapitalmärkte und Börsen. Die geschichtliche Entwicklung der Banken ist dabei auf wenigen Seiten komprimiert. Auflagenstarke Standardwerke sind das „Handbuch des gesamten Kreditwesens" von W. HOFMANN [68], die „Bankbetriebslehre" von H. BÜSCHGEN [49] und „Das Bankwesen in Deutschland" von J. H. STEIN [132] sowie das Bank- und Versicherungslexikon von H. Schierenbeck [128].

1973 hatte W. BING die Frage: „Warum Bankgeschichte?" [43] aus französischer Sicht gestellt. Angesichts der Dürftigkeit der Bestände an Schriftstücken und Urkunden bankhistorischer Natur in den „Archives Nationales" wurde das Interesse der französischen Bankiers an der Geschichte ihres Gewerbes in Frage gestellt. Danach wurde auch in Deutschland dieses Interesse geweckt und gepflegt.

Warum Bankgeschichte?

Die deutsche Bankengeschichte des 19. und 20. Jahrhunderts wurde in der Literatur breit behandelt. Dennoch sind noch große Lükken vorhanden. Zunächst ist auf die enzyklopädische Darstellung von K. E. BORN, „Geld und Banken im 19. und 20. Jahrhundert" [44] hinzuweisen. Dieser 1976 erschienene Überblick eignet sich besonders gut als Nachschlagewerk. Neben der deutschen Entwicklung werden auch die Besonderheiten der wichtigsten Industrieländer behandelt. Nach der Beschreibung der Währungssysteme und der internationalen Währungspolitik werden ausführlich die Entstehung und Ausbildung der verschiedenen Banktypen geschildert. Welche wirtschaftlichen, sozialen und politischen Entwicklungen waren für das Bankwesen bestimmend?

Enzyklopädische Darstellungen

Nach der im Rahmen der Hochindustrialisierung einsetzenden Bildung von Kartellen, Syndikaten, Konzernen und Trusts wird die Rolle der Großbanken analysiert. Daneben wird die Konzentrationsbewegung innerhalb des Bankwesens bis hin zur Bildung internationaler Bankengruppen dargestellt. Bei den Bankenkrisen wurden nicht nur der Ablauf, sondern auch die Ursachen und Folgen untersucht.

M. POHL bietet in der „Einführung in die deutsche Bankengeschichte" [118] einen kurzen Überblick über die wichtigsten Entwicklungslinien. Als Ergebnis wird festgehalten, daß das heutige deutsche Universalbankensystem eine Folge der historischen Entwicklung der verschiedenen Banksparten sei. Trotz der starken Konzentrationsbewegungen besäßen keine Sparte oder gar ein einzelnes Kreditinstitut eine monopolartige Stellung. Pohl stellt für 1976 fest, daß die Sparkassen und Genossenschaftsbanken als Universalbanken den Großbanken und Regionalbanken im Industrie- und Auslandsgeschäft zu einer großen Konkurrenz geworden seien, wohingegen die Großbanken erfolgreich ihr Privatkundengeschäft ausbauen würden.

Der größere Anteil am Geschäftsvolumen im deutschen Kreditwesen liege bei den von der öffentlichen Hand direkt oder indirekt kontrollierten Instituten. Eine kurzgefaßte, inzwischen veraltete Bankengeschichte hatte schon 1968 H. KRASENSKY [115] vorgelegt.

In der Deutschen Bankengeschichte [73] von 1982/83 wird in drei Bänden eine Gesamtdarstellung der Entwicklung des deutschen Bankwesens gegeben, die lange Bestand haben wird. Band 1 [74] behandelt die Entwicklung bis 1806. In Band 2 [75] untersucht H. POHL das deutsche Bankwesen in der Zeit von 1806 bis 1848. Wegen der schlechten Quellenlage ist dieser Zeitraum, im Gegensatz zur zweiten Jahrhunderthälfte, wenig erforscht. In der ersten Hälfte des 19. Jahrhunderts gab es noch kein voll ausgebautes und leistungsfähiges Bankwesen zur Vermittlung zwischen Kapitalgebern und Kreditsuchenden. Alle bestehenden Banken hatten nur regionale Bedeutung. Die Privatbankiers waren bis zum Aufkommen der ersten Aktienbanken die wichtigsten Träger des Kreditwesens. Die Industriefinanzierung blieb in dieser Zeit gering. Das Staatsanleihegeschäft war das Hauptgeschäft der Privatbanken, die aus Handelsgeschäften mit den Höfen entstanden waren. Von einem Kapitalmangel im Eisenbahnbau und der frühen Industrialisierung kann nicht gesprochen werden. Vielmehr fehlte es dem Privatkapital an sicheren Anlagemöglichkeiten.

Von M. POHL stammt die Darstellung der Zeit zwischen 1848 und 1914. In diesem Zeitraum entstanden die ersten Aktienbanken (1848–1856). Die Sparkassen überzogen Deutschland mit einem engmaschigen Netz, und Raiffeisen und Schulze-Delitzsch errichteten die ländlichen und gewerblichen Kreditgenossenschaften. 1862 entstanden die ersten Hypothekenbanken. Auch das Notenbankwesen veränderte sich: 1848 wurde die königliche Giro- und Lehn-Banco in Berlin in die Preußische Bank umgewandelt. In den anderen deutschen Staaten entstanden ebenfalls Notenbanken mit dem Recht auf Notenemission. Durch die Errichtung der Deutschen Reichsbank 1875 wurde eine einheitliche Währung eingeführt. Pohl arbeitet heraus, daß zwischen 1848 und 1875 das Bankwesen in seiner heutigen Form entstand. Die Privatbankiers verloren ihre dominierende Rolle an die Berliner Großbanken und regionale Aktienbanken. Nach 1880 beteiligten sich die Großbanken an der Finanzierung ausländischer Projekte. Die Mark gehörte zu den Stabilsten Währungen, und Deutschland war bis 1914 ein bedeutendes Gläubigerland.

In Band 3 der Deutschen Bankengeschichte [76] untersucht K. E. BORN das Bankwesen in der Zeit der Weimarer Republik, E. WANDEL in der Zeit von 1933 bis 1945 und M. POHL das private Bankwesen und die Kreditgenossenschaften nach 1945. G. ASHAUER zeigt für die Entwicklung des Sparkassenwesens ab 1924 und H. BÜSCHGEN die zeitgeschichtlichen Problemfelder des Bankwesens in der Bundesrepublik auf. Auf die Ergebnisse dieses Bandes soll im Zusammenhang mit Einzelforschungen eingegangen werden. *(Bankengeschichte seit 1918)*

Einen Überblick über die Entwicklung des Bankwesens der Nachkriegszeit bis 1980 verschafft die Untersuchung von H. WOLF [138]. Dieses Kompendium ist durchgängig mit statistischen Tabellen versehen. Im Kapitel „Kreditwirtschaft im Wettbewerb" werden die verschiedenen staatlichen Enqueten und deren Ergebnisse abgehandelt. Der Sammelband „Geschichte der deutschen Kreditwirtschaft 1945–1992" [108] gibt den neuen Forschungsstand wieder. Erstmals wurden auch das Kreditwesen der DDR 1949–1989 (D. HUMMEL), die Währungsunion und Wiedervereinigung (H. BÜSCHGEN) sowie das deutsche Kreditwesen im Rahmen des europäischen Kreditwesens (B. RUDOLPH) wissenschaftlich aufgearbeitet. Eine ausführliche Darstellung der europäischen Bankengeschichte [107] ist bereits 1993 erschienen. Mit europäischen Themen, wie Banken in Europa nach 1992 [95], das Bankwesen in Ost- und Mitteleuropa [99], Zusammenarbeit und Wettbewerb der europäischen Banken seit Mitte des 19. Jahrhunderts [101] haben sich nationale und internationale Kolloquien des IfB befaßt [auch 102,105]. *(Bankengeschichte seit 1945)*

Als weiterer Sammelband des IbF soll noch die „Deutsche Börsengeschichte" von 1992 [106] erwähnt werden. Für das 19. Jahrhundert zeichnen darin R. GÖMMEL und für das 20. Jahrhundert F. W. HENNING und B. RUDOLPH verantwortlich. Eine weitere Aufarbeitung der deutschen Bankengeschichte erfolgt im Sammelband über das Bankwesen in Deutschland und Spanien 1860–1960 [109]. Neben der Bankgesetzgebung werden die Notenbanken, Privatbanken, Aktien- *(Deutsche Börsengeschichte)* banken, Sparkassen, Öffentliche Banken sowie andere Kreditinstitute und das Währungssystem, chronologisch behandelt.

Die historisch gewachsene deutsche Bankenlandschaft wird, im Gegensatz zum angelsächsischen Trennsystem, als Universalbanksystem bezeichnet, das immer wieder kritisiert wird. Unter Universalbank wird eine Bank verstanden, die sämtliche banktypischen Leistungen anbietet. Bereits 1971 hat H. BÜSCHGEN sein Gutachten über das Universalbanksystem vorgelegt [45]. Auch W. KEHL analysiert das durch Diversifikation geprägte System [114]. Schließlich legte M. POHL 1986 mit seiner Untersuchung über „Die Entstehung und Entwicklung des Universalbanksystems" [121] einen wichtigen Beitrag vor. Als Ergebnis kann festgehalten werden, daß die Konzentrationsbewegungen im Kreditgewerbe das Universalbanksystem in einer gewissen zyklischen Kontinuität beeinflußt haben. Durch Wettbewerbsverschärfungen wird dies auch in Zukunft der Fall sein. Wie dramatisch der Wettbewerb im Universalbanksystem funktionierte, verdeutlichen folgende Entwicklungen: Zwischen 1950 und 1986 haben die Kreditgenossenschaften die Zahl ihrer Mitglieder von 2,5 Millionen auf 10,7 Millionen erhöht. Gleichzeitig hat sich der Marktanteil der genossenschaftlichen Bankgruppe am Einlagengeschäft der Universalbanken von 13,1% auf 26,5% mehr als verdoppelt. Parallel dazu war der Genossenschaftssektor von einer großen Konzentrations- und Fusionsbewegung gekennzeichnet. Dies zeigt, daß das Universalbanksystem keineswegs statisch ist, sondern sich im ständigen Wandel befindet. Die von BÜSCHGEN in der Deutschen Bankengeschichte [76] aufgeführten Vorteile des Universalbankensystems wiegen die Nachteile, insbesondere die Interessenskonflikte einer Universalbank in Verbindung des Kredit -und Einlagengeschäfts mit dem Wertpapiergeschäft sowie des Wertpapier-Kommissionsgeschäfts mit dem Wertpapiereigengeschäft und dem Investmentgeschäft auf. Die ab 1975 von der SPD gestellte Forderung, das System der Universalbanken solle abgeschafft werden, ist auch 1996 mittelfristig unrealistisch. Die vom Bundesminister der Finanzen eingesetzte Kommission [2] hat schon 1979 festgestellt, daß sich eine Abkehr vom Universalbankystem nicht empfiehlt. Ein Wechsel hätte so schwerwiegende Nachteile, daß er nicht zu rechtfertigen wäre.

Die Konzentrationsbewegungen im Bankwesen waren schon immer Gegenstand der Forschung. Bereits 1898 beschreibt K. HELFFERICH in seiner „Reform des deutschen Geldwesens nach der Gründung des Reiches" [67] den in der Gründerkrise einsetzenden Konzentrationsprozeß. P. WALLICH veröffentlicht 1905 sein Werk über

Universalbanksystem

Konzentrationsbewegungen seit 1950

Konzentrationsbewegungen seit 1880

die Konzentration im deutschen Bankwesen [135] und analysiert die Bildung von Interessengemeinschaften zwischen Großbanken und Provinzbanken in der Zeit seit 1880. Diese Entwicklung ist auch bei J. RIESSER in „Die deutschen Großbanken und ihre Konzentration" im Zusammenhang mit der Entwicklung der Gesamtwirtschaft in Deutschland 1912 [230] dargestellt. In den „Strukturverschiebungen im deutschen Bankwesen" von 1937 ist die Bankenkonzentration der Weimarer Zeit von H. PECKOLT [117] dokumentiert. Schon 1931 hatte P. VOSS in einer Wittenberger Dissertation die Verdrängung der Privatbankiers durch die Großbanken seit 1882 untersucht [188]. Dabei standen die noch bestehenden jüdischen Privatbanken kurz vor der 1933 beginnenden „Arisierung".

In einer Untersuchung von 1995 beschreibt G. HARDACH die Veränderungen in der deutschen Bankenstruktur zwischen 1908 und 1934 [66: Zwischen Markt und Macht]. Darin werden die Enquêten von 1908 und 1933 behandelt. Anlaß für diese beiden Bankenenquêten waren Wirtschaftskrisen, in denen eine zu starke Expansion des Bankensektors deutlich wurde. Zwischen 1871 und 1908 erfolgte der Aufstieg der Berliner Großbanken und großen Regionalbanken. Ihre Geschäftspolitik betraf nicht nur einen kleinen Ausschnitt der Wirtschaft, sondern erreichte bald volkswirtschaftliche Bedeutung. Die Abhängigkeit des Bankensystems vom Goldstandard zeigte sich 1906/07, als die Reichsbank ihren Diskontsatz auf die ungewöhnliche Höhe von 7,5% festsetzte. Nach der Bankenenquête von 1908 wurde die Liquidität der Reichsbank und der Banken erhöht: das Reichsscheckgesetz von 1908, die Einführung des Postscheckverkehrs von 1909 und die Bankgesetznovelle von 1909, mit der die Reichsbanknoten zum gesetzlichen Zahlungsmittel erklärt wurden, waren wichtige Fortschritte.

Bankenstruktur 1918-1933

Auf Grund der Bankenkrise von 1931 entstand die Bankenenquête von 1934. Daraus ging das Kreditwesengesetz (KWG) hervor, das die nationalsozialistische Zeit überlebt hat. Erst Ende der fünfziger Jahre setzte eine Deregulierung des Bankwesens ein. Die Aufhebung des Konzessionszwangs 1958, das neue Kreditwesengesetz von 1961 und die Abschaffung der staatlichen Zinsbindung von 1967 waren die wichtigsten Veränderungen. Der Zusammenhang zwischen wirtschaftlicher Entwicklung und Bankgesetzgebung, insbesondere die Entwicklung der Bankenaufsicht, ist im 7. Symposium zur Bankengeschichte 1981 [83] von L. BÄHRE und E. WANDEL [394] dargestellt worden.

Kreditwesengesetz

Einen Gesamtüberblick über die Konzentration im deutschen Bankwesen bis 1982 gibt M. POHL [120 Konzentration]. Dieser wich-

Konzentrationsphasen

tige Beitrag zur Konzentrationsforschung eignet sich auch als Nachschlagewerk: Er enthält ein alphabetisches Verzeichnis aller heute
nicht mehr existierenden und übernommenen Banken, einen Stamm-
baum der Großbanken mit allen Fusionen, ein lokales Register und
eine Chronologie der Fusionen. Die Konzentrationsbewegung wird in
sechs Phasen eingeteilt. Die erste Phase reicht von 1850 bis zur
Reichsgründung, als sich die neuen Aktienbanken durch Kommandi-
ten an kleineren Privatbanken beteiligten. In der zweiten Phase, ab
1873 bis 1890, mußten zunächst viele neu gegründete Aktienbanken
wieder schließen. Dadurch, daß die Großbanken die Liquidation der
notleidenden Banken übernahmen, konnten sie den Kundenstamm und
Geschäftskreis übernehmen, so daß ein Konzentrationsprozeß in Gang
kam. In der dritten Konzentrationswelle seit 1890 kam es zu Interessengemeinschaften zwischen Großbanken und Provinzbanken und der
Übernahme kleinerer Bankhäuser. Dies war kostengünstiger als der
Aufbau eines eigenen Filialnetztes, wie dies in England und Frankreich geschah. Die vierte Phase begann 1914 durch die Fusion der
Deutschen Bank mit der Märkischen Bank und die der Disconto-
Gesellschaft mit dem Schaafhausenschen Bankverein und endete 1929
mit der Fusion der Deutschen Bank mit der Disconto-Gesellschaft und
der der Commerz- und Privatbank mit der Mitteldeutschen Kreditbank. Die fünfte Phase wurde mit der Restrukturierung der Großbanken nach der Bankenkrise eingeleitet. Die Danat-Bank ging in der
Dresdener Bank auf und die Commerz- und Privatbank übernahm den
Barmer Bankverein. Parallel dazu gaben immer mehr Privatbankiers
auf und lehnten sich an Großbanken an. Schließlich verschärften der
von den Nationalsozialisten erzwungene Boykott und die „Arisierung"
der jüdischen Privatbanken den Konzentrationsprozeß. Die sechste
Phase der Konzentrationsbewegung setzte 1957 ein, als die Nachfol-
georganisationen der nach 1945 zwangsweise aufgelösten Großbanken
sich wieder zusammenschlossen. Seither waren die Großbanken nicht
mehr Träger der Konzentrationsbewegung, sondern die Sparkassen
und Landesbanken sowie vor allem der Genossenschaftssektor.

Obwohl die Zahl der Genossenschaftlichen Banken durch Fusionen stark abnahm, hat sich seit 1950 der Marktanteil dieses Sektors
stark erhöht. Neuere Entwicklungen finden sich in dem 1995 in über-
arbeiteter Auflage erschienen Werk von G. ASCHHOFF, E. HENNIGSEN,
Struktur des
Genossen-
schaftswesens
über „Entwicklung, Struktur und wirtschaftliches Potential des deutschen Genossenschaftswesens" [336]. Der Konzentrationsprozeß bei
den Großbanken im Kaiserreich und während der Weimarer Republik
bei den Großbanken ist auf den wachsenden Kreditbedarf der Groß-

industrie und den Außenhandel zurückzuführen. Das starke Wachstum und die Konzentration im Sparkassensektor und bei den Kreditgenossenschaften seit 1950 dagegen beruhen dagegen auf der zunehmenden Bedeutung des Geschäftes mit Privatkunden und mit dem Mittelstand. Durch die Entwicklung Europas zeichnet sich ein weiterer Konzentrationsprozeß ab, der auch die Großbanken und großen Regionalbanken betrifft und der zu einer neuen europäischen Bankenlandschaft führen wird.

Die Marktanteile der großen Bankengruppen haben sich seit 1950 immer wieder geändert. Dies soll durch die nachstehende Tabelle dokumentiert werden:

Marktanteile der Bankengruppen

Entwicklung der Marktanteile in %

	1950	1960	1970	1989	1990	1993
Marktanteile in % [an Bilanzsumme]						
Kreditbanken	43,6	34,1	31,8	29,6	34,4	31,6
Sparkassen	41,8	51,1	50,4	49,2	45,7	49,1
Genossenschaften	14,6	14,8	17,8	21,2	19,9	19,3
Marktanteile in % [Kredite an Nichtbanken]						
Kreditbanken	53,9	37,4	32,5	28,8	38,4	33,6
Sparkassen	33,7	49,5	52,0	52,0	43,4	48,3
Genossenschaften	12,4	13,1	15,5	19,2	18,2	18,1
Marktanteile in % [Einlagen von Nichtbanken]						
Kreditbanken	41,7	33,4	31,0	26,9	27,8	27,4
Sparkassen	45,2	51,3	49,7	48,6	47,4	47,4
Genossenschaften	13,1	15,3	19,3	24,5	24,8	25,2

Bei der Bilanzsumme haben die Kreditbanken (Großbanken, Regionalbanken) zwischen 1950 und 1980 ihren Marktanteil von 43,6% auf 29,6% verringert und dann bis 1990 wieder auf 34,4% ausbauen können. Die Sparkassenorganisation hat seit 1960 ihren Marktanteil nahezu unverändert bei 50% stabilisieren können. Von 1980 bis 1990 ging er zwar von 49,2% auf 45,7% zurück, ist aber seitdem wieder auf 49,1% angestiegen. Die genossenschaftliche Bankgruppe hat zwischen 1950 und 1980 den Marktanteil bezüglich der Bilanzsummen von 14,6% auf 21,2% steigern können. Seitdem ist er wieder leicht auf 19,3% gefallen. Die Veränderungen seit 1990 sind hauptsächlich auf die neuen Bundesländer zurückzuführen, in denen die Sparkassenor-

Veränderungen seit 1990

ganisation durch die Übernahme der bestehenden Strukturen Marktanteile hinzu gewonnen hat.

Aussagekräftiger als die Bilanzsummen sind die Kredite und Einlagen von Nichtbanken. Bei den Krediten haben die Kreditbanken zwischen 1980 und 1990 ihre seit 1960 verlorenen Marktanteile wieder aufholen können, was zu Lasten der Sparkassen ging. Seither haben die Kredite der Sparkassenorganisation wieder überproportional zugenommen, so daß ihr Marktanteil wieder bei 48,3% liegt. Wie bei den Bilanzsummen ist der Marktanteil der Genossenschaftsbanken bei den Krediten seit 1980 leicht sinkend. Am größten waren die Veränderungen bei den Einlagen: die Kreditbanken konnten seit 1980 ihren Anteil bei rund 27% stabilisieren und die Sparkassen konnten 1993 mit 47,4% den Höchststand von 51,3% im Jahr 1960 nicht wieder erreichen. Hohe Zuwächse bei den Einlagen konnte dagegen der genossenschaftliche Bankensektor verzeichnen. Seit 1950 konnte der Genossenschaftssektor seinen Marktanteil an den Einlagen von 13% stetig bis auf 25% im Jahr 1994 steigern.

Diese Entwicklung zeigt, daß die Sparkassen und Genossenschaftsbanken die größten Zuwächse hatten. Dies ist auf die steigende Bedeutung des Privatkunden zurückzuführen, auf den sich nunmehr der Wettbewerb unter den Bankengruppen konzentriert. Parallel dazu haben die Landesbanken/Girozentralen sowie die genossenschaftlichen Zentralkassen und die DG Bank sich in den klassische Dömänen der Großbanken, im Auslands- und Großgeschäft, zunehmend etabliert.

Zuwächse der Sparkassen und Genossenschaftsbanken

3. Privatbankiers

Die reichhaltige Literatur über Privatbankiers enthält eine Vielzahl von Festschriften mit sehr unterschiedlichem wissenschaftlichen Wert. Die Geschichte bedeutender Privatbanken ist vielfach erforscht worden: mit dem Haus Rotschild beschäftigen sich I. BALLA [142], C. W. BERGHÖFER 1922 [144], E. C. CONTE CORTI 1927 [147], V. COWLES 1975 [148] R. M. HEILBRUNN 1963 [156], H. SCHNEE 1961 [174] und F. MORTON 1962 [168].

Bankhaus Rothschild

Auch das Frankfurter Bankhaus Gebr. Bethmann war vielfach Objekt der Geschichtsschreibung. Obwohl ein reiches Archiv dieser Privatbank vorhanden ist, stand nicht die Geschichte der Bank, sondern die der handelnden Personen im Vordergrund der Forschung. So gehen E. ACHTERBERG [140], C. HELBIG [157] und P. PALLMANN [170] hauptsächlich auf Simon Moritz von Bethmann und seine Vorfahren ein. Auch die Veröffentlichungen anläßlich des Firmenjubiläums 1973 von H. HEYM u.a., „225 Jahre Bankhaus Gebrüder Bethmann" [158] und die Dissertation von W. FORSTMANN über S. M. von Bethmann 1786–1826 [154], sind stark personenbezogen und verraten nicht viel über die Geschichte der Bank.

Besonders gut erforscht ist im Gegensatz dazu Sal. Oppenheim jr. & Cie. W. TREUE hat zwischen 1958 und 1985 das seit 1932 systematisch aufgebaute Archiv geleitet. Durch seine Veröffentlichungen über Simon und Abraham Oppenheim [180,184], für Friedrich Carl von Oppenheim [181] und über das Schicksal des Bankhauses im Dritten Reich [183] hat er einen ersten Einblick in die Geschichte der Bank und seiner Inhaber gegeben. Obwohl die NSDAP den Geschäftsinhabern 1933 bestätigt hatte, daß sich das verantwortliche Kapital der Bank in den Händen der christlichen Familie Freiherr von Oppenheim und Robert Pferdmenges befinde und das Bankhaus als deutsches Unternehmen anzusehen sei, kam es durch antisemitische Ausschreitungen zu immer größeren Erschwerungen. Die Gesellschafter hatten sich dazu entschlossen, 1936 das im Rheinland bedeutende jüdische Bankhaus A. Levy zu übernehmen und den Namen Oppenheim aus der Firmenbezeichnung zu nehmen. Von 1938 bis 1947 firmierte die Bank unter Pferdmenges & Co. Die Gebrüder Oppenheim wurden als „Mischlinge II. Grades" 1944 in Haft genommen, haben aber den Krieg überlebt. Auch Pferdmenges, der als Mitglied der bekennenden Kirche und auf Grund seiner politisch liberalen Haltung als unzuverlässig galt, wurde 1944 der Verschwörung verdächtigt und inhaftiert.

In den ersten Kriegsjahren gelang es der Bank, jüdischen Kunden zur Ausreise zu verhelfen und die Verbindung zu ausländischen Geschäftsfreunden, wie den schwedischen Wallenbergs, aufrechtzuerhalten. Die heute größte unabhängige, noch in Privatbesitz befindliche deutsche Bank hat ihre Existenz dem mutigen Durchhalten der Generation zu verdanken, die das Dritte Reich trotz Gefahren und Not überstanden hat. Zum 300. Firmenjubliäum erschien 1979 eine umfassende wissenschaftliche Aufarbeitung der Geschichte des Bankhauses von der Gründung bis zur Gegenwart von. M. STÜRMER, G. TEICHMANN und W. TREUE [178]. Grundlage waren die Archive des Hauses, die auf die französische Zeit Kölns und die Besitzgeschichte des Gestüts Schlenderhan zurückgehen. Die breite Banküberlieferung beginnt in den 1820er Jahren mit Geschäftsakten, Korrespondenzen, Vermögensaufstellungen etc. Das Archiv wurde dann ab 1932 systematisiert, auch um den Bedrohungen durch das NS-System mit Dokumentationen über die Geschichte der Bank standhalten zu können. Was

Sal. Oppenheim jr. & Cie.

Archive der Privatbanken

versteckt oder vorsorglich vernichtet wurde, läßt sich nicht mehr feststellen. Dennoch hat das Archiv den Krieg in seiner Hauptsubstanz überstanden. Es birgt noch lange Reihen kaum genutzter Akten über Banken- und Industriegründungen des Kaiserreichs, der Kolonialgeschichte oder über Geschäftsbeziehungen zwischen der Bank und einzelnen Kunden.

Das Archiv der Berliner Privatbank S. Bleichröder überlebte die Nazizeit in New York. Bereits 1950 veröffentlichte D. LANDES einen Zwischenbericht über die Geschichte dieser einstmals bedeutenden jüdischen Bank [165]. Es dauerte dann bis 1977, als unter dem Titel „Gold and Iron" die Doppelbiographie von G. Bleichröder und Bismarck von F. STERN erschien. Die deutsche Übersetzung ist 1978 unter dem Titel „Gold und Eisen. Bismarck und sein Bankier Bleichröder" [178] und erneut 1988 erschienen. Es handelt sich um eine fundamentale Studie, die die Entstehung des deutschen Reiches, politische Macht und Hochfinanz, Junkertum und Judentum in Verbindung mit dem Aufstieg und Niedergang des Bankhauses Bleichröder detailliert dokumentiert. Das Lebenswerk Sterns analysiert nicht nur die persönliche und wirtschaftliche Verbindung Bismarcks zu seinem Vertrauten Gerson Bleichröder, sondern auch das gesellschaftliche Leben im kaiserlichen Berlin und die mißlungenen Versuche Bleichröders, sich zu assimilieren. Die Geschichte des Bankhauses beginnt 1803 mit der Eröffnung einer Wechselstube durch Samuel Bleichröder, der von den 1820er Jahren an Verbindung zur Familie Rotschild hatte und bald deren Agent für Berlin wurde. Unter der Leitung seines Sohnes Gerson stieg Bleichröder zur bedeutendsten Privatbank Berlins auf, und Gerson Bleichröder wurde neben Krupp der reichste Mann im Kaiserreich. Nach seinem Tod 1893 begann der Abstieg. Nach glanzvollem Intermezzo unter P. Schwabach bis 1923 geriet die Bank in Schwierigkeiten und wurde in der Weltwirtschaftskrise noch mit dem sächsischen Privatbankhaus Gebr. Arnhold zusammengeschlossen Die Politik der „Arisierung" führte 1938 zum Erlöschen der Bank, als die Aktiva von der Dresdner Bank übernommen wurden. In New York erhielt dann der einst glanzvolle Name Bleichröder unter F. H. Brunner neues Ansehen.

Ein ganz anderes Kapitel der Geschichte der Privatbanken schlägt O. ESCHER mit der Analyse der Wirtschafts-und Finanzkrise von 1931 in Bremen und dem Fall der Schröderbank [152] auf. Johann Friedrich Schröder eröffnete 1905 in Bremen ein Effekten-Kommissionsgeschäft, das sich vor allem auf den Handel mit Aktien der DDG Hansa konzentrierte. Ab 1920 firmierte die mit der Privatbank E. C. Wey-

Marginalia left column:

„Gold und Eisen"

Bremer Wirtschaftskrise 1931

hausen fusionierte Privatbank als J. F. Schröder Bank KGaA. Bereits 1925 war sie für das Land Bremen und Teile der Bremer Wirtschaft zur Hausbank geworden. Seit dieser Zeit hatte der Bremer Senat seine Guthaben bei der Schröderbank angelegt und nicht mehr, wie früher, bei der jetzt zweiten Hausbank, der Danatbank. Nach dem Zusammenbruch der Nordwolle und der Danatbank mußte, in Folge der Bankenkrise, trotz Rettungsversuchen am 20.7.1931 auch die Schröderbank ihre Schalter schließen. Zu diesem Zeitpunkt unterhielt dort das Land Bremen Guthaben in Höhe von 25 Mill. RM, die nun eingefroren waren. Zusammen mit der Reichs-Kredit-Gesellschaft mußte das bereits hochverschuldete Bremen an der Restrukturierung der Privatbank mitwirken, um weitere Schäden zu vermeiden. Bei einem Haushaltsvolumen von 110 Mill. RM im Jahr 1930 war der Aufwand für die Sanierung der Schröderbank mit 48,6 Mill. RM für den Bremer Senat, neben den Verlusten aus dem Niedergang der Nordwolle und der Danatbank, kaum zu finanzieren. Hinzu kamen 45 Mill. RM, die das Reich aus seiner Beteiligung an der Sanierung der Bank verlor. Die in Norddeutsche Kreditbank umfirmierte ehemalige Privatbank befand sich nun ganz in Staatshand. Eine Analyse der Gründe für die Bremer Wirtschaftskrise von 1931 kommt zum Schluß, daß ein zu enges Geflecht persönlicher Beziehungen zwischen der Wirtschaft und dem Bremer Senat bestand, und daß dem Land Bremen eine sachkundige, nicht durch eigene wirtschaftliche Interessen eingeschränkte Kontrolle fehlte. Vergleiche mit den Vorgängen um den Bremer Vulkan-Verbund im Jahr 1996 drängen sich auf.

In der von E. ROSENBAUM und A. J. SHERMAN verfaßten Geschichte des Bankhauses M. M. Warburg & Co. [172] wird die stark von den Geschäftsinhabern geprägte Geschichte dieser Privatbank deutlich. Eindrucksvoll werden die persönlichen Verbindungen zum Ausland, insbesondere zum New Yorker Emissionshaus Kuhn, Loeb & Co. dokumentiert. In der Weimarer Zeit konnte die Bank über den neuen Partner Carl Melchior die internationalen Verbindungen aktivieren, so daß die Bankenkrise 1931 ohne größere Verluste überstanden wurde. In der nationalsozialistischen Zeit mußten die Inhaber, wie auch E. M. Warburg in seinen Erinnerungen beschreibt [28], emigrieren. Seit 1948 ist die Familie Warburg wieder finanziell und seit 1956 auch persönlich an der Geschäftsführung der 1941 in Brinckmann, Wirtz & Co umfirmierten Bank beteiligt, die heute wieder den alten Namen trägt.

Eine Beschreibung der Literatur über Privatbanken wäre unvollständig ohne Hinweise auf Untersuchungen, die die Bankenkonzen-

M. M. Warburg & Co.

tration und den Rückgang der Privatbanken zum Gegenstand haben. Neben der Dissertation von F. VOSS über die Verdrängung der Privatbankiers durch die Großbankorganisation seit 1882 [188] ist besonders die Arbeit von K. SCHLEGELMILCH über die Entwicklung des Privatbankiersgewerbes seit 1900 [173] von Interesse. Darin werden, wie bei K. DONAUBAUER, der die Privatbankiers und Bankenkonzentration bis 1932 [150] behandelt, vor allem die Übernahmen und Kommanditierungen der Privatbanken durch Großbanken und Regionalbanken untersucht. Gründe für den extremen Rückgang der Privatbanken sind, neben dem Fehlen von Filialnetzen, Kosten und Rationalisierungsvorteile der größeren Einheiten. Häufig wuchs auch die langjährige Kundschaft in neue Größenordnungen hinein, so daß die Finanzkraft einer einzelnen Privatbank nicht mehr ausreichte. Auch der Aufschwung der Sparkassen und der Genossenschaftsbanken, die sich als Universalbanken in einem starken Verbund befinden, erhöhte den Wettbewerb und den Druck zur Anlehnung. Sowohl durch die Weltwirtschaftskrise, als auch durch die „Arisierungen" und erzwungenen

Rückgang der Privatbankiers Liquidationen bis 1939 war die Zahl der Privatbanken auf nur noch 520 gefallen, die im Krieg kaum noch existieren konnten. In der sowjetischen Besatzungszone und der DDR bestanden keine Privatbanken mehr, da sie alle verstaatlicht oder geschlossen wurden.

In der Bundesrepublik sank die Zahl der Privatbanken von 245 (1957) auf nur noch 81 (1996). Allerdings täuscht diese Zahl, da die Bundesbank als Privatbankiers nur noch Gesellschaften in der Rechtsform einer Einzelfirma oder Personengesellschaft erfaßt. Seit 1976 erhalten Privatbanken in der Rechtsform einer Einzelfirma aus Haftungsgründen vom Bundesaufsichtsamt keine Zulassung mehr. Viele frühere Privatbanken werden daher in der Statistik als Regionalbanken erfaßt. Seit den 70er Jahren kam es unter den Privatbanken zu weiteren Veränderungen. Nach der Schließung der Kölner Privatbank Herstatt mußte eine Reihe von angesehenen und traditionsreichen Privatbanken aufgeben. M. POHL [120, 121] dokumentiert auch die

Übernahmen von Privatbanken Übernahme durch in- und ausländische Groß- und Regionalbanken. Trinkaus & Burkhardt gehört über die Midland Bank zum Einflußbereich der Hongkong and Shanghai Banking Corporation (HSBC Holdings plc), Schroeder, Münchmeyer, Hengst & Co (SMH Bank) wurde 1983 von der britischen Lloyds Bank aufgefangen. Die Bayerische Vereinsbank übernahm 1983 die restlichen Anteile von Gebr. Bethmann, nachdem sie bereits schon das Frankfurter Bankhaus Hauck & Sohn übernommen hatte. In München ging Merck, Finck & Co 1991 an die britische Barclays Bank. Reuschel & Co, gehört mehrheitlich zur Dresdner Bank, das Bankhaus Aufhäuser zur Bayerischen Landesbank und zum Allianz Konzern. Das Privatbankhaus von der Heyd-Kersten & Söhne in Wuppertal- Elberfeld und das Stuttgarter Bankhaus Bauer AG gehören zur Commerzbank. Namhafte Privatbanken in Hamburg und Bremen sind Teil des Sparkassensektors. Bei diesen Übernahmen und Beteiligungen wurden jeweils die guten und traditionsreichen Namen beibehalten und lediglich die Kapitalbasis verstärkt. Die Kundschaft der Privatbanken, insbesondere der Mittelstand, und die Verwaltung von Vermögen von Wohlhabenden waren dabei die Hauptmotive für die Übernahmen.

4. Aktienbanken

Unter Aktienbanken werden alle in dieser Rechtsform geführten Banken, also vor allem die Großbanken, aber auch die Regionalbanken, verstanden. Die Geschichte der Großbanken ist in der Literatur vielfach beschrieben. Einen ersten Überblick verschafft H. BÜSCHGEN [197: Großbanken]. Über die Gründungsphase liegen auch ältere Untersuchungen vor. So hat D. HANSEMANN bereits 1852 über die Disconto-Gesellschaft in Berlin [210] berichtet. Von der Disconto-Gesellschaft, die 1929 mit der Deutschen Bank zusammenging, existiert auch eine Festschrift von 1901 zum 50. Jubiläum [203]. Auch W. DÄBRITZ beschreibt 1931 die Gründung und Anfänge der Disconto-Gesellschaft [202]. Das Werden und Vergehen des noch älteren Schaafhausenschen Bankvereins zwischen 1848 und 1929 hat B. HILGERMANN ausführlich recherchiert [213]. Ein Schlüsseldokument zur Entstehungsgeschichte der ersten deutschen Aktienbanken hat F. SEIDENZAHL mit dem Abdruck der Denkschrift David Hansemanns von 1856 geschaffen [232]. Einen wichtigen Beitrag zur preußischen Bankpolitik 1848–1853 lieferte H. BÖHME mit seiner Veröffentlichung über die Gründung und Anfänge des Schaafhausenschen Bankvereins, der Bank des Berliner Kassenvereins, der Direktion der Disconto-Gesellschaft und der (Darmstädter) Bank für Handel und Industrie [196]. Mit der Gründung der Darmstädter Bank hat sich auch R. CAMERON [198] beschäftigt. Vor allem aus Konkurrenzgründen schufen Berliner Privatbankiers die Berliner Handels-Gesellschaft von 1856, über deren Geschichte 1956 R. LÜKE eine Jubliäumsschrift [221] verfaßt hat.

Die Geschichte der Leipziger Allgemeinen Deutschen Creditanstalt (ADCA) von 1856 ist 1981 durch eine Festschrift dokumentiert worden [193]. Vorbild dieser ersten großen deutschen Effektenbank

Geschichte der Großbanken

Geschichte der ADCA

war der französische Crédit Mobilier von 1852 als Prototyp einer
Univeralbank, die die Finanzierung der französischen Industrie durch
die Ausgabe von Obligationen durchführen sollte. Die 1822 entstandene Societé Générale de Belgique gilt zwar als erste eigentliche Universalbank. Der Crédit Mobilier war jedoch neben der Ausgabe von
Obligationen auch mit dem Gründungs- und Emissionsgeschäft beschäftigt und betrieb das Depositen- und Kreditgeschäft. Das Monopol
der Privatbankiers sollte mit dem Crédit Mobilier gebrochen werden,
indem dieser ein noch größeres Kapital einsetzen sollte, das nur durch
die Zusammenfassung kleinerer Kapitalbeträge zu erreichen war.

Mitwirkung der
Privatbankiers

In Preußen wurden nach diesem Vorbild die ersten Effektenbanken unter wesentlicher Mitwirkung der etablierten Privatbankiers
gegründet. Dabei herrschte in Preußen die nicht konzessionspflichtige
Rechtsform der Kommanditgesellschaft auf Aktien vor, da sich Preußen zunächst der Gründung von Aktiengesellschaften widersetzte. Das
Kapital der Privatbankiers reichte für die Finanzierung der aufstreben-
den Industrie und des Handels nicht aus. Sie versuchten daher durch
die Gründung der Effektenbanken auf Aktienbasis und unter Beteiligung weiterer Gesellschafter die Finanzierung der Industrie sicher zu
stellen, ein Geschäft, an dem sie teilhaben und mit verdienen wollten.
Die von den Privatbankiers mit gegründeten Aktienbanken sahen diese
daher nicht als Konkurrenz an, obwohl sie es bald werden sollten –
eine Ironie der Bankengeschichte

Während der Crédit Mobilier langfristige Industriekredite vergab,
erfolgte in Deutschland durch die Aktienbanken lediglich eine Vorfinanzierung. Die Investitionskredite wurden grundsätzlich als kurzfristige Kontokorrentkredite gegeben, um sie möglichst schnell durch die
Emission von Aktien oder Obligationen abzulösen. Diese Emissionen
wurden ebenfalls von den neugegründeten Aktienbanken durchgeführt, wobei die Banken, oft in Konsortien, die gesamte Emission
gegen einen festen Betrag übernahmen. Damit hatten sie auch das
Risiko des Absatzes, aber auch oft extreme Gewinnchancen.

Gründung der
Großbanken

Mit der durch die Gründung des Deutschen Reiches verbundenen
Einheit von Wirtschaft, Währung und Recht, aber auch durch die von
Frankreich geleisteten Kriegskontributionen entstand ein Wirtschaftsaufschwung in den sog. Gründerjahren. Auch für das Bankgewerbe
entstanden neue Aufgaben, die zu Gründung vieler neuer Aktienbanken führte. Bereits 1869 war es in München zur Bayerischen Vereinsbank AG gekommen. Durch die Aufhebung des restriktiven Konzessionszwanges für Aktiengesellschaften in Preußen entstanden nach 1870
auch dort eine Vielzahl von Aktiengesellschaften, von denen aller-

dings viele die Gründungskrise von 1873 nicht überstanden. Auch die meisten neu gegründeten Banken, die sog. Gründerbanken, mußten liquidieren. Die bedeutendsten Bankgründungen waren die Vorläufer der heutigen Großbanken, die Deutsche Bank AG in Berlin (1870), die Commerz- und Disconto-Bank AG in Hamburg (1870) und die Dresdner Bank AG in Dresden (1872).

Diese drei Institute überlebten die Grundungskrise unbeschadet und konnten sogar in einer ersten Fusionswelle vom Niedergang der Konkurrenz profitieren, in dem sie deren Aktiva, Kunden und Infrastruktur übernahmen und so die Filialisierung einleiteten. Die Geschichte der drei Großbanken ist vielfach beschrieben und erforscht. F. SEIDENZAHL hat bereits 1970 die hundertjährige Geschichte der Deutschen Bank [233] dargestellt. 1995 ist die Geschichte der Deutschen Bank 1870–1995 erneut in wissenschaftlich besonders anspruchsvoller Form von L. GALL, G. D. FELDMAN, H. JAMES, C. L. HOLTFRERICH, H. E. BÜSCHGEN [206] aufgearbeitet worden. Die Geschichte der Commerzbank wurde 1970 von V. MUTHESIUS, H. KURZROCK, H. WOLF [224] als Festschrift herausgegeben. Eine weitere Festschrift, „Die Bank-Dienstleister im Wandel. 125 Jahre Commerzbank" [200] ist 1995 erschienen. Schließlich hat auch die Dresdner Bank zwei Festschriften, „Aus der Geschichte der Dresdner Bank 1872–1969" [204] und H. G. MEYEN, „120 Jahre Dresdner Bank. Unternehmens-Chronik 1872–1992" [222] vorzuweisen. *(Festschriften der Großbanken)*

Die Geschichte der Bayerischen Vereinsbank wurde 1969 von F. STEFFAN, „Bayerische Vereinsbank 1870–1970" [234] und 1994 mit „Vereinsbank 125. Das Entstehen einer Bankengruppe" [194] aufgearbeitet.

Die verschiedenen Festschriften unterscheiden sich in Aufmachung, Zielsetzung und wissenschaftlichem Gehalt erheblich, haben aber dazu geführt, daß die Geschichte der Großbanken erforscht wurde, auch wenn sie teilweise subjektiv dargestellt wurde und manche Teile, so die Zeit zwischen 1933 und 1945, meist verkürzt abgehandelt wurden. Die Geschichte der großen Aktienbanken ist auch u.a. bei K. E. BORN [44], H. BÜSCHGEN [197: Großbanken] und M. POHL [75,120,121] nachzulesen. Dabei sind die Entstehung und der Niedergang der im Verlauf der ersten Gründungswelle ab 1850 und die in der Zeit zwischen 1870 und 1873 entstandenen Aktienbanken, die meist nur regionale Bedeutung hatten und nur eine kurze Zeit existierten, fast unerforscht. Grund dafür ist wohl, daß die entsprechenden Quellen nicht mehr vorhanden sind, auch wenn ein Teil dieser Banken von den Großbanken übernommen wurde. *(Subjektive Darstellungen und Verkürzungen)*

Die Geschichte der Großbanken im Kaiserreich, insbesondere ihr Beitrag zur Industriefinanzierung und zum Auslandsgeschäft, ist nur teilweise erforscht. J. RIESSER verschaffte schon 1912 einen Überblick über ihre Konzentration [230] und O. JEIDELS 1913 über ihr Verhältnis zur Industrie, speziell der Eisenindustrie [218]. Auch W. FELDEN-KIRCHEN beschäftigte sich mit den Großbanken und der Stahlindustrie im Ruhrgebiet bis 1914 [205]. Den aktuellsten Stand bietet eine Untersuchung von V. WELLHÖNER über Großbanken und Großindustrie im

Thesen Kaiserreich [241]. Darin wird die von R. HILFERDING 1908 in seinem
Hilferdings Werk „Das Finanzkapital" [212] entwickelte Theorie der Macht der Banken über die Industrie empirisch überprüft. Ausgehend von der These tendenziell fallender Profitraten werden anhand der Daten von neun Großunternehmen der Schwerindustrie und des Siemens Konzerns folgende Thesen getestet: 1. Der Anteil des Zinses am industriellen Profit steigt; 2. Den Gründergewinn eignen die Banken sich an; 3. Die Banken haben entscheidenden Einfluß auf die Geschäftspolitik ihrer Kunden. Das Ergebnis Wellhöners ist nicht neu: die Tests der drei Hypothesen fallen negativ aus, d.h. die Hilferdingsche These der Dominanz der Banken über die Industrie, wird widerlegt. Die These der fallenden Profitraten wird für die Zeit des Kaiserreichs nicht bestätigt. Obwohl Monopolisierungs- und Konzentrationsbewegungen unter den Großbanken erkennbar sind, blieb der Wettbewerb der Großbanken um das Geschäft mit der Industrie stark. Die wichtigen Entscheidungen wurden von den hier untersuchten Großunternehmen selbst getroffen, wobei sie meistens auch den Interessen der Hausbank entsprochen haben. Es wird jedoch deutlich, daß Bankenmacht existierte, auch wenn sie meist nicht aktiv eingesetzt wurde. Sie war vermutlich auch größer gegenüber weniger erfolgreichen und abhängigeren Unternehmen, die leider nicht untersucht wurden.

W. OTTO untersucht 1911 die Gründungs- und Beteiligungsge-
Deutsche Bank schäfte der Großbanken in Übersee [227]. Speziell mit der Deutschen
im Kaiserreich Bank im Kaiserreich setzt sich L. GALL auseinander [207], wobei im Vordergrund ebenfalls die Industriefinanzierung und das Auslandsgeschäft stehen. Über die Weimarer Zeit existieren nur wenige Arbeiten, die sich speziell mit den Großbanken beschäftigen. Einen Überblick verschafft K. E. BORN [76]. Eine zeitgenössische Darstellung von 1928 stellt der Titel über „Das deutsche Großbankkapital in seiner neuesten Entwicklung" von R. W. GOLDSCHMIDT dar [208]. Auch die Ostberliner Arbeit von K. GOSSWEILER von 1971 über Großbanken, Industriemonopole, Staatliche Ökonomie und Politik des staatsmonopolistischen Kapitalismus in Deutschland 1914–1932 [209] kann

keine abschließende Untersuchung darstellen. Dabei ist die deutsche Wirtschaftsgeschichte der Zwischenkriegszeit, insbesondere die Weltwirtschaftskrise, gründlich erforscht. Auch über die Bankenkrise existiert eine Vielzahl von Arbeiten. Darin spielen die Großbanken eine Schlüsselrolle, so daß näher auf die Bankenkrise von 1931 eingegangen werden soll. Eine der ersten zeitgenössischen Darstellungen stammt von H. PRIESTER, der das Geschehen als das Geheimnis des 13. Juli [446] bereits 1931 beschreibt. K. E. BORNS Untersuchung der deutschen Bankenkrise [397] basiert auf den Akten der Reichskanzlei und bildete 1967 den Auftakt zu weiteren Arbeiten, nachdem schon 1964 R. STUCKEN sich mit der Bankenkrise [133] beschäftigt hatte. Die Memoiren der Beteiligten, wie die Brünings, Luthers und Schachts, sind verglichen mit amtlichen Quellen wenig zuverlässig. Auch R. LÜKES Arbeit über den 13. Juli 1931 [431: Geheimnis] enthält spekulative Elemente. Dagegen stellt die Untersuchung von H. JAMES über Reichsbank und Öffentliche Finanzen [418] von 1986 den letzten Forschungsstand dar. **Bankenkrise von 1931**

Bereits im Herbst 1930 zeigten sich Vorboten der Bankenkrise. Die Auslandsgläubiger reagierten auf die Septemberwahl und die Zunahme der NSDAP und der KPD mit einem massenhaften Abzug kurzfristiger Gelder. Bis Mitte November mußte die Reichsbank 600 Mill. RM an Gold und Devisen abgeben. Die Reichsbank versuchte daraufhin vergeblich, eine Konsolidierung der kurzfristigen amerikanischen Kredite durchzuführen. Im Januar 1931 setzten sich die Kreditabzüge fort. Inzwischen waren die Aktien der Berliner Großbanken ins Rutschen geraten. Um den Kurs zu stützen, kauften die Großbanken ihre eigenen Aktien auf. Dies war bis zur Aktiennovelle vom September 1931 rechtlich zulässig. Durch den Besitz eigener Aktien wurde jedoch das haftende Kapital entsprechend verringert. So hatte die Danatbank fast 50% ihrer eigenen Aktien im Portefeuille und somit ihr haftendes Kapital halbiert. Bei der Dresdner Bank waren es 34%, bei der Commerz- und Privatbank etwas über 50% und bei der Deutschen Bank und Disconto-Gesellschaft 12%. **Vorboten der Bankenkrise**

Im Mai 1931 leitete der Zusammenbruch der Österreichischen Creditanstalt eine dramatische Beschleunigung der ausländischen Kreditabzüge in Deutschland ein. Schwierigkeiten beim Warenhaus-Konzern Karstadt und der Nordstern-Versicherung verstärkten die Unruhe. Trotz ausländischer Warnungen begleitete die Reichsregierung ihre Notverordnung vom 5. Juni 1931 mit einem Aufruf an das deutsche Volk, in dem sie die Entlastung Deutschlands von den Reparationen forderte. Dies kam einer Ankündigung eines Moratoriums

gleich. Als Folge verlor die Reichsbank innerhalb weniger Tage weitere 400 Mill. RM an Devisen, um den Banken die Rückzahlung der
gekündigten Auslandskredite zu ermöglichen. In der ersten Junihälfte
Devisenverluste 1931 verlor die Reichsbank 1,4 Mrd. RM an Gold und Devisen, mehr
der Reichsbank als die Hälfte ihrer Bestände. Auch das Hoover-Moratorium vom
20. Juni, mit dem der amerikanische Präsident ein einjähriges Moratorium der politischen Schulden (Reparationen und interalliierte Schulden) vorschlug, gab nur wenig Aufschub. Am 23. Juni war dem
Reichsbankausweis zu entnehmen, daß die Reichsbank mit einer Gold-
und Devisen-Deckung des Notenumlaufs von nur noch 40,4% knapp
über der gesetzlichen Mindestdeckung lag. Nun wußten die ausländischen Kreditgeber, daß nur noch kurze Zeit bis zu einer Zahlungseinstellung verblieb, wenn die Reichsbank ihre Deckungsvorschrift ein-
halten wollte.

Bereits am 17. Juni waren die Schwierigkeiten der Bremer Nordwolle, des größten Textilkonzerns auf dem europäischen Festland,
bekannt geworden, die am 21. Juli zum Konkurs führten. Die seit 1928
durch sinkende Weltmarktpreise für Rohwolle entstandenen Verluste
von 200 Mill. RM übertrafen das Eigenkapital und die offenen Reser-
ven von 90 Mill. RM bei weitem. Dabei waren die Verluste bis zuletzt
durch Fakturierungen an die niederländische Tochtergesellschaft Ultra
Mare verschleiert worden. Hausbank der Nordwolle war die Danatbank, die bei einem Kapital von nur 32 Mill. RM über 50 Mill. RM
verlor.

Inzwischen begann auch die inländische Bankenkundschaft unru-
Abzug von hig zu werden, und es kam zu einem erheblichen Abzug von Bankgut-
Bankguthaben haben. Gleichzeitig erhöhten sich die Debitoren, insbesondere die
Kredite an Kommunen bei den Landesbanken und Girozentralen. So
konnte die Landesbank der Rheinprovinz nur mit einem Überbrük-
kungskredit der Reichsbank den Monatsultimo Juni überstehen. Nachdem am 5. Juli 1931 die Basler Nationalzeitung gemeldet hatte, daß
eine deutsche Großbank in Schwierigkeiten sei und am nächsten Tag
Schwierigkeiten auf Verlangen der DeDi Bank den Namen der Bank, die Danatbank
der Danatbank bekannt gab, verschlechterte sich die Lage zusehends. Jacob Goldschmidt, der Chef der Danatbank, versuchte noch vergeblich, mit der
Dresdner Bank und der DeDi Bank zu kooperieren und bot am 8. Juli
sogar eine Fusion mit der DeDi Bank an. Durch Goldschmidts aggressive und expansive Geschäftspolitik war jedoch eine scharfe Konkurrenz zur DeDi Bank entstanden, die durch persönliche Aversionen
verstärkt wurde, so daß Jakob Wassermann, der Chef der DeDi Bank,
das Angebot der Danatbank mit dem verständlichen Argument un-

übersehbarer Risiken ablehnte. Damit waren eine gewisse Schadenfreude und die Hoffnung auf eine Marktbereinigung verbunden.

Die Annahme, die Danatbank als Sündenbock zu opfern, um die Krise unbeschadet zu überstehen, sollte sich jedoch nicht erfüllen. Am 9. Juli wandte sich die Danatbank an die Reichsregierung und teilte mit, daß sie illiquide sei. Unter der Annahme, daß die Reichsbank von den Notenbanken in London und Paris einen Rediskontkredit erhalten werde, erhielt die Danatbank eine Zusage der Reichsbank auf Diskontierung von Finanzwechseln, nachdem die Danatbank keine Handelswechsel mehr hatte. Eine Blitzreise von Reichsbankpräsident Luther nach London und Paris war jedoch erfolglos. Die Bank of England verweigerte einen neuen Kredit, weil ihrer Ansicht nach die deutsche Zahlungskrise nicht mit Mitteln der Notenbanken zu meistern war. Die Banque de France stellte einen Rediskontkredit nur unter politischen Bedingungen zur Verfügung, über die Luther nicht verhandeln konnte und die Reichskanzler Brüning ablehnte. Nachdem das Scheitern der Verhandlungen Luthers bekannt wurde, stellte die Reichsbank am 11. Juli den Ankauf der von Bank zu Bank gezogenen Finanzwechsel der Danatbank ein. Blitzreise des Reichsbankpräsidenten

Die Danatbank konnte zwar am Samstag, dem 11. Juli einen Schalterschluß noch vermeiden, kündigte jedoch an, am Montag, 13. Juli, die Schalter nicht mehr öffnen zu können. Auch die Landesbank der Rheinprovinz teilte der Regierung ihre Zahlungsunfähigkeit mit. Das Reichskabinett tagte daraufhin über das ganze Wochenende, wobei die Vertreter der Großbanken, der Deutschen Girozentrale und einzelner Privatbanken sowie weitere Sachverständige anwesend waren. Über diese Verhandlungen existieren offizielle Kabinettsprotokolle sowie die Erinnerungen der Beteiligten, darunter auch stenographische Notizen des Staatssekretärs im Finanzministerium, H. Schäffer. Nachdem Vertreter der Dresdner Bank und der DeDI Bank ihre Zahlungsfähigkeit versichert hatten, wurde der schon gefaßte Beschluß von allgemeinen Bankfeiertagen wieder aufgehoben und nur eine Notverordnung über die Reichsgarantie zu Gunsten der namentlich genannten Danatbank erlassen. Tagung des Reichskabinetts

Der Schalterschluß der Danatbank sprach sich am Montagmorgen schnell herum, und ein Ansturm auf die anderen Großbanken und die Sparkassen begann. Ab 11.30 Uhr zahlten die Berliner Banken nur noch 20% der verlangten Beträge aus und schlossen um 12 Uhr die Schalter, um eine Zahlungsunfähigkeit zu vermeiden. Als die Vertreter der Dresdner Bank, der Commerz-und Privatbank und der DeDi Bank gegen Mittag bei Brüning zweitägige Bankfeiertage und weitere Schalterschluß am 13. Juli 1931

Reichsbankkredite verlangten, fielen harte Worte über die Großbanken. Diese hatten noch am Tag zuvor ihre Zahlungsfähigkeit bestätigt und wohl gehofft, durch das Opfer der Danatbank die Krise überwinden zu können. Nachdem Luther auch bei der Bank für Internationalen Zahlungsausgleich in Basel keinen zusätzlichen Kredit erreichen konnte, blieb der Reichsregierung nichts anderes übrig, als den 14. und 15. Juli 1931 zu allgemeinen Bankfeiertagen zu erklären, um eine Zahlungseinstellung zu vermeiden. Auch danach blieb der Zahlungsverkehr noch starken Einschränkungen unterworfen, und Auszahlungen und Überweisungen normalisierten sich erst ab 5. August 1931.

Gründe und Schuldzuweisungen
Über die Gründe der Bankenkrise und entsprechende Schuldzuweisungen ist viel geschrieben worden. H. PRIESTER [446: Geheimnis], E. WELTER [242: Krach] und R. LÜKE [430: Krise, 431: Geheimnis] haben Reichspräsident Luther vorgeworfen, die Banken im Stich gelassen zu haben. Bereits am 15. Juli hatte der Centralverband des Deutschen Bank- und Bankiersgewerbe den Rücktritt Luthers verlangt, da dieser das Vertrauen der deutschen Wirtschaft verloren habe. Auch R. STUCKEN [133: Deutsche Geld- und Kreditpolitik] und H. IRMLER [417: Bankenkrise] kritisieren Luther. Nach ihrer Ansicht war ein Auslandsmoratorium notwendig. Die Reichsbank habe nicht nur mit Rücksicht auf die internationalen Verpflichtungen der Notendeckung nach dem Young-Plan, sondern auch im Interesse des deutschen Kredits im Ausland sich bemüht, die Auslandskredite „bis zum Weißbluten" zurückzuzahlen. Dies sei für die deutschen Banken verhängnisvoll gewesen und habe den Auslandsgläubigern letztlich nichts genutzt. K. E. BORN [73: Geld und Banken, 398: Bankenkrise] vertritt dagegen die Auffassung, daß Luther zu Unrecht zum Prügelknaben und Hauptverantwortlichen für die Bankenkrise gemacht worden sei. Ein Moratorium für Auslandszahlungen zu erklären, sei nicht Sache der Reichsbank, sondern der Reichsregierung gewesen. Auch werde übersehen, daß die deutschen Banken Mitte Juli 1931 noch 5 Mrd. RM kurzfristige Auslandsschulden hatten, die mit Devisen hätten zurückbezahlt werden müssen. Die Reichsbank hatte zu dieser Zeit nur noch einen Gold- und Devisenbestand von 1,6 Mrd. RM, so daß sie also gar nicht mehr die Mittel hatte, um den Banken beistehen zu können. Die

Keine verfehlte Reichsbankpolitik
Bankenkrise war daher weniger das Ergebnis einer verfehlten Reichsbankpolitik, als das der übermäßigen kurzfristigen Auslandsverschuldung, vor der die Reichsbank sogar gewarnt hatte. Sie konnte auch nichts dagegen unternehmen, da die zwischen 1924 und 1929 hereinströmenden Kredite und Devisen zur Bezahlung der Reparationen verwendet wurden. Dies war im Dawes-Plan ausdrücklich vorgesehen.

Schließlich überwachten ein international besetztes Reichsbankdirektorium und ein amerikanischer Reparationsagent bis 1930 die Diskont- und Kreditpolitik und die Stabilität der deutschen Währung. Die Danatbank war Opfer ihrer expansiven und aggressiven Geschäftspolitik geworden. Die DeDi-Bank hatte nach der Fusion von 1929 mit 285 Mill. RM ein Aktienkapital, das fast so hoch war wie das der restlichen Berliner Großbanken, der Dresdner Bank, der Danatbank, der Commerz- und Privatbank, der Reichs-Kredit-Gesellschaft und der Berliner-Handels-Gesellschaft, zusammen.

Die Kurseinbrüche von 1927 und 1929 wurden nicht als Vorboten einer großen Wirtschaftskrise verstanden. Verhängnisvoll wurden die kurzfristig hereingenommenen Auslandsdarlehen, die größtenteils langfristig ausgeliehen wurden. Großkredite wurden oft ohne genauere Überprüfung vergeben. Kurzfristig gegebene Kredite wurden von der Industrie für langfristige Investitionen verwendet, so daß die Großbanken bei Industrie- und Handelsunternehmen immer mehr in eine Art Beteiligungsverhältnis gerieten. Diese Refinanzierungs- und Kreditpolitik spielte sich vor dem Hintergrund fallender Aktienkurse ab. Als weitere Ursache der Bankenkrise dokumentiert H. BÜSCHGEN [197: Großbanken] die laufende Verschlechterung der Relation von Eigenkapital zu Fremdmitteln. Während 1913 bei den Berliner Großbanken das Verhältnis noch bei 1:4 lag, betrug es Ende 1930 bei der Reichs-Kredit-Gesellschaft, der Berliner Handels-Gesellschaft und der DeDi Bank noch 1:10, bei der Commerz-und Privatbank noch 1:13,8, bei der Dresdner Bank noch 1:17,8 und bei der Danatbank nur noch 1:20,1. Die Bankenkrise ist daher auch auf eine fehlerhafte Geschäftspolitik der Banken, insbesondere auf die der am stärksten betroffenen und dann miteinander fusionierten Institute, der Danatbank und der Dresdner Bank, zurückzuführen. Schließlich haben die Großbanken die Reichsbank und Reichsregierung zu spät und unvollständig über ihre finanzielle Lage informiert.

Ursachen der Bankenkrise

H. JAMES [418: The Reichsbank], der sich vor allem auf die Tagebücher Schäffers und die Auswertung amerikanischer und britischer Archive stützt, ist der Auffassung, daß die Bankenkrise vor allem hausgemacht sei. Hinter dem Abzug ausländischer Kapitalien habe sich zu einem Großteil deutsches Fluchtkapital verborgen.

Fluchtkapital?

So wird verständlich, warum im Frühsommer 1931 der amerikanische Notenbankgouverneur Harrison die Reichsbank aufforderte, vor weiteren Hilfeersuchen zunächst den Kapitalmarkt in Ordnung zu bringen und dafür nicht allein den Diskontsatz anzuheben, sondern durch Kreditrestriktionen weitere Kapitalflucht zu verhindern. Damit erscheint die Bankenkrise weniger als Teil einer internationalen Kettenreaktion denn als Folge einer versäumten Verhinderung von Kapitalflucht. Aus den Tagebüchern Schäffers, die von E. WANDEL [466: H. Schäffer] ausgewertet wurden, geht hervor, daß die Bankenkrise von der Regierung Brüning als Druckmittel für eine Beseitigung der Reparationen eingesetzt wurde. In einem für den schwedischen Bankier Marcus Wallenberg von H. SCHÄFFER ausgearbeiteten und in seinem Nachlaß befindlichen Manuskript über „M. Wallenberg und die Bankenkrise" wird dies eindrucksvoll dokumentiert.

Die Bankfeiertage und die Einschränkung des Zahlungsverkehrs mußten genutzt werden, um den Banken liquide Mittel zuzuführen, damit sie zahlungsfähig blieben. Dazu war es auch notwendig, den ausländischen Liquiditätsabzug zu bremsen. Schließlich mußten Unterdeckungen in den Bankbilanzen beseitigt werden.

Londoner Konferenz von 1931 Auf der Londoner Konferenz der deutschen Gläubigerländer am 20. Juli 1931 zerschlug sich die Hoffnung der Deutschen auf neue, kurzfristige Kredite endgültig. Statt dessen wurde am 8. August ein Sachverständigen-Komitee in Basel einberufen, das in seinem Abschlußbericht, dem Layton-Bericht, eine internationale Stillhaltevereinbarung vorschlug. Der Bericht hatte bestätigt, daß Deutschland die Hälfte der bis 1930 aufgenommenen Auslandskredite für die Reparationszahlungen verwendet hatte und daß eine Exportsteigerung, mit der Devisen erwirtschaftet werden könnten, wenig wahrscheinlich sei. Das Basler Stillhalteabkommen vom 19. August 1931 brachte zunächst einen Zahlungsaufschub für alle nach dem 31. Juli fälligen kommerziellen Auslandskredite in Höhe von 6,3 Mrd. RM für 6 Monate, wurde jedoch bis 1939 mit fallenden Beträgen immer wieder verlängert.

Das Liquiditätsproblem der Banken wurde durch die Gründung Akzept- und Garantiebank der Akzept- und Garantiebank gelöst. Die Banken konnten danach eingefrorene Buchforderungen mit Hilfe des von der Reichsbank honorierten Akzepts der neuen Bank in reichsbankfähige Wechsel umwandeln. Die Akzept- und Garantiebank gewährte allen Banken, auch der Danatbank, den Sparkassen und Girozentralen Kredite, indem sie deren Wechsel diskontierte oder durch ihr Akzept bei der Reichsbank rediskontfähig machte. Bis Mitte Oktober 1931 konnten auf diese Weise illiquide Bankkredite in Höhe von 1,2 Mrd. RM „aufgetaut" werden. 650 Mill. RM wurden zur Erhaltung der Zahlungsfähigkeit des Sparkassensektors benötigt. Die Danatbank erhielt 225 Mill. RM und die Dresdner Bank 300 Mill. RM.

Angesichts der immer stärker erkennbaren Verluste der Großbanken wurden mehrere Möglichkeiten der Kapitalrestrukturierung und von Fusionen erwogen. Zunächst sollte die Danatbank mit der Commerz- und Privatbank verschmolzen werden. Zeitweilig war sogar auch die Fusion mit der Dresdner Bank erwogen worden, wobei bei einer Vereinigung der drei Banken eine Mammutbank entstanden wäre. Als die Commerz- und Privatbank im Frühjahr 1932 selbst sich als dringend hilfsbedürftig erwies, kam eine Fusion mit der Danatbank nicht mehr in Betracht. Auch der Plan, die insolvente Dresdner Bank mit der staatlichen Reichs-Kredit-Gesellschaft zu verschmelzen, wurde verworfen, weil sich die Reichsregierung eine Reprivatisierung der Dresdner Bank nicht verbauen wollte. Schließlich vollzogen sich die Fusion einer mittlerweile vom Reich beherrschten Dresdner Bank mit der Danatbank und die der noch privaten Commerz- und Privatbank mit dem Barmer Bankverein. Danach verfügte die neue Dresdner Bank über ein Aktienkapital in Höhe von 220 Mill. RM, von dem nur noch 20 Mill. RM in Privatbesitz verblieben. An der neuen Commerz- und Privatbank AG waren die Deutsche Golddiskontbank, eine Tochter der Reichsbank, zu 50% und das Reich direkt mit 14% beteiligt. Obwohl die Deutsche Bank und Disconto- Gesellschaft als einzige der Filialgroßbanken ihre Unabhängigkeit gegenüber dem Reich bewahren konnte, wurde ihr Aktienkapital von 285 Mill. RM auf nur noch 72 Mill. RM reduziert und danach wieder auf 144 Mill. RM erhöht, wobei bei der Golddiskontbank ein Drittel des Kapitals bis zur Reprivatisierung deponiert wurde. Das Reich hatte, zusammen mit der Golddiskontbank, für die Bankensanierung über 1 Mrd. RM aufgewendet. Neben einer Bankenaufsicht bestand die Reichsregierung auch auf personellen Veränderungen in den Vorständen. Lediglich die staatliche Reichs-Kredit-Gesellschaft und die Berliner Handels-Gesellschaft kamen ohne weitere staatliche Zuschüsse aus, wobei O. ESCHER [152: Finanzkrise] beweist, daß die Stützung der Bremer Schröderbank die Berliner Handels-Gesellschaft vor dem Zusammenbruch gerettet hat.

Die Folge der Bankenkrise war ein Schrumpfungs- und Konzentrationsprozeß. Von den 1 400 Ende 1931 vorhandenen Kreditbanken und Privatbanken waren Ende 1932 noch 929 vorhanden, wobei sich die Zahl der Privatbanken besonders stark verringerte. Die Verluste der Banken durch eingefrorene Kredite und Konkurse der Schuldner waren groß. Allein die Berliner Großbanken verloren 1931 683 Mill. RM., etwa 10% der kurzfristigen Kredite. Auch die Einlagen schrumpften 1931 um 25%. Bei den Sparkassen betrug der Rückgang nur 6% und bei den Kreditgenossenschaften 7%.

Der Rückgang der Fremdmittel, die aufgetretenen Verluste und mehr Vorsicht bei der Kreditpolitik führten bei den Großbanken zu

Fusionen

Kosten der Bankensanierung

einer Reduzierung der kurzfristigen Kredite von 9,3 Mrd. RM im Jahr 1930 auf nur noch 5,6 Mrd. RM im Jahr 1932. Die schlechte Versorgung der Wirtschaft mit Krediten verstärkte den Abschwung der Konjunktur und die Arbeitslosigkeit. Daher hat die Bankenkrise entscheidend zur Verschärfung der Depression in der deutschen Wirtschaft beigetragen. Dadurch wurden letztlich der NSDAP Wähler zugetrieben.

Verschärfung der Depression

Die Großbanken in der Zeit zwischen 1933 und 1945 sind in der Literatur nur lückenhaft und keinesfalls abschließend behandelt worden. Auch in den vorliegenden Festschriften der Großbanken wird, mit Ausnahme der Deutschen Bank, dieser Zeitraum nur kurz gestreift. Die Dresdner Bank hat 1997 Klaus-Dietmar Henke und ein internationales Team von Wissenschaftlern damit beauftragt, die Geschichte der Bank in der Nazizeit zu erforschen und wissenschaftlich aufzuarbeiten.

In der Nachkriegszeit wurde den Großbanken eine wesentliche Mitschuld am Aufstieg des Nationalsozialismus, am Krieg und an den nationalsozialistischen Greueltaten zugeschrieben. Die Folge dieser Schuldzuweisung war die von den Alliierten, als Folge des Morgenthau-Plans, durchgesetzte Zerschlagung der Großbanken. Sie basierte auf von der Finance Division des Office of Military Government for Germany (OMGUS) 1946/47 angefertigten „reports on the investigation" gegen die Deutsche Bank, die Dresdner Bank, die Commerzbank und die Reichs-Kredit-Gesellschaft. Die OMGUS-Berichte über die Ermittlungen gegen die Deutsche Bank [225], gegen die Dresdner Bank [226] und gegen die I. G. Farbenindustrie AG sind 1985/86 mit Anmerkungen und Nachworten publiziert worden. Ihr Inhalt bestätigt zunächst die den Großbanken gemachten Vorwürfe. Allerdings wird aus der Entstehungsgeschichte der Reports deutlich, daß es sich um kraß subjektive Darstellungen handelt, die nie etwas anderes beabsichtigt haben, als anzuprangern und anzuklagen. Dies muß jeder, der aus den OMGUS-Berichten als historische Quelle schöpft, berücksichtigen. Die Verfasser der Reports waren Mitarbeiter Morgenthaus, die unter dem Schock der entdeckten Konzentrationslager standen. Der emotionale Charakter der OMGUS-Berichte wird in den Zusammenfassungen besonders deutlich. Darin wird eine Kollektivschuld aller Mitarbeiter und Angestellten der Deutschen Bank postuliert. Dabei bleibt unberücksichtigt, daß gerade die Deutsche Bank sich im Gegensatz zur Dresdner Bank und auch zur Commerzbank den personellen Verflechtungen mit der NSDAP weitgehend entziehen konnte und offiziell Abstand zur Partei hielt. Auch die Darstellungen der

OMGUS-Berichte

„Arisierungen" sind hinsichtlich der Deutschen Bank nicht zutreffend, wie in einem Prozeß der Deutschen Bank gegen E. Czichon vor dem Landgericht Stuttgart 1971 festgestellt wurde.

Die Besprechung des OMGUS-Berichts über die Deutsche Bank von E. WANDEL [239] verdeutlicht, daß ein allumfassender Zugriff der Regierung auf die Leitung der Großbanken, wie dies bei den Sparkassen der Fall war, nicht erfolgt war. Innerhalb der Gesamtorganisation der deutschen Wirtschaft war jedoch bereits 1934 die „Reichsgruppe Banken" entstanden. Damit war das gesamte Bankwesen letztlich zum Instrument der nationalsozialistischen Wirtschaftspolitik geworden. Auch das Kreditwesengesetz von 1934 band alle Banken an die Regierungspolitik. Sie hatten die gesetzlichen Regelungen peinlichst genau einzuhalten. Selbst bei kleinsten Verstößen drohten Strafen, von der Geldstrafe über die Abberufung des Vorstandes bis hin zum Entzug der Geschäftserlaubnis. Insofern war eine nationalsozialistische Besetzung der Großbanken nicht notwendig: Es verwundert daher auch nicht, daß die Regierung die nach der Bankenkrise verstaatlichten Großbanken bis 1937 wieder vollständig privatisiert hat. *Banken als Instrument der Politik*

Die Arbeit von C. KOPPER analysiert die Bankenpolitik im „Dritten Reich" von 1933–1939 [114] und beschreibt den Forschungsstand von 1995. Die Untersuchung belegt, daß der unternehmenspolitische Handlungsspielraum des Bankgewerbes durch den Ausschluß von Alternativen sehr gering war. Auf Grund des weitgehenden Wegfalls der Außenhandelsfinanzierung und des Vorrangs öffentlicher Kredite erwirtschafteten die Großbanken unbefriedigende Renditen. Die Bilanzsummen der regionalen Geschäftsbanken und vor allem der Sparkassen stiegen erheblich schneller als die der Großbanken. Grund war die stark erhöhte Sparquote der Bevölkerung, die sich vor allem in den Spareinlagen bei den Sparkassen niederschlug. Hinsichtlich der „Arisierung" dokumentiert Kopper, daß, bis zur Entlassung Schachts als Wirtschaftsminister, die großen jüdischen Privatbanken sich in einer Nische des deutschen Bankgewerbes behaupten konnten und der Verlust der nichtjüdischen Kundschaft durch die Entstehung eines „jüdischen Wirtschaftssektors" teilweise kompensiert wurde. Die Verhärtung der antisemitischen Politik unter Göring und Frick führte dann dazu, daß alle jüdischen Inhaber ihre Geschäfte aufgeben mußten. Durch enge Vorgaben des Reichswirtschaftsministers wurde ausgeschlossen, daß sie entsprechende Abfindungen erhielten. *Bankpolitik 1933–1945*

Kopper analysiert auch den Kampf um die österreichischen Banken, insbesondere um die Creditanstalt [201: Creditanstalt]. Dabei agierten die Dresdner Bank und die Reichs-Kredit-Gesellschaft als

Treuhänder der Reichswerke AG gegenüber der Deutschen Bank, die letztlich jedoch die Creditanstalt übernahm. Der „Anschluß" Österreichs und des Sudetenlandes sowie die Besetzung von Böhmen und Mähren erschien aus Sicht der meisten Bankiers als Herausforderung,

Expanison in besetzten Gebieten die erhebliche Gewinnmöglichkeiten und die Erweiterung des Geschäftsumfangs versprach. Besonders im „Protektorat" erweiterten die Großbanken mit skrupellosen Methoden den Bereich ihres Einflusses auf die tschechischen Schlüsselunternehmen der Montan- und Maschinenbauindustrie und zeigten keine Zurückhaltung bei den „Arisierungen" und bei der Zusammenarbeit mit der Gestapo. Die Expansion der Großbanken in den besetzten Gebieten hängt mit den geringen Entwicklungsmöglichkeiten im Inland zusammen. Insgesamt wird deutlich, daß die Großbanken eine politische Mitverantwortung trugen und so eine moralische Schuld auf sich geladen haben.

Eine erste Untersuchung über die Rolle der Banken bei der Finanzierung der Aufrüstung und des Krieges von E. WANDEL [240] kann insbesondere für die Kriegszeit nicht mit zuverlässigen Zahlen aufwarten. Es steht jedoch fest, daß die Großbanken über ihre Aufsichtsratsmandate und Beteiligungen in der Groß- und Rüstungsindustrie sich „kriegskonform" verhielten. Allerdings konnten sie über Kreditvergaben keinen Einfluß ausüben. Die Kreditnachfrage war minimal, so daß die Banken ihre liquiden Mittel, die durch die Einlagenzuwächse ständig anstiegen, meist nur in Lieferschatzanweisungen und Schatzwechseln anlegen konnten.

Kriegsfinanzierung durch Banken Die über die Kriegsfinanzierung vorhandenen Statistiken zeigen, daß 380 Mrd. RM der gesamten Kriegskosten in Höhe von 680 Mrd. RM durch Kredite finanziert wurden. Bei Kriegsende befand sich der größte Teil der vom Reich ausgegebenen Schuldtitel im Besitz der großen Geld-Kapitalsammelstellen, der Kreditbanken, Sparkassen und Genossenschaftsbanken sowie der Versicherungen. Die Bankenstatistik von 1945 zeigt, daß die Sparkassen bei einer Bilanzsumme von 100 Mrd. RM 80%, d.h. 80 Mrd. RM in Staatspapieren angelegt hatten. Ihr Anteil an der Finanzierung des Krieges betrug daher rund 20%. Bei einer Bilanzsumme der Großbanken von 32 Mrd. RM im Jahr 1945 enthielten ihre Bilanzen Staatspapiere in Höhe von 20 Mrd. RM. Dies entsprach rund 60% der Bilanzsumme und 5,3% der gesamten Reichsverschuldung. Die Deutsche Bank besaß am 31.12.1944, bei einer Bilanzsumme von 11,4 Mrd. RM, Schatzwechsel und unverzinsliche Schatzanweisungen des Reiches in Höhe von rund 7,5 Mrd. RM. Bei einer Gesamtverschuldung des Reiches in Höhe von 380 Mrd. RM entsprach dies 2% der Reichsschuld von 1944.

Die zu den filiallosen Berliner Großbanken rechnende Reichs-Kredit-Gesellschaft wurde durch die sowjetische Besatzungsmacht geschlossen. Die Geschichte dieser reichseigenen Großbank hat W. HOFMANN [216] verfaßt. Auch die fünfte Berliner Großbank, die 1856 gegründete Berliner Handels-Gesellschaft mußte 1945 ihre Tätigkeit einstellen. Allerdings nahm sie bald in Frankfurt ihre Geschäfte wieder auf, ohne je ihre Berliner Bedeutung wieder zu bekommen. 1970 schloß sie sich mit der 1854 gegründeten Frankfurter Bank zur BHF Bank zusammen.

Über die Entflechtung der Großbanken nach dem Krieg und ihre Wiederentstehung ist vielfach publiziert worden. Die Darstellungen von M. POHL [75: Bankengeschichte, 229: Zerschlagung und Wiederaufbau] und H. BÜSCHGEN [197: Großbanken] werden durch die Darstellungen in den Festschriften der Großbanken ergänzt. H. WOLF untersucht die Neuordnung der Großbanken im Hinblick auf die Commerzbank [243–245]. Die Bankenpolitik der Alliierten beschreiben C. L. HOLTFRERICH [214], E. WANDEL [467: Bank deutscher Länder] und T. HORSTMANN [217: Großbanken]. Aus amerikanischen Militärakten wird deutlich, daß die Bankenpolitik zunächst kein wesentlicher Bestandteil der alliierten Planung für das besetzte Deutschland war. Unter dem Einfluß der OMGUS-Berichte über die Verstrikkung der Großbanken mit der NS-Politik wurde eine grundlegende Reform der Großbanken, mit dem Ziel einer „demokratieverträglichen Bankenstruktur", angestrebt, aus der keine Gefahr für das System der deutschen Nachkriegsgesellschaft erwachsen konnte. Die amerikanischen Dekartellisierungs- und Dezentralisationspläne für die Industrie galten nun auch für das Bankwesen.

Das Militärgesetz Nr. 57 für die amerikanischen Besatzungszonen vom Mai 1947 beschränkte die Geschäftätigkeit aller Banken auf die Länder. Dies sollte die Entstehung von Großbanken unmöglich machen. Die britische Regierung war jedoch an der Wiederherstellung der deutschen Wirtschaftskraft interessiert und glaubte, daß eine Zerschlagung der Großbanken ihren Interessen zuwider liefe. Daher ließ sie sich erst im April 1948 auf die Dezentralisierung der bislang zoneneinheitlich operierenden Großbanken nach amerikanischem Vorbild ein. Dies muß jedoch im Zusammenhang mit der Übernahme von Besatzungskosten durch die USA und der Gründung der Bank deutscher Länder sowie der bevorstehenden Währungsreform gesehen werden. Die westlichen Besatzungszonen wurden danach in elf Bankbezirke aufgeteilt, und aus den drei Großbanken entstanden 30 Teilbanken mit nur noch regionaler Bedeutung. Die praktische Durchfüh-

Entflechtung der Großbanken

Dezentralisierung der Großbanken

rung der neuen Bankordnung wurde dabei der neuen Bundesregierung überlassen.

So entstand 1952 das sog. Großbankengesetz, das die Aufteilung der Bundesrepublik in nur noch drei Bankbezirke verfügte. Gegen den Typus der Universalbank wurden schon lange keine Einwände mehr erhoben. Auch hatten die 30 Teilbanken während der Zeit ihrer Trennung in Länder- und Besatzungszonen übergreifend kooperiert. Die Regionalbanken arbeiteten von Anfang an personell und geschäftsmäßig eng zusammen, und die drei Bankgruppen schlossen bereits 1955 Gewinn- und Verlustausgleichsverträge, sogenannte Poolverträge ab. Diese stellten eine Vorstufe zur vollständigen Fusion und Wiederentstehung der Großbanken dar, die Ende 1956 durch das sog. Fusionsgesetz von der Bundesregierung genehmigt wurden. Allerdings wurden die Berliner Tochterinstitute nicht mit einbezogen.

Fusionsgesetz von 1956

T. HORSTMANN [217], der zu den Archiven der Deutschen Bank und Commerzbank keinen Zutritt erhielt, hält die Existenz der deutschen Großbanken für politisch und wirtschaftlich bedenklich und das Scheitern der Dekonzentration für beklagenswert. Dagegen sind H. BÜSCHGEN [197], C. L. HOLTFREICH [215], M. POHL [229] und E. WANDEL [467] der Auffassung, die schnelle Überwindung der praktischen Dekonzentration der Großbanken sei vernünftig und vorteilhaft gewesen. Die deutsche Bankenstatistik zeigt zudem, daß die Großbanken seit 1960 mit abnehmenden Marktanteilen zu kämpfen hatten. H. BÜSCHGEN [197: Großbanken], analysiert die Wachstumspolitik der Großbanken und beschreibt deren Zweigstellenexpansion, deren externes Wachstum durch Finanzbeteiligungen und die Entstehung der Großbanken- und Allfinanz-Konzerne. Nach wie vor führend in Deutschland sind die Großbanken im Auslandsgeschäft, das zunächst über Korrespondenzbanken und Repräsentanten, dann durch internationale Bankenkooperationen und schließlich durch eigene Filialen und Tochterinstitute ausgebaut wurde. Auch im Investmentgeschäft behielten die Großbanken ihre führende Rolle.

Marktanteile der Großbanken

Dennoch besaßen die drei Großbanken 1980 nur noch einen Marktanteil, gemessen am Bilanzvolumen aller Banken, von 8,8% (1952: 16,9%) und der Kreditbanken von 22,4% (1952: 32,5%)

Unerforscht ist bisher freilich, welche Gründe in einzelnen zu einer Trendumkehr, d.h. zu einer Zunahme der Marktanteile der Großbanken, zwischen 1980 und 1990 geführt haben. Seit 1990 nehmen die Marktanteile der Großbanken wieder leicht ab.

Durch ihre immer wieder kritisierte Beteiligungspolitik sind die Großbanken in die Schwierigkeiten ihrer Beteiligungsgesellschaften

hineingezogen worden, so die Deutsche Bank in den 1990er Jahren bei
der Metallgesellschaft, bei Daimler-Benz/AEG und KHD. Die oft ge-
scholtene Allmacht der Großbanken ist in Teilbereichen, wie beim   Allmacht der
Depotstimmrecht oder der Repräsentanz in den Aufsichtsräten der   Großbanken?
Großkonzerne, vorhanden. Durch das Anwachsen des Sparkassen- und
Genossenschaftssektors und die Konkurrenz von starken Regionalbanken, ist jedoch die deutsche Wirtschaft, insbesondere der sie tra-
gende Mittelstand, nicht von den Großbanken abhängig.

5. Sparkassen

Die Literatur über die deutsche Sparkassenorganisation und ihre Geschichte ist vielfältig und reichhaltig. Dennoch bleiben große Lücken.
Einen ersten Überblick verschafft das Taschenbuch von H. GEIGER
[268: Sparkassenorganisation] , das aktuelles Zahlenmaterial bis 1990
enthält. Als Standardwerk der Geschichte der deutschen Sparkassen   Geschichte der
bis zum Anfang des 20. Jahrhunderts gilt das Werk von A. TRENDE   Sparkassen
[319]. Eine neuere Untersuchung bietet J. WYSOCKI mit seinen Forschungen zur Wirtschafts- und Sozialgeschichte der deutschen Sparkassen im 19. Jahrhundert [326]. Wysocki kommt in dieser Monographie zu neuen Erkenntnissen: Eine Analyse der Geschäftsbücher zeigt,
daß bereits 1825 in vielen Fällen neben dem Sammeln von Spareinlagen auch das Kreditgeschäft gepflegt wurde. Die frühen Sparkassen
hätten Darlehen gegen Hypotheken und Schuldscheine und Pfanddar-
lehen vergeben. Wysocki setzt sich auch kritisch mit den Thesen vom
säkularen Einkommensverfall auseinander und kommt zum Ergebnis,
daß – von den Notjahren 1846/47 abgesehen – bis zur Mitte des 19.
Jahrhunderts die Einkommensentwicklung als statisch anzusehen sei.
Mit dem „take off" der industriellen Entwicklung habe sich das Mas-
seneinkommen nach oben entwickelt.

Hinsichtlich der Sozialstruktur der Sparer ergab die Analyse der
Geschäftsbücher von zehn Sparkassen, daß neben den in den Sparkas-
sensatzungen genannten Zielgruppen, nämlich der sozialen Unter-
schicht, auch „gehobene" Schichten sparten, wie Kinder wohlhabender
Leute, Zünfte, Stiftungen etc. Die Durchschnittsguthaben entsprachen
dabei keinen Pfennigbeträgen, sondern betrugen bei den „Dienst-   Aufgaben der
botensparern" fast zwei Jahreslöhne. Ein weiteres Ergebnis der Unter- Sparkassen
suchung zeigt den Beitrag der Sparkassen zur Kapitalbildung seit
1850. In der Zeit bis 1910 lag dieser mit 26,6% an der gesamten Fi-
nanzierungsleistung der Kreditinstitute knapp über dem der Kreditbanken (26,5%) und der Hypothekenbanken (24,1%). Der Anteil der

Sparkassen kam allerdings nicht direkt der Industrialisierung zu Gute,
sondern diente komplementär der Finanzierung der Infrastruktur, d.h.
des privaten Wohnungsbaus, landwirtschaftlicher Gebäude und Melio-
rationen, Eisenbahnen und öffentlicher Bauten. Dabei bestand der
Verdienst der Sparkassen schon darin, daß sie überhaupt Sparkapitali-
en mobilisiert hatten, die sonst gehortet worden wären. Für die These,
daß die Sparkassen in nennenswertem Umfang zu höherer Sparsamkeit
erzogen und dadurch die Verwendung der Einkommen beeinflußt
hätten, findet Wysocki keine Beweise. Die Sparkassen wurden aber in
den 1850er Jahren – in ihrer sozialpädagogischen Ausrichtung- als
Instrumente der staatlichen konservativen Gesellschaftspolitik eingesetzt. Sie wurden als „Mittel zur Stabilisierung des revolutionärge-
fährdeten Gesellschaftssystem" eingesetzt. Wysocki berichtet abschließend, wie die Sparkassen ihre Monopolstellung im Passiv-
geschäft im Zusammenhang mit dem Aufkommen der Kreditgenossenschaften, Grundkreditbanken und später der Depositenkassen der
Kreditbanken verloren.

Die frühe Geschichte der Sparkassen ist in einer 1989 nachge-
druckten Ausgabe eines bereits 1864 erschienenen Buches über das
„Sparkassenwesen in Deutschland und den außerdeutschen Landestheilen Österreichs und Preußens", enthalten, das vom Centralverein Preußen für das Wohl der arbeitenden Klassen herausgegeben
worden ist [281]. D. H. L. BENING berichtet sogar schon 1840 über die
Sparkassen und Sterbekassen im Königreich Hannover [254]. W.
WEBER untersucht in seiner Dissertation die Entwicklung der Sparkassen zu selbständigen Anstalten des öffentlichen Rechts [321], die kurz
zusammengefaßt werden soll.

Erste Sparkassen   In Deutschland entstanden die ersten Sparkassen in der zweiten
Hälfte des 18. Jahrhunderts, noch vor der Industrialisierung. Die im
letzten Viertel des 18. Jahrhunderts einsetzende Gründungswelle erfolgte im wesentlichen auf Grund der Initiative privater Vereinigun-
gen. Motive waren philanthropische und erzieherische Bestrebungen,
nämlich der Armut der unteren Bevölkerungsschichten abzuhelfen und
diesen Gelegenheit zu eigenverantwortlicher Lebensvorsorge durch
sichere und verzinsliche Anlage ihrer Ersparnisse zu geben. Nach der
ersten Gründungswelle gab es in der Zeit der Napoleonischen Kriege
zunächst einen Stillstand. Nachdem jedoch schon 1801 die erste kommunale Sparkasse in Göttingen gegründet worden war, entstand etwa
von 1815 an eine Vielzahl kommunaler Sparkassen. Die kommunale
Sparkasse wurde bald zum Prototyp der Sparkassen. Weber hat untersucht, wann und in welchem Umfang die Sparkassen sich als Anstal-

ten des öffentlichen Rechts verselbstständigt haben. Entgegen den
Vorstellungen, die Sparkassen seien bis zu den Notverordnungen
1931/32 nur „ein Zimmer im Rathaus" und ohne rechtliche Selbständigkeit gewesen, wird aufgezeigt, daß man sie schon lange vor Ende
des 19. Jahrhunderts als selbständige öffentlich-rechtliche Anstalten
ansehen könne. Mit Ausnahme der 1880 in Baden getroffenen Regelung hatte man die Sparkassen allerdings noch nicht zu juristischen
Personen des öffentlichen Rechts erklärt.

Historische Gesamtüberblicke verschaffen G. ASHAUER, J. MURA Gesamt-
mit dem Beitrag „Geschichte der Sparkassen" im „Handbuch der überblicke Spar-
Sparkassen" [249], G. ASHAUER mit dem Titel „Von der Ersparungs- kassengeschichte
kasse bis zur Sparkassen-Finanzgruppe" [252], W. HENZE mit den
„Grundzügen der Geschichte des Sparkassenwesens" [285] und J.
MURA mit den „Entwicklungslinien der deutschen Sparkassengeschichte" [301,302]. Mit der Geschichte der deutschen Sparkassenorganisation ab 1924 beschäftigt sich ausführlich G. ASHAUER [250]. Die
Geschichte der Girozentralen untersuchten K. FRIES [265], J. MURA
[298], H. GEIGER [267] sowie das Sparkassenhistorische Symposium
von 1990 [275], auf dem H. POHL die Geschichte der Landesban-
ken/Girozentralen von den Anfängen bis 1908 [309] aufgezeigt hat.
W. ZWEIG hat eine Geschichte der deutschen Girozentrale – Deutsche
Kommunalbank [332] vorgelegt.

Auch die Geschichte der Sparkassenverbände ist vielfach bearbeitet: E. ACHTERBERG beschreibt die Geschichte des Verbandes öffentlich-rechtlicher Kreditanstalten [246] und des Verbandes der Deutschen Freien Öffentlichen Sparkassen [247], W. REIMANN [312] bezeichnet seine Geschichte des Verbandes öffentlicher Banken als
„Nachlese", wobei im Mittelpunkt das alte Spannungsverhältnis zur
Sparkassenorganisation steht, die verbandspolitisch durchaus unter-
schiedliche Positionen vertreten hat. Im Vordergrund stehen auch die
z.T. tiefgreifenden Veränderungen in der Bankenlandschaft und die
erbitterten Diskussionen über Wettbewerbsvor- und -nachteile, Steuer-
privilegien und die Zinsliberalisierung. Zur Geschichte des deutschen
Sparkassen- und Giroverbandes sind anläßlich des 100-jährigen Bestehens die Veröffentlichungen von H. LÖBER [295], J. MURA [303]
und der Sammelband „Standortbestimmung. Entwicklungslinien der
deutschen Kreditwirtschaft" erschienen [259]. Darin wird eine Standortbestimmung speziell der Sparkassenorganisation versucht, die so
material- und gedankenreich ist, daß das Werk als historische Enzyklopädie des Bank- und Sparkassenwesens gewertet werden sollte. Die
Geschichte des zentralen deutschen Sparkassenverbandes wurde schon

1931 von J. HOFFMANN [286] durchleuchtet. M. BIEHAL untersucht den Württembergischen Sparkassenverband [255] und G. JACHMICH die Geschichte des Hessischen Sparkassen- und Giroverbandes [288].

J. C. Eberle

J. C. EBERLE spielt in der deutschen Sparkassengeschichte eine bedeutende Rolle. Seine Schriften, Reden und Aufsätze wurden mit Beiträgen von F. BUTSCHKAU und J. HOFFMANN 1959 herausgegeben [263]. Die neueste Veröffentlichung über Eberle stammt von J. WYSOCKY [331] und zeigt die Gründung des sächsischen Giroverbandes und die Aufnahme des Giroverkehrs auf, die zum Aufstieg der Sparkassen wesentlich beigetragen haben.

Reiche Materialien enthalten die Ergebnisse der seit 1985 jährlich stattfindenden Sparkassenhistorischen Symposien [270-279], die jeweils einem zentralen Thema der Sparkassengeschichte gewidmet sind. Während in der Regel vier Referate sich auf die historische Entwicklung konzentrieren, befaßt sich die Podiumsdiskussion mit der Gegenwart und den Zukunftsperspektiven. Auch die Berichte über die Tagungen des Arbeitskreises für Sparkassengeschichte [253,306] verbinden Geschichte, Gegenwart und Zukunft. Die durch das Gutachten der Monopolkommission 1992 erneut ausgelöste Debatte über die Privatisierung der Sparkassen und Landesbanken hat ebenfalls Bedeutung für die Zukunft des Sparkassensektors.

J. STEINER hat diese Debatte in seinem Buch „Bankenmacht und Wirtschaftsordnung. Sparkassen und Landesbanken in der Privatisierungsdiskussion" [315] wissenschaftlich aufgearbeitet. Als Ergebnis wird eine klare Gegenposition zu den aktuellen Privatisierungsvorschlägen bezogen. Einen Kernpunkt der Diskussion sieht Steiner in der Antwort auf die Frage, ob öffentliche Unternehmen mit unserer Wirtschaftsordnung vereinbar sind, d.h., ob der Staat unternehmerisch tätig sein darf oder soll. Er kommt dabei zu dem Ergebnis, daß sich weder aus rechtlichen noch aus wirtschaftswissenschaftlichen Überlegungen, weder aus der Theorie der Verfügungsrechte noch aus einem Effizienzvergleich zwischen öffentlichen und privaten Unternehmen zwingend ein Verzicht auf eine unternehmerische Tätigkeit des Staates ergäbe. Bei der Übertragung dieses Ergebnisses auf den Sparkassen-

Öffentlicher Auftrag

sektor stehe – einmal mehr – der öffentliche Auftrag der Institute zur Diskussion. Steiner weist hier der Politik die Aufgabe zu, die Inhalte des öffentlichen Auftrags zu konkretisieren. Seiner Ansicht nach genüge es, nachzuweisen, daß sich der öffentliche Auftrag für den Sparkassensektor sinnhaft auslegen lasse. Gerade das Fehlen eines hinreichend konkreten Auftrags der Politik an die Sparkassen und Landesbanken, so die Kritiker, gestatte keine Alternative zur Privatisierung.

Nach dem Subsidiaritätsprinzip gebühre in der sozialen Marktwirtschaft grundsätzlich privater Initiative und privatem Eigentum Vorrang vor staatlicher Tätigkeit und staatlichem Eigentum. Bei einer engen Auslegung dieses Prinzips enthalte es eine Automatik zugunsten maximaler Privatisierung unternehmerischer Tätigkeiten mit geringen begründeten Ausnahmen. Eine solche Ausnahme wäre ein argumentativ gut gestützter, konkreter öffentlicher Auftrag der Sparkassenorganisation, an dem es aber gerade mangels Konkretisierung fehle. Gegen eine Privatisierung spreche auch, wenn die Unternehmen ohne staatliche Privilegien im Wettbewerb mit privaten Unternehmen bestehen und den Wettbewerb fördern. Es könne dokumentiert werden, daß die Sparkassen und Landesbanken einen solchen Beitrag zum Wettbewerb leisten und zumindest nicht weniger effizient arbeiten als ihre privaten Wettbewerber. Entscheidende Vorteile seien der Verbund zwischen Sparkassen und Landesbanken sowie das Regionalprinzip. Diese Vorteile könnten jedoch z.B. bei einer Privatisierung in einer Sparkassen-Holding AG erhalten bleiben, wobei das hohe Privatisierungsvolumen, wie das Beispiel der Telekom zeigt, ein bisher ungelöstes Problem darstellen würde. Gegenüber der zentralen Wettbewerbsdiskussion erweisen sich einige Argumente der Privatisierungsbefürworter, wie z.B. fiskalische Aspekte oder die Interessenvermengung zwischen wirtschaftlicher Macht der Sparkassen und Landesbanken und politischer Macht der Kommunen, Kreise und Länder und der weltweite Privatisierungstrend als Randargumente. Steiners Arbeit zeigt, daß es viele Argumente für und wider die Privatisierung der Sparkassenorganisation gibt. Jedenfalls wird dokumentiert, daß auch vom wissenschaftlichen Standpunkt aus gegen eine Privatisierung argumentiert werden könnte. *Privatisierung der Sparkassen?*

Neuere Darstellungen über die Geschäftspolitik der Sparkassen enthalten die Veröffentlichungen von U. GÜDE [283: Geschäftspolitik] und C. WITBRAAD, der die Entwicklung des Auslandsgeschäfts der Sparkassenorganisation [325] untersucht hat.

Jede Darstellung der Sparkassengeschichte wäre unvollständig ohne Hinweis auf die große Zahl von Jubiläums- oder Festschriften. Neben journalistisch aufgemachten und keinerlei wissenschaftlichen Ansprüchen genügenden Festschriften nimmt die Zahl der wissenschaftlich fundierten und auf historischem Quellenmaterial basierenden Darstellungen zu. Für die Sparkassen und die Verfasser ist es dabei nicht leicht, das eigentliche Zielpublikum – die anzusprechende Öffentlichkeit und die Kundschaft – nicht zu vernachlässigen. *Festschriften*

Die hier wiedergegebene Auswahl ist keineswegs repräsentativ, sondern beschränkt sich auf einige inhaltlich und äußerlich herausragende Beispiele. So ist die 1984 von F. LAUFS verfaßte Chronik der Frankfurter Sparkasse von 1822 [293] eine mit 672 Seiten besonders voluminöse Veröffentlichung. Das Quellen- und Literaturverzeichnis umfaßt nur 17 Zeilen und ein Anmerkungsapparat fehlt ganz. Neben diesen Schwächen weist die Festschrift jedoch große Vorzüge auf. So sind historisch wertvolle Dokumente, wie z. B. das Anmeldeformular „Ablieferung von Bargeld" aus der Währungsreform von 1948 im Faksimileabdruck enthalten. Besonders ausführlich sind die Banktechniken beschrieben, so daß das Werk wohl ein Standardwerk über die Technikgeschichte des Bankbetriebs darstellt. Der Untersuchungsgegenstand, eine der großen deutschen Sparkassen, weist noch die Besonderheit auf, eine „freie" Sparkasse zu sein, also nicht unter öffentlicher Gewährträgerschaft zu stehen.

Hohe wissenschaftliche Qualität haben die von J. WYSOCKI erstellten Festschriften, der auf diesem Gebiet eine führende Stellung einnimmt. Erwähnt sei die „Geschichte der Sparkasse Detmold" [327], die auf die bereits 1786 gegründete Lippesche Leihekasse zurückgeht. Auch die 1990 erschienenen Festschriften der Sparkasse Krefeld (1840–1990) [329] und der Berchtesgadener Sparkasse 1800–1990 [328] vereinen wissenschaftlich anspruchsvollen Inhalt mit optisch ansprechendem Äußeren. 1993 hat J. WYSOCKI auch die „Essener Sparkassengeschichte" [330] veröffentlicht.

P. THOMES hat eine wissenschaftlich anspruchsvolle Studie über die Geschichte der Kreissparkasse Saarbrücken vorgelegt [317]. Auch die Festschrift von U. DANIEL, J. REULECKE über Aspekte Solinger Sparkassengeschichte zum 150. Jubiläum der Stadtsparkasse Solingen entspricht einem hohen wissenschaftlichen Niveau [257]. Von den Festschriften der Landesbanken hebt sich die Veröffentlichung von H. POHL: „WestLB – von der Hülfskasse von 1832 zur Landesbank [308] durch Gehalt und Äußeres ab. Schließlich sei noch auf die Sparkassen-   Festschrift zum 50. Bestehen der Sparkassenakademie 1928–1978 akademie   [313] hingewiesen. Diese Festschrift besteht zu zwei Dritteln aus Beiträgen einzelner Autoren zu rechtlichen und volkswirtschaftlichen Problemen des Sparkassenwesens sowie praxisbezogenen Fragen der Organisation und der Aus- und Weiterbildung. Das restliche Drittel bildet eine Dokumentation von historischen Problemen der Sparkassenausbildung. Daraus wird deutlich, daß die Personalförderung, d.h. die Aus- und Weiterbildung der Mitarbeiter, eine wesentliche und permanente Aufgabe der Geschäftsleitung geworden ist, die gleichberechtigt neben anderen Aufgaben, wie Marketing, Organisation oder Controlling steht.

6. Genossenschaftsbanken

Eine geschlossene Geschichte der Genossenschaftsbewegung liegt noch nicht vor. Auch einzelne Teilbereiche, wie die Geschichte der Genossenschaftsverbände, die Mitgliederstrukturen oder die Veränderung des „Genossenschaftsgeistes" wurden bisher nicht untersucht. Grobe Überblicke über die Volks- und Raiffeisenbanken verschaffen G. KLUSAK [356], H. AUMANN [339] und H. BAUMANN, L. FALKENSTEIN [341]. Über die Gründer der Genossenschaftsidee existiert eine Reihe biographischer Arbeiten, so von R. ALDENHOF [335] über Schultze-Delitzsch. Darin wird das politische Leben des „Vaters der gewerblichen Genossenschaften" zwischen 1848 und 1871 analysiert und vor dem Hintergrund der politischen Strömungen bewertet. Über das Leben und Wirken W. Raiffeisens existiert eine Reihe von Biographien, so von W. ARNOLD, F. H. LAMPARTER [334], I. BAUERT-KEETMANN [340] und L. HÜTTL [353]. Sie geben einen guten Überblick und vermitteln viele Einzelheiten über den Menschen Raiffeisen, seine Familie und die oft erbärmlichen Lebensumstände der bäuerlichen Bevölkerung vor 150 Jahren und dokumentieren die vielfältigen Bemühungen Raiffeisens, Menschen in Not zu helfen. Wissenschaftlichen Ansprüchen genügen diese Arbeiten aber nicht. Dies gilt auch für die bereits 1902 erschienene Biographie Raiffeisens von M. FASSBENDER [346]. Die eigenen Veröffentlichungen von W. RAIFFEISEN [11] und H. SCHULZE-DELITZSCH [12, 365] stellen jedoch wichtige Quellen dar.

Frühe Beschreibungen des Genossenschaftswesens enthalten die Veröffentlichungen von 1893 H. ZEIDLER [368], H. CRÜGER [343] und W. KULEMANN [358]. Bereits 1907 gibt die Dissertation von E. BAER Aufschluß über die Vorgeschichte der deutschen Kreditgenossenschaften [339].

Als Standardwerk für die Geschichte des Genossenschaftswesens gilt nach wie vor das Werk von H. FAUST [348], das schon in den fünfziger Jahren konzipiert wurde, aber aktuelle Entwicklungen nicht berücksichtigt. Die Geschichte der deutschen Genossenschaftsbanken wird von A. H. KLUGE [355] zusammengefaßt. Neben der Geschichte der Raiffeisen- und Volksbanken werden deren Vorläufer untersucht. Genossenschaftliche Ziele, die Beziehung zwischen Mitglied und Bank und die Mitgliederpartizipation werden für vier „Haupttypen" der Bankgenossenschaften dargestellt. Auch die Nebentypen, wie Beamten und bran-

(Marginalien:) Biographien

Geschichte der Genossenschaftsbanken

chenbezogene Banken, werden kurz behandelt. Die ökonomischen Probleme und die Konzentrationsbewegung der letzten 30 Jahre werden jedoch vernachlässigt.

Eine umfassende aber knappe Gesamtdarstellung des deutschen Genossenschaftswesens, sowohl der Ursprünge und der bisherigen Entwicklung als auch der aktuellen Struktur und des wirtschaftlichen Potentials sämtlicher Genossenschaftsbereiche bieten G. ASCHHOFF, E. HENNIGSEN [336]. Danach gehören die Genossenschaftsbanken zu den erfolgreichsten Säulen des Genossenschaftswesens. Trotz hartem Wettbewerb mit anderen Banken sei der Marktanteil der Kreditgenossenschaften ständig gestiegen. Die Frage, welche Gründe hierfür eine Rolle spielen, bleibt jedoch unbeantwortet.

Die Veränderungen in der Geschäftspolitik der Primärgenossenschaften während der letzten hundert Jahre wurden nur wenig dokumentiert. Zwar ist die eindrucksvolle Erweiterung der Bankdienstleistungen durch die genossenschaftlichen Zentralbanken und das Spitzeninstitut des dreistufigen Verbundes, die DG Bank Deutsche Genossenschaftsbank, offensichtlich. Jedoch war die Rivalität zwischen den Zentralkassen und der DG Bank auch 1996 nicht beigelegt. Die DG Bank ist mit 70 Volksbanken aus dem Bereich der Zentralbanken Kooperationen eingegangen. Im Gegenzug haben die genossenschaftlichen Zentralkassen Auslandsfilialen eröffnet, anstatt ihre Kunden an die DG Bank zu vermitteln.

M. POHL hat die Entwicklung der Kreditgenossenschaften nach 1945 untersucht [363]; dabei reichen die verwendeten Daten bis 1980. Als Ergebnis werden nach 1965 verstärkte Fusionen festgestellt, die vor allem im Wegfall selbständiger Raiffeisenbanken dokumentiert sind. In diesem Bereich gab es alleine von 1965 bis 1970 über 3 000 Verschmelzungen. Insgesamt ist die Zahl der oft sehr kleinen Raiffeisenbanken von 11 230 selbständigen Raiffeisenbanken im Jahr 1948 auf 6 362 im Jahr 1970 zurückgegangen. 1993 gab es noch 2 731 Volks- und Raiffeisenbanken. Diese Fusionswelle hat auch Veränderungen in der Mitgliederstruktur mit sich gebracht. Die Zahlen Pohls dokumentieren einen starken Rückgang der ursprünglichen Mitglieder, nämlich der Handwerker, der kleinen Unternehmer aus Handel und Industrie sowie der in der Landwirtschaft Tätigen. Diese machten 1980 nur noch 16,7% der Mitglieder aus, wohingegen ihr Anteil 1960 noch bei 59% lag. 1993 hat sich der Anteil der „alten" Mitgliedsschicht auf 14% verringert. Von den rund 12 Millionen Mitgliedern entfallen jetzt 84% auf neue Anteilseigner aus dem Kreis der unselbständigen Beschäftigten, d.h. der Arbeiter, Angestellten und Beamten und deren Angehörigen. Auch wenn die Kreditge-

Dreistufiger
Verbund

Kreditgenossen-
schaften ab 1945

nossenschaften von ihrer Mitgliederstruktur her gesehen heute im Zeichen des „neuen" Mittelstandes stehen, gehen doch noch etwa 50% ihrer Kredite an mittelständige Betriebe des „alten" Kundenkreises. Der nach dem Krieg einsetzende Stukturwandel der Genossenschaften wird auch in den gesammelten Reden und Aufsätzen von G. DRAHEIM [344], einem herausragenden Genossenschaftler, deutlich. Die Geschichte der Zentralbank der deutschen Genossenschaften schildert H. FAUST [348], neuere Entwicklungen finden sich bei G. ASCHHOFF, E: HENNIGSEN [336], insbesondere was das wirtschaftliche Potential der DG Bank mit ihren 25 Verbundunternehmen (Bilanzsumme 1994: 248 Mrd. DM) angeht. Dabei wird deutlich, daß die frühzeitig einsetzende erfolgreiche Mitgliederwerbung außerhalb der bisherigen Klientel, aber auch der steigende Lebensstandard der Mitglieder und deren wachsende Nachfrage nach Bankdienstleistungen für die heutige Bedeutung der Kreditgenossenschaften verantwortlich sind. Dazu kommt das größte europäische Bankstellennetz mit über 20 000 Stützpunkten (1993), das für eine entsprechende Kundennähe und kurze Entscheidungswege sorgt.

> Deutsche Genossenschaftsbank

W. FISCHER zeichnet für die Festschrift der DG Bank von 1995 verantwortlich [349], die im Gegensatz zu den meisten der unzähligen Jubiläumsschriften der Volks- und Raiffeisenbanken mit wissenschaftlichen Beiträgen u.a. die unterschiedlichsten Gesellschaftsordnungen und Wirtschaftssysteme untersucht. Ebenfalls aus Anlaß des 100. Bestehens der DG Bank wurde in den Beiheften des Bankhistorischen Archivs das Protokoll einer Sachverständigen-Anhörung der Preußischen Central-Genossenschaftskasse abgedruckt [103]. Daraus werden die Vorgeschichte der Gründung und die Notwendigkeit sowie die Aufgaben eines genossenschaftlichen Spitzeninstituts deutlich.

7. Hypothekenbanken

1996 weist die Statistik der Deutschen Bundesbank 27 private Hypothekenbanken und private Realkreditinstitute, 3 Schiffsbanken sowie 5 öffentlich-rechtliche Grundkreditanstalten aus. Deren Geschichte ist trotz einiger Festschriften ausgesprochen schlecht dokumentiert. Grobe Überblicke geben die kurzen Darstellungen von E. KNACKE [385] und W. GOEDECKE, V. KERL [379]. Grundlagen des Geschäfts der Realkreditinstitute finden sich bei K. RÜCHARDT (Hrsg.), „Handbuch des Hypothekarkredits" [391]. E. ACHTERBERG hat in der Festschrift der Deutschen Hypothekenbank 1862–1962 generell über Wesen und Werden privater Hypothekenbanken berichtet [370]. Über die preußischen Land-

> Realkreditinstitute

schaften und den landwirtschaftlichen Kredit in Preußen berichtet V. ALTROCK [372,373].

Eine wissenschaftliche Untersuchung über die Entwicklung des Agrarkredits in der preußischen Provinz Westfalen hat 1990 M. BLÖMER [376] vorgelegt. Anders als im Reichsgebiet – um die Jahrhundertwende dominierten beim ländlichen Realkredit die Landschaften – erwiesen sich die westfälischen Sparkassen als Hauptträger der Agrarkredite. Erst 1877 war die „Landschaft der Provinz Westfalen" entstanden, die danach den größeren und mittleren Grundbesitz mit Realkrediten versorgte. Der Gesamtbetrag des ländlichen Realkredits im Deutschen Reich belief sich 1900 auf etwa 5,5 Mrd. Mark. Davon entfielen 2,5 Mrd. M. auf die Landschaften, 1,75 Mrd. M. auf die Sparkassen, 0,75 Mrd. M. auf die Realkreditinstitute und 0,5 Mrd. M. auf den Genossenschaftssektor. Westfalen wich jedoch von dieser Verteilung völlig ab. Dort waren nicht die Landschaften, sondern die Sparkassen mit Abstand größter Kreditgeber der Landwirtschaft.

„Die Organisation des Bodenkredits in Deutschland bis 1908" wird in vier Bänden von H. HECHT [380] beschrieben. Daraus wird deutlich, daß der Aufstieg der privaten Hypothekenbanken mit der Finanzierung des Wohnungsbaus, insbesondere mit dem Aufbau der großen Städte, einherging. Ohne Hypothekenbanken hätte die Verlagerung der Bevölkerung vom Land in die Stadt nur schwer finanziert werden können. Im Pfandbrief der Hypothekenbanken konnten die Sparer eine der sichersten Anlagen sehen.

Das Hypothekenbankgesetz von 1899 sowie die Entwicklung der Hypothekenbanken im Kaiserreich ist 1928 bei F. DANNENBAUM [378] dargestellt. Dieses Werk enthält, neben der Darstellung des Hypothekenwesens, eine Fülle von interessanten Quellen, wie die preußischen Normativbestimmungen der Jahre 1863, 1867 und 1893, die zum Aufstieg der Hypothekenbanken stark beigetragen haben. Auch die Entstehungsgeschichte des Hypothekenbankgesetzes von 1899 ist ausführlich dokumentiert. In einer Tabelle sind die Bilanzzahlen aller Hypothekenbanken von 1900 bis 1910 angegeben. Die Bilanzsummen erhöhten sich in dieser Zeit von 6,6 Mrd. RM auf 10,6 Mrd. RM. Die Krise zu Beginn des Jahrhunderts wird daraus nicht ersichtlich: 8 von 40 Hypothekenbanken gerieten in finanzielle Nöte. Grund dafür waren betrügerische Überbeleihungen falsch taxierter Grundstücke. Die wirtschaftliche Bedeutung der Hypothekenbanken im Kaiserreich lag in der günstigen und langfristigen Finanzierung städtischer Wohnimmobilien, die eine wichtige Voraussetzung für geringe und preisstabile Mieten war. Die mündelsicheren Pfandbriefe, mit denen sich die Hypothekenbanken refinan-

Agrarkredit

Hypotheken-
banken im
Kaiserreich

zierten, galten als sehr sicher, zumal Hypothekenkredite nur in Höhe von 60% des Grundstückswertes ausgegeben werden durften. Die durch die beiden Weltkriege entstehenden Probleme, die jeweils Währungsschnitte nach sich zogen, konnte damals noch niemand ahnen.

Leider ist die Geschichte der Hypothekenbanken während der Weimarer Zeit und des Nationalsozialismus noch nicht geschrieben worden. Auch die Bedeutung der Hypothekenbanken für die Wirtschaftsentwicklung der Bundesrepublik ist noch nicht untersucht. Es gibt lediglich wenige Untersuchungen zu Einzelproblemen, wie „Die Refinanzierung der deutschen Hypothekenbanken" von M. HIESS [381] 1993 hatten die 23 „reinen" Hypothekenbanken eine Bilanzsumme von 700 Mrd. DM und zusammen mit den drei „gemischten" Hypothekenbanken eine Bilanzsumme von insgesamt 1 099 Mrd. DM. Bei einer Bilanzsumme aller Bankengruppen von 6 890 Mrd. DM bedeutet dies Marktanteile von rund 10% bzw. 16%. Im Vergleich dazu hatten die drei **Marktanteile** Großbanken eine Bilanzsumme von nur 614 Mrd. DM. Allerdings muß berücksichtigt werden, daß sieben der größten Hypothekenbanken Konzerntöchter der drei Großbanken sind.

Die Geschäftspolitik und das Wettbewerbsverhalten der Hypothekenbanken waren bisher hauptsächlich durch das Kreditgeschäft geprägt. Die Zinskonditionen hängen jedoch von einer möglichst günstigen Refinanzierung durch Pfandbriefe ab. Bei der Plazierung der Pfandbriefe **Pfandbriefe** haben sich in den letzten Jahrzehnten große Verschiebungen ergeben. Während in den fünfziger Jahren noch private Haushalte als Pfandbriefanleger dominierten, befanden sich 1993 nur noch rund 38% der Bankschuldverschreibungen bei Nichtbanken und rund 49% bei Banken. Immerhin 13% der Obligationen wurden von Ausländern gekauft. Bei den „Nichtbanken" waren private Anleger nur noch mit 11,4%, Investmentfonds mit 9% und Versicherungen mit 9,7% beteiligt. Dabei haben die Pfandbriefe der Hypothekenbanken ihre einstmals dominierende Stellung am Kapitalmarkt eingebüßt. Heute stehen sie verstärkt mit den staatlichen Schuldverschreibungen im Wettbewerb. Durch die europäische Währungsunion und den Wegfall der DM wird eine optimale Refinanzierung der Hypothekenbanken nicht einfacher: Das Angebot an Euro-Wertpapieren wird sich vervielfachen. Auch das beste Verkaufsargument, die stabilitätserprobte deutsche Währung, fällt weg. Andererseits bieten neue Produkte und Absatzstrategien, wie Pfandbrieffonds oder die Pflege der institutionellen Anleger neue Möglichkeiten. Der direkte Absatzkanal zu privaten Haushalten ist jedoch verloren gegangen. Die Pfandbriefe gelangen heute hauptsächlich über die vermittelnde Tätigkeit der Konzernmutterbanken oder auf dem Umweg über den

Erwerb von Rentenfonds oder von Beiträgen zu Lebensversicherungen in die Depots der Privatkundschaft.

Anfang der siebziger Jahre erlitten Pfandbriefsparer durch den Zinsanstieg erhebliche Kursverluste, so daß das Vertrauen in die Sicherheit von Pfandbriefen gesunken ist. Seit 1993 ist nach Einführung der Zinsabschlagsteuer der Verkauf von effektiven Stücken an Private ganz zusammengebrochen. Diese waren als Tafelgeschäft zur Umgehung der Kapitalertragssteuer sehr beliebt. Der verstärkte Trend zum institutionellen Sparen, d.h. die zunehmende Geldvermögensbildung der privaten Haushalte außerhalb des Bankensystems bei Versicherungen und Pensionskassen, erhöht jedoch auch den Anlagebedarf der institutionellen Investoren und damit auch das Absatzpotential für die Pfandbriefe der Hypothekenbanken.

Festschriften   Für die Geschichte der Hypothekenbanken sind die Festschriften zum 100. Jubiläum ihrer Gründurg besonders ergiebig. So hat 1962 E. ACHTERBERG mit der „Geschichte der Deutschen Hypothekenbank 1862-1962" [370] zugleich die Entstehung der privaten Hypothekenbanken dokumentiert. G. VON KLASS hat die „Geschichte der Frankfurter Hypothekenbank" [384] aufgearbeitet. 1971 folgen die Festschrift der Rheinischen Hypothekenbank [390] mit einem Beitrag von K. BORCHARDT über den Realkredit und den Pfandbriefmarkt im Wandel von 100 Jahren [377] sowie die „Geschichte der Braunschweig-Hannoverschen Hypothekenbank" von E. KNACKE [386]. Eine Bibliographie der Festschriften und eine Aufstellung der durch Fusionen nicht mehr bestehenden Hypothekenbanken finden sich bei W. GOEDECKE, V. KERL [379].

Die Geschichte der ältesten deutschen Hypothekenbank, der 1835 gegründeten Bayerischen Hypotheken- und Wechselbank ist besonders gut dokumentiert. Bereits zum 50. und dann zum 100. Jubiläum erschienen Festschriften [374]. J. M. LUTZ, H. STUMMER haben 1960 die 125-jährige Geschichte dieses Instituts aufgearbeitet [387]. 1985 erschien die Geschichte der Hypo-Bank im Spiegel ihrer Geschäftsberichte [375]. Eine wissenschaftliche Aufarbeitung der Anfänge dieser Bank auf der Basis von „Protokollen der Administration" erfolgte durch F. JUNGMANN-STADLER [383], die 1995 auch die Geschichte der Hypo-Bank-Filiale Großmarkthalle [383] veröffentlicht hat.

„Gemischte   Die Bayerische Hypotheken- und Wechselbank wurde 1835, zum
Hypotheken-   Zwecke der Hebung des Bodenkredits durch Gewährung von Tilgungs-
banken"   hypotheken vor allem an die Landwirtschaft errichtet. Für ihre Ausleihungen stand zunächst nur das Eigenkapital zu Verfügung. Der auch als Wechselbank tätigen, „gemischten" Hypothekenbank wurde erst 1864

die Genehmigung zur Ausgabe von Pfandbriefen erteilt. Weiter besaß sie das Recht zur Notenausgabe und konnte Feuer- und Lebensversicherungen, Leibrenten und ähnliche Geschäfte abschließen. Erste Filialen wurden in Lindau (1857) und Kempten erichtet. Nach Aufgabe des Notenprivilegs 1875 gingen diese Filialen auf die Bayerische Notenbank über, und das Institut arbeitete bis 1898 ohne Filialnetz. Zusammen mit der als „Bayerische Vereinsbank" 1869 gegründeten Vereinsbank war die Hypo-Bank als Universalbank und gemischte Hypothekenbank auch überregional tätig. Beide zählten zu den größten Regionalbanken und waren vor ihrer Fusion nach den drei Großbanken die größten Privatbanken. Die Geschichte der Vereinsbank wurde 1969 durch F. STEFFAN [234] und durch die 1994 erschienene Festschrift „Vereinsbank – das Entstehen einer Bankengruppe" [194], erforscht.

Aus der 75-jährigen Geschichte des Verbandes privater Hypothekenbanken [392] wird die Entwicklung des Hypothekenkredits seit 1902 deutlich. Nicht nur die Überwindung der durch Krieg, Inflation und Weltwirtschaftskrise entstandenen Probleme wird an dieser Verbandsgeschichte deutlich. Auch der Beitrag der Hypothekenbanken an der Finanzierung des Wohnungsbaus nach 1949 wird aufgezeigt. Schließlich zeigt ein interessantes Kapitel das sog. Hypothekenbanken-Karussell von 1969 auf: bis dahin hielten zwar die Großbanken an 7 Hypothekenbanken Anteile von über 25%, jedoch keine Mehrheitsbeteiligungen. Durch die Umgruppierung von Aktien bei 9 Hypothekenbanken erhielt an jedem der beteiligten Institute eine Großbank eine Mehrheitsbeteiligung, wodurch die jetzt bestehende Struktur der Hypothekenbanken entstand, bei der die Großbanken und großen Regionalbanken als Gesellschafter dominieren. *(Hypotheken-banken-Karussell)*

8. Notenbanken, Geld und Währung

Die Geschichte der Reichsbank, der Bank deutscher Länder und der Bundesbank ist vielfach beschrieben worden. Eine erste groß angelegte offizielle Aufarbeitung erfolgte durch das REICHSBANK DIREKTORIUM bereits 1925 mit dem dreibändigen Werk über ihre Geschichte von 1876 bis 1925 [448]. Unter dem Nationalsozialismus gab die REICHSBANK eine Festschrift zur Notenbankgeschichte von 1775 bis 1940 [404] heraus. Den letzten Stand der offiziellen Darstellungen bildet das 1976 von der BUNDESBANK herausgegebene Sammelwerk über Währung und Wirtschaft 1876–1975 [402]. Führende unabhängige Nationalökonomen und Währungsfachleute haben darin die hundertjährige Wirtschafts- und Währungsgeschichte aufgearbeitet. Zusammen mit dem statistischen *(Reichsbank)* *(Währung und Wirtschaft)*

Beiband [3: Geld- und Bankwesen] trägt dieser Band als wichtige Quelle zur Forschung.bei.

Eine bleibende und immer wieder verwendete Darstellung über die Geschichte der Königlichen Bank in Berlin stellt die Untersuchung von I. C. N. NIEBUHR [437] dar. Die Rolle der Reichsbank in der Kaiserzeit und im Krieg ist bisher wissenschaftlich von K. BORCHARDT [396] und F. NEUMARK (436] aufgearbeitet worden. In den dreißiger Jahren ist die Veröffentlichung von G. VON EYNERN über Probleme der Reichsbank

Inflations-[407] erschienen, die sich auf den Krieg und die Inflation bezieht. Die
forschung erste Untersuchung der Inflation von 1922/23 erfolgte schon 1937 durch C. BRESCIANI-TURRONI [399], die der Reichsbank und der Reichsregierung die Schuld am Verfall der Währung zuschrieb. Dabei sollen agrarische und industrielle Interessen eine Rolle gespielt haben. Diese hätten von einer eine inflationären Entschuldung durch die Inflation profitiert. K. LAURSEN und J. PETERSEN [428] waren von der negativen Auswirkung der Inflation nicht überzeugt und wiesen bereits 1964 darauf hin, daß diese den Aufbau und die Vollbeschäftigung gesichert habe. H. HALLER [65] und O. PFEIDERER [443] ,die die Inflationszeit in der Bundesbank-Festschrift von 1976 dargestellt haben, sind dagegen der Auffassung, daß eine Finanzierung der Inflation durch die Reichsbank schon deshalb notwendig gewesen sei, um die damals labile politische Situation und die junge Demokratie nicht zu destabilisieren.

C. L. HOLTFRERICH [69: Inflation] schließt sich in seinem Werk über „Die deutsche Inflation 1914–1923" der Meinung H. HALLERS und O. PFEIDERERS an und rechtfertigt die umstrittene Kredit- und Diskontpolitik der Reichsbank. Holtfrerichs Titel zeigt, daß er den Beginn der Inflation auf 1914 datiert.

1984 hat A. VON SPECHT auf schmaler Qellenbasis die Hintergründe der deutschen Inflation [461] aufzuzeigen versucht. Die Reichsregierung habe bewußt die Inflation als politisches und wirtschaftliches Druckmittel eingesetzt, um die alliierten Reparationsforderungen loszuwerden und um sich gegen die revolutionären Entwicklungen von 1918 abzusichern. Eine Lösung der Reparationsfrage sei durch die Inflation jedoch nicht erreicht worden, und die Hyperinflation von 1923 sei im Hinblick auf ein neues Aufflammen von Unruhen nicht ungefährlich gewesen.

Mitte der 70er Jahre entstand ein groß angelegtes, von der Historischen Kommission in Berlin gefördertes, „Inflationsprojekt" unter G. D. Feldman , in dem die meisten Teilaspekte der Inflation abschließend behandelt wurden [57: Zwischenbilanz]. Dabei ist leider die Rolle der Reichsbankpolitik nicht untersucht worden. Das Verhalten der Regierung in der Inflation zeige zwar ein hohes Maß an Rationalität, habe aber gleichzeitig die Finanzwirtschaft vor nicht lösbare Problemegestellt. Auch mit den Auswirkungen der Inflation hat sich G. D. FELDMANN beschäftigt [58].

Die Ergebnisse des großen Inflations-Projekts sind 1986 von G. D. FELDMAN u.a. [60] veröffentlicht worden. Im Zentrum der 15 Beiträge steht die Frage der Anpassung an die Inflation. Wie haben sich Haushalte, Unternehmen, Politiker, der Staat, öffentliche Unternehmen, die Reichsbahn und die Sozialversicherung verhalten? Neben vielen Inflationsschäden sei z.b. bei den öffentlichen Unternehmen durch die Inflation der Rationalisierungsprozeß beschleunigt worden.

Ergebnisse

C. L. HOLTFRERICH hat 1986 die Ergebnisse der Inflationsforschung zusammengefaßt und eine abschließende ökonomische Erklärung der Katastrophe von 1923 geliefert[71].

H. O. SCHÖTZ hat 1987 schließlich die deutsche Währungsstabilisierung unter dem Einfluß der nationalen Interessen Frankreichs, Großbritanniens und der USA untersucht [459] und kommt dabei zu neuen Erkenntnissen. Ein aus dem Reich herausgelöster Rheinstaat mit französischer Währung stellte sich bei Planspielen als ein wirtschaftliches Gebilde heraus, das an der britischen Einflußnahme und aufgrund der Golddiskontbank gescheitert sei. Schließlich waren die Interessen der Alliierten an einer Regelung der Reparationen, die im Dawes-Plan endete, für die Stabilisierung der Währung entscheidend.

J. FLASKAMP untersucht die Aufgaben der Reichsbank in der Zeit des Dawes-Plans [409]. Hier spielt die ausländische Überwachung durch die Alliierten und den Reparationsagenten sowie das Problem der deutschen Auslandsverschuldung, gegen das sich die Reichsbank nicht wehren konnte, eine Hauptrolle. Die Bücher von A. PARCHMANN [442] und J. LIENHART [429] von 1933/36 behandeln u.a. die Bilanzen der Reichsbank und spiegeln den Zeitgeist wieder. Dasselbe gilt für die 1981 in Berlin-Ost entstandene Darstellung der „Reichsbank in der Weimarer Republik" von H. HABEDANK [412], in die die Rolle der Reichsbank sehr negativ beurteilt wird.

Den derzeitigen Stand der Forschung über die Zeit der Weltwirtschaftskrise und die Rolle der Reichsbank gibt H. JAMES [418: The Reichsbank] wieder. Die Geschichte der Reichsbank in der Zeit des Nationalsozialismus wurde bisher von K. H. HANSMEYER, R. CAESAR [414] bearbeitet. Dabei wird u.a. der vertrauliche Brief des Reichsbankdirektoriums an den Reichskanzler vom 7. Januar 1939 in Faksimile wiedergegeben, der zur Entlassung Schachts führte. In dieser Denkschrift wird vor einem unbegrenzten Anschwellen der Staatsausgaben

Reichsbank und Weltwirtschaftskrise

und einer dadurch verursachten Inflation gewarnt. Eine Analyse dieser Denkschrift belegt nicht nur den Mut sondern auch die Naivität und Selbstüberschätzung, mit der Schacht glaubte, sich mit Sachverstand gegen die Rüstungspolitik Hitlers durchsetzen zu können.

Reichsbank im Zweiten Welt- krieg Die Geschichte der Reichsbank in der Kriegszeit bis 1945 ist so gut wie nicht erforscht worden, wobei dafür auch das Fehlen von Quellen- material verantwortlich sein dürfte. Die Gold- und Devisenpolitik der Reichsbank insbesondere mit neutralen Ländern wie der Schweiz und Schweden, sowie die Übernahme der Notenbanken in den besetzten Gebieten, sind bisher nicht wissenschaftlich bearbeitet.

Die Darstellung des Finanzministers L. GRAF SCHWERIN VON KROSIGK [24: Staatsbankrott] vermittelt einen Einblick in die Kriegs- finanzierung, die nach dem Reichsbankgesetz von 1939 von der natio- nalsozialistisch besetzten Reichsbank ohne Einschränkung durchge- führt wurde. Dabei war im Reichsbankgesetz von 1939 die gesetzliche Begrenzung für den Ankauf von Schatzwechseln und die Gewährung von Betriebskrediten an das Reich weggefallen und in das Ermessen des Reichskanzlers gelegt worden. Damit bestand die Autonomie der Reichsbank nicht mehr.

Die Entstehung der neuen Notenbank in den westlichen Besat- zungszonen auf der Basis des Colm-Dodge-Goldsmith-Planes und der Alliierte Währungspläne alliierten Währungspläne ist von E. WANDEL [467] recherchiert. Dabei wurde gezeigt, wie sich die amerikanischen Pläne gegenüber dem briti- schen und französischen Widerstand durchsetzen konnte. Die Vorge- schichte der Mark, insbesondere die vielen Währungsreformpläne, do- kumentiert H. MÖLLER [434: Zur Vorgeschichte], der erstmals die westdeutsche Währungsreform beschrieben hat [435]. Dabei wird der geringe deutsche Anteil an der Währungsreform deutlich, die letztlich ein Diktat der amerikanischen Militärregierung war. Allein die Organi- sation der Ausgabe der neuen Banknoten stellte das größte logistische Unternehmen seit der alliierten Landung in der Normandie dar. W. ABELSHAUSER vertritt in seiner Geschichte der westdeutschen Wirtschaft 1945–1948 [36] die Auffassung, daß schon vor der Währungsreform ein Wirtschaftswachstum feststellbar war und der Wirtschaftsaufschwung ohnehin in Gang gekommen wäre. Die Währungsreform war jedoch die Voraussetzung für die Einführung der sozialen Marktwirtschaft und der 1948 nicht selbstverständlichen Abkehr von der staatlichen Planwirt- schaft. Deshalb stellt die Währungsreform letztendlich die Initialzün- dung für das „Wirtschaftswunder" dar.

Die Geschichte der Währungsreform in Berlin 1948/49 stammt von M. WOLFF [469]. Sie dokumentiert die alliierte Konfrontation, die in der

Blockade Berlins und dem kalten Krieg zum Ausdruck kamen und die Einführung der D-Mark in West-Berlin so problematisch gemacht haben. Der Aufstieg der DM ist bei H. ROEPER [452, 453, 454] und bei H. RIEHL [449: Die Mark] aufgezeigt. Deutsche Geldgeschichte haben K. E. BORN [44: Geld und Banken], M. NORTH [438: Geld], H. RITTMANN [451: Geldgeschichte, 2 Bände] und B. SCHULZ [463: Geldgeschichte] verfaßt. Anläßlich des 50. Jubiläums der Einführung der Deutschen Mark ist im Jahr 1998 mit neuen Veröffentlichungen, darunter auch von der Bundesbank zu rechnen. *Aufstieg der Deutschen Mark*

Die Entstehung der Bundesbank ist von der Bundesbank selbst [401: Bundesbankgesetz, 402: Währung und Wirtschaft] und von V. HENTSCHEL [416: Die Entstehung] aufgezeigt worden, wobei bei HENTSCHEL die politischen Kontroversen und Konflikte im Vordergrund stehen. Neuere ausländische Untersuchungen stammen von H. KENNEDY [421: The Bundesbank] und von D. MARSH [432: Die Bundesbank], wobei letzterer unbekannte Einzelheiten aus der Geschichte der Reichsbank, der Geschichte der Bank deutscher Länder und der Bundesbank sowie deren Verstrickungen mit Politik veröffentlicht. Auch über die Rolle der Verantwortlichen, darunter Schacht, Funk, Vocke, Blessing, Klasen und Pöhl, werden neue Aspekte deutlich. Dabei wird die Frage aufgeworfen, ob die Bundesbank wirklich in politischer Unabhängigkeit handeln konnte. Ausführlich wird der Mangel an Zusammenarbeit zwischen Bundesregierung und Bundesbank während der deutschen Wiedervereinigung analysiert, die letztlich zum Rücktritt K. O. Pöhls geführt hat. D. MARSH hat seine Arbeit, die zuerst in London erschienen ist, in journalistischem Stil verfaßt. Er hat jedoch Erkenntnisse aus dem Archiv der Bundesbank und aus einer Vielzahl von Gesprächen mit Zeitzeugen verarbeitet und ist auf neue und überraschende Fakten gestoßen. *Die Bundesbank*

Die Währungspolitik der Bundesbank wurde von L. KÖLLNER chronologisch aufgearbeitet [425]. Die Geschichte der internationalen Zusammenarbeit der Notenbanken seit Bretton Woods hat H. JAMES [419: Monetary Cooperation] verfaßt. Darin sind nicht nur das Scheitern des Abkommens von 1944 und die Freigabe der Wechselkurse 1973 aufgearbeitet. Aus dem Gold-Dollar-Standard von ehedem ist im Verlauf der Zeit ein „Informationsstandard" entstanden. Das rigide Regelwerk von Bretton Woods ist einer fragilen Kooperation der Notenbanken gewichen, bei der die Bundesbank eine wichtige Rolle spielt. Dabei wird deutlich, daß sich die Zusammenarbeit mit einem intellektuellen Konsens über den letztlich beschränkten Spielraum der Währungs- Wirtschaftspolitik bescheidet. Die Notenbanken können sich auf Dauer nicht *Währungspolitik* der Macht der Finanzmärkte entgegenstellen. Vielmehr versuchen sie mögliche Marktreaktionen zu antizipieren, um im Rahmen der internationalen Kooperation negative Rückkoppelungseffekte zu vermeiden.

9. Sonstige Literatur über Banken, Börsen, Regionale Darstellungen

Neben der fundierten und aktuellen Deutschen Börsengeschichte von 1992 [106] existiert eine neuere Untersuchung über die Berliner Börse [476] und eine ältere Geschichte der Berliner Börse von S. SPANGEN-THAL [498]. Die Entstehung des Börsengesetzes von 1896 hat 1992 J. H. MEIER [490] aufgezeigt.

Geschichte des
Bausparens

Die Geschichte der Bausparkassen hat erstmals W. LEHMANN [487 Bausparkassen, 488 Geschichte] dargestellt. Er zeigt auf, wie die privaten und öffentlichen Bausparkassen eine Arbeitsteilung mit den Trägern des erststelligen Realkredits eingegangen sind und welche Bedeutung die Bausparkassen für das u.a. vom Wohnungsbau mitgetragene „Wirtschaftswunder" hatten. Bereits 1934 hat H. KLEINSCHMIDT die junge Geschichte, den Ideengehalt und die sozialökonomische Bedeutung des Bausparwesens herausgearbeitet [484]. Eine neuere Darstellung stammt von J. DEGNER, A. RÖHRER [479: Die Bausparkassen]. Das Standardwerk von H. BERNDT u.a. [475] über die Bausparkassen ist 1994 in 7. Auflage erschienen. Es enthält nur wenig historische Informationen und belegt, daß die Geschichte dieses bedeutenden Bankensektors weitgehend unerforscht ist.

Auch andere Bereiche des Kreditwesens, wie die Postbankdienste [481: O. HAHN, Postbank; 482: Geschichte] , die Teilzahlungsbanken [W. KAMINSKI: 483] oder die Kreditgemeinschaften zur Absicherung ungesicherter Kredite für den Mittelstand [R. GIEBITZ 480], sind von der Wissenschaft vernachlässigt worden.

Investmentfonds

Der in den letzten Jahren volumenmäßig besonders bedeutend gewordene Bereich der Investmentgesellschaften und der Investmentfonds ist bis auf zwei Veröffentlichungen von W. TORMANN [499: Investmentgesellschaften] und M. LAUX, R. H. PÄSSLER [486: Wertpapier-Investmentfonds] von der Forschung nicht erfaßt.

Neueste Daten, Fakten und Entwicklungen sind aus dem jährlich erscheinenden Report des Bundesverbandes Deutscher Investmentgesellschaften [478] ersichtlich. 1995 legte das Publikum 16.6 Mrd. DM in 609 Publikumsfonds an, die ein Fondsvermögen von 254 Mrd. DM aufwiesen. Daneben bestanden 2 624 Spezialfonds mit einem Vermögen von 310 Mrd. DM. Seit 1992 war die Branche extrem gewachsen: allein 1994 verzeichneten die Publikumsfonds ein Mittelaufkommen in Höhe von 62 Mrd. DM. Aus dem Fondsvermögen von 250 Mrd. DM entfielen 1995 rund 42% (101 Mrd.) auf Rentenfonds, gefolgt von Offenen Immobilienfonds (59 Mrd.), Aktienfonds (54 Mrd.) und Geldmarktfonds (38 Mrd.). Vom langfristigen Geldvermögen der privaten Haushalte (Ende 1994 rund 3 Billionen DM) entfielen immerhin 337 Mrd. DM auf Aktien sowie Aktien- und Immobilienfonds. 1997 betrug das Fondsvermögen mehr als 1 000 Mrd. DM, wobei die Aktienfonds besonders zunahmen.

Nachdem die staatliche Rentenversorgung zunehmend überfordert ist, wird die private Vorsorge ansteigen. Die substanzorientierte Anlage in Aktien und Aktienfonds ist dabei ein wichtiges Instrument der Zukunftsvorsorge. Investmentfonds mit einem individuell gestalteten Auszahlungsplan treten als dritte Säule der Altersvorsorge neben die gesetzliche und betriebliche Rentenversicherung und konkurrieren zunehmend mit Lebensversicherungen, Bausparverträgen und anderen Sparformen. Bei den Spezialfonds handelt es sich um Investmentfonds, die für maximal 10 Anleger, in der Regel Unternehmen, aufgelegt wurden Diese können u.a. der Finanzierung von Pensionsverpflichtungen dienen. Dabei sind deutsche Pensionsfonds gegenüber denen in Großbritannien und USA stark unterentwickelt. Das selbe gilt für Publikumsfonds: 1995 besaß jeder Deutsche ein durchschnittliches Investmentvermögen von 3 073 DM, in Österreich von 6 049 DM, in Frankreich von 13 016 DM und in den USA von 15 758 DM. *(Marginalie: Zukunftsvorsorge)*

Leider ist der Absatz der ausländischen Fonds in Deutschland (z. B. Templeton, Fleming, Pioneer etc) durch die Daten der Bundesbank oder des Bundesverbandes Deutscher Investmentgesellschaften nicht erfaßt. Auch der spektakuläre Aufstieg des IOS Fonds Ende der 60er Jahre und dessen skandalöses Ende sind noch nicht erforscht.

Regionale Bankengeschichte haben E. ACHTERBERG für Frankfurt [472] und Hamburg [473], M. POHL für Hamburg [492] und Baden-Württemberg [494] vorgelegt. Für Württemberg existiert eine neue Untersuchung über die Entstehung, den Aufbau und den strukturellen Wandel des Bankwesens bis 1923 von M. BERGNER [477]. O. SCHMIDT hat das Bankwesen in den freien Hansestädten Mitte des 19. Jahrhunderts untersucht [497]. M. SCHNEIDERS Untersuchung von 1978 beschreibt hundert Jahre Bankenpolitik in Lübeck [493]. Über wichtige Bankplätze, wie Berlin oder Sachsen, liegen bisher keine Einzeluntersuchungen vor. Während der deutschen Teilung sind in der DDR derartige Themen nicht bearbeitet worden, zumal die Bankarchive entweder verloren oder nicht zugänglich waren. *(Marginalie: Regionale Bankengeschichte)*

10. Versicherungen

Im Vergleich zur Bankengeschichte ist die Geschichte des deutschen Versicherungswesens nur wenig erforscht. Bei den historischen Quellen sticht die 1988 von P. BORSCHEID, A. DREES herausgegebene Versicherungsstatistik 1750–1985 hervor [508]. Darin ist eine kurze Geschichte der Individual- und Sozialversicherung enthalten, die einen Überblick über die Entstehung und Entwicklung der verschiedenen Versicherungssparten verschafft. Mit Ausnahme der Versicherungszweige, die nur eine geringe Bedeutung oder nur kurze Zeit Bestand hatten, wie z.b. die Aufruhrversicherung, sind darin Versicherungssparten erfaßt. Auch die Daten der gesetzlichen Sozialversicherungen und der Versicherungen der DDR wurden aufgenommen.

Die wohl wichtigste Darstellung der Versicherungsgeschichte stellt noch immer das dreibändige Werk von L. ARPS [501: Auf sicheren Pfeilern, 502, 503: Durch unruhige Zeiten] dar. Im ersten Band über die deutsche Versicherungswirtschaft vor 1914 werden unter Verwendung vieler Quellen wichtige Teilaspekte der Geschichte analysiert. So wird die Philosophie des Versicherungsgedankens beschrieben und festgestellt, daß noch Mitte des 19. Jahrhunderts ein Teil der süddeutschen Geistlichkeit sich gegen Versicherungsanstalten aussprachen. Dadurch schränke man die strafende Hand Gottes zu sehr ein, denn wenn alles versichert sei, womit solle der liebe Gott dann strafen. Die von A. WAGNER 1881 [547: Der Staat und das Versicherungswesen] aufgebrachte Diskussion einer Verstaatlichung der Assekuranz wird von L. ARPS kontrovers dargestellt. Bei dieser Forderung spielte hauptsächlich die Vorstellung einer durch die desorganisierte Konkurrenz entstehenden ungeheuren Vergeudung von Kapitalien und Arbeitskräften eine Rolle. Wagner forderte auch die Sozialisierung von Gewinnen der Versicherungs-Aktiengesellschaften, die den Reichsfinanzen zu Gute kommen sollten. Weitere Schwerpunkte sind die Veränderungen der Versicherungswirtschaft durch die Industrialisierung und der Beginn des Dampfschiff- und Eisenbahnzeitalters. Dabei wird deutlich, daß die Transportversicherung die längste Geschichte hat und als Mutter vieler Versicherungssparten bezeichnet werden kann. Sie deckt alle während eines Transport auftretenden Gefahren ab, wogegen für die übrigen Versicherungszweige die Risikoumstände im einzelnen fest umrissen sind.

Bei der Geschichte der deutschen Rückversicherung spielte die 1880 von C. Thieme und W. Finck gegründete Münchner Rückversicherung eine wichtige Rolle. Die deutsche Rückversicherung hat zwischen

1880 und 1913 ihre Prämieneinnahmen von 19,7 Mill. M auf 557,2 Mill.
M gesteigert. Mit 370 Mill. M kamen 2/3 der Prämien des Jahres 1913
aus dem Ausland. Mit dem Aufschwung der Weltwirtschaft entwickelte
sich auch eine Weltversicherungswirtschaft.

Warum aber wurde gerade Deutschland zum führenden Rückversi-
cherungsland? Hätte es nicht näher gelegen, daß England, als die Wiege
der Industrialisierung und als führende Welthandelsmacht, überragend
auch in der Versicherungswirtschaft, ebenfalls die stärksten Rückversicherer entwickelte? Bis 1864 war die Rückversicherung in England
verboten. Dies war jedoch nicht entscheidend. Der englische Versicherungsmarkt war auf London konzentriert, und die Erstversicherer konnten bequem am Ort die benötigten Mitversicherer finden. Außerdem
stand die Organisation von Lloyd's zur Verfügung.

Im Gegensatz zu London oder Paris wurde Berlin nie das Zentrum
der deutschen Versicherungswirtschaft. Vielmehr blieben die Versicherungen an den Orten ihrer Gründung und waren über das ganze Reich
verstreut. Die Standortverteilung der deutschen Versicherungen kam
dem Entstehen starker Rückversicherer entgegen. Dazu kam, daß in
Deutschland die Schattenseiten der im Ausland abgelaufenen Gründungswellen vermieden werden konnten. Die deutschen Versicherungen
waren, bis auf wenige Ausnahmen, für Qualität und Zuverlässigkeit
bekannt, was gerade bei Rückversicherungen wichtig ist.

Der Schock des Erdbebens von San Francisco 1906, mit einem ge- **Großschäden und**
schätzten Schaden von 1,5 Mrd. M., veränderte die Versicherungswirt- **Folgen**
schaft. Letztlich wurden rund 1 Mrd. M. von den Versicherungen übernommen. Davon entfielen auf die Münchner Rück 60 Mill. M, mehr als
ihre offenen Rücklagen.

Die Folge dieses Großschadens war ein verstärktes Wachstum der
Rückversicherer. J. ARPS schildert im 2. Band seiner Geschichte der
deutschen Versicherungswirtschaft [502] die Zeit des Ersten Weltkriegs
und der Inflation. Als Ergebnis der erneuten Sozialisierungsdebatte nach
1918 entstand 1922 das Versicherungssteuergesetz, das 1924 bei einem
Reichshaushalt von 7,2 Mrd. RM nur 32 Mill. RM an Versicherungs-
steuern einbrachte.

Die Inflation hatte schnell einen Verfall des Versicherungsschutzes **Versicherungen**
auf allen Gebieten gebracht, da die Prämien nicht schnell genug ange- **in der Inflation**
paßt werden konnten. Vor dem Ersten Weltkrieg existierten bereits
4 Mill. Lebensversicherungspolicen, deren Inkasso der durchschnittlichen Wochenprämie von 40 Pfennig für den Außendienst jährlich
200 Mill. Kundenkontakte bedeuteten. Während der Hyperinflation, im
letzten Quartal 1923, dagegen verursachte ein Geschäftsbrief Kosten in

Höhe von 1 000 M, während sich eine durchschnittliche Jahresprämie einer Lebensversicherung auf 400 M belief.

In der Industrie führte diese Entwicklung zu „Selbstversicherungen", d. h. für nicht aufgewendete Prämien wurde ein Fonds aufgebaut, der zur Deckung eines Schadens herangezogen werden sollte. Dadurch war zwar kein Versicherungsschutz mehr vorhanden. Bei Konzernen bedeutete diese jedoch einen internen Ausgleich der Risiken, wobei Haftpflichtrisiken kaum ausgleichbar waren. 1924 kam es nach langen Kontroversen zur Entstehung der Einheitsversicherung. Von den in der Inflationszeit gegründeten 362 Versicherungsgesellschaften überlebten nur wenige. Der Aufstieg der Versicherungskonzerne begann, so daß in der ausgehenden Weimarer Republik von einem Versicherungsoligopol gesprochen werden kann.

Der 3. Band des Werkes von J. ARPS [503] ist nach seinem Tod veröffentlicht worden und behandelt die Zeit bis zum Kriegsausbruch 1939. Sie ist geprägt vom Aufkommen der Kraftfahrzeug-Versicherung, bei der bis 1927 das Kasko-Risiko gegenüber der Haftpflicht überwog. Erst nach Kriegsbeginn wurde die allgemeine Haftpflichtversicherung eingeführt. Während 1907 erst 10 000 Autos zugelassen waren, stieg der Bestand bis 1939 auf rund 2 Millionen, davon 0,4 Mill. Lastkraftwagen.

In den dreißiger Jahren hatte sich die Verbreitung der Lebensversicherungen, insbesondere der Vertrieb durch selbständige, haupt- und nebenberufliche Agenten, durchgesetzt. Dabei war die Aufwertung der alten Policen nach der Inflation sehr langwierig und führte dazu, daß auch Lebensversicherungen in ausländischer Währung angeboten wurden. Leider sind die Zeit der Weltwirtschaftskrise und deren Auswirkungen auf die Versicherungswirtschaft bei L. ARPS vernachlässigt worden.

Versicherungen im
Zweiten Weltkrieg   Für die Zeit des Zweiten. Weltkrieges und die Entwicklung in der Bundesrepublik und in der DDR fehlt eine wissenschaftliche Aufarbeitung der gesamten Versicherungswirtschaft, von Firmenmonographien, Festschriften und kleineren Arbeiten abgesehen, fast ganz.

Für das Kaiserreich und die Weimarer Zeit existiert eine Reihe von bedeutenden Nachschlagewerken, so das Versicherungslexikon von A. MANES [536] oder dessen 1905 erstmals erschienenes Standardwerk „Versicherungswesen" [534]. Bereits 1894 hatten H. und K. BRÄMER [511] unter dem gleichen Titel ein Handbuch der Assekuranz des 19. Jahrhunderts veröffentlicht. Neben dem Versicherungswesen im allgemeinen werden die Lebensversicherung, die Feuerversicherung, die Transportversicherung, die Hagel- und Viehversicherung dargestellt.

Eine der ganz wenigen neueren Erscheinungen stellt der Sammelband über „Entwicklung und Aufgaben der Versicherungen und Banken in der Industrialisierung" von F. W. HENNING [518] dar. Darin werden u.a. der Stand und die wirtschaftliche Bedeutung des Versicherungswesens, die Entwicklung der Haftpflichtversicherung und der süddeutschen Transportversicherungen analysiert.

Die Veröffentlichungen von P. KOCH über „Epochen der Versicherungsgeschichte" [525], „Gründungsjahre der deutschen Versicherungsunternehmen" [527] und „Pioniere des Versicherungsgedankens" [526] bieten einen zwar einen groben Überblick, enthalten jedoch wenig Problemstellungen. Weitere Veröffentlichungen P. KOCHS sind u.a. „Begriffe und Daten aus der Versicherungsgeschichte" [524] und „Versicherungsgeschichte" in Stichworten [529]. Neuere Veröffentlichungen über die Versicherungswirtschaft stellen die „Versicherungswirtschaft" von P. KOCH [530] und das „Bank- und Versicherungslexikon" von H. SCHIERENBECK [545] dar. Auf die große Zahl von Monographien und Festschriften einzelner Versicherungsgesellschaften kann im einzelnen nicht eingegangen werden. Etliche von ihnen haben jedoch wissenschaftlichen Gehalt und sollen im Rahmen der einzelnen Versicherungszweige aufgeführt werden.

Epochen der Versicherungsgeschichte

Das Lebensversicherungswesen verbreitete sich in Deutschland nur langsam. Die Vorläufer der 1827 von E. W. Arnoldi in Gotha gegründeten Lebensversicherungsbank auf Gegenseitigkeit hatten kaum Bedeutung. Erst im Kaiserreich kam der Durchbruch, vor allem nach dem Gesetz von 1891 über die steuerliche Abzugsfähigkeit von Beiträgen zu Lebensversicherungen. Große Krisen erlebte die Lebensversicherung nach der Inflation von 1923 und erneut nach 1945. Erst seit der Währungsreform von 1948 ist eine ununterbrochene Aufwärtsbewegung eingetreten. Während 1950 eine Versicherungssumme von 15 Mrd. DM erreicht war, stieg der Bestand auf über 1 000 Mrd. DM im Jahr 1985. Im Jahr 1995 bestanden 81 Mill. Lebensversicherungsverträge mit einem jährlichen Prämienaufkommen von 88 Mrd. DM. Während die durchschnittliche Versicherungssumme 1950 lediglich 1 000 DM betrug, stieg sie bis 1985 auf 28 700 DM und bis 1992 auf 41 000 DM.

Lebensversicherung im Überblick

Die Einkommen der Arbeitnehmer haben sich in diesem Zeitraum um das 10,7 bzw. das 14,3 fache erhöht. Die um das 28 bzw. 41 fache gestiegenen Lebensversicherungssummen dokumentieren, daß immer höhere Anteile der Einkommen für Lebensversicherungen ausgegeben wurden.

Die Geschichte der Lebensversicherung und die einzelner Gesellschaften ist in der Literatur, im Vergleich zu anderen Versicherungssparten, relativ gut dokumentiert. 1954 hat L. ARPS in einer Festschrift

die Entwicklung der Lebensversicherung an Hand der Geschichte der
Stuttgarter Lebensversicherungsbank (Alte Stuttgarter) aufgezeigt
[549]. Bereits 1877 hatte A. EMMINGHAUS die Geschichte der Gothaer
Lebensversicherungsbank aufgezeigt [554] und K. SAMWER hatte
1927 zum 100. Gründungstag die Geschichte der Gothaer Lebensversicherungsbank auf Gegenseitigkeit nochmals detailliert nachgezeich-
net [564]. 1977 veröffentlichte W. TREUE eine weitere Festschrift der
Gothaer Lebensversicherung [512].

Bereits 1925 (Neuauflage 1963) erschien das Werk von H.
BRAUN über die „Geschichte der Lebensversicherung und Lebensversicherungstechnik" [512]. Wissenschaftliche Arbeiten über die Lebensversicherung hat vor allem P. BORSCHEID veröffentlicht. Eine

Geschichte der kurze Übersicht bieten seine „Entstehung der Lebensversicherungs-
Lebens- wirtschaft" [506] und die Monographie über die „Geschichte des Al-
versicherung ters" [507]. Die Geschichte der deutschen Lebensversicherungswirtschaft ist durch P. BORSCHEID im Rahmen der Geschichte der
Provinzial-Lebensversicherungsanstalt von Westfalen [551 und 553:
Mit Sicherheit leben] 1989 und 1993 erstmals aufgearbeitet worden.
Auch die von P. BORSCHEID herausgegebene voluminöse Festschrift
der Allianz von 1990 [552] enthält Einzelheiten über die Lebensversi-
cherung seit 1922, als die Allianz-Lebensversicherungsbank von der
Allianz und der Münchner Rück gegründet wurden. Im Zuge der Fusion mit dem Stuttgarter Verein und der Frankfurter Allg. Versicherungs-AG, hatte die Allianz 2,5 Mill. Altverträge aus der Zeit vor der
Inflation aufzuwerten und wurde 1928 als „Allianz und Stuttgarter
Lebensversicherungs AG" zum größten Lebensversicherer des europäischen Festlandes. Seit 1926 hatte die Allianz Lebensversicherungs-
Gruppenpolicen angeboten und so das Individualrisiko gesenkt und
günstigere Tarife eingeführt. 1928 hatte die Allianz mit 1 500 Vereinen
und 800 000 Personen Gruppenversicherungen abgeschlossen, wobei
die Versicherungssumme nur bei durchschnittlich 2 300 RM lag. Bereits seit 1926 existierte ein Gruppenabkommen für Geschäftsführer
und leitende Angestellte mit dem Industrie-Pensions-Sicherungs-
verein, einer Gründung des Reichsverbandes der Deutschen Industrie
und der Vereinigung der deutschen Arbeitgeberverbände.

Lebens- Die Geschichte der deutschen Lebensversicherer nach 1933 war
versicherungen zunächst von der Weltwirtschaftskrise geprägt. Erst 1938 wurde die
im Zweiten schon 1928 erreichte Zahl an Neuabschlüssen eingestellt. Anders als im
Weltkrieg Ersten Weltkrieg stockte das Lebensversicherungsgeschäft in der
Kriegszeit bis 1943 jedoch nicht. Erst 1944 sank das Neugeschäft auf
das Niveau von 1933. Dies war eine Folge der stark angestiegenen Spar-

quote und der kriegsbedingt fehlenden Möglichkeit zum Konsum. Genaue Daten sind bisher nicht vorhanden.

Nach 1945 kam das Geschäft mit Lebensversicherungen fast ganz zum Erliegen. Versicherungsgebäude und Akten waren häufig zerstört. Der Tauschhandel florierte und die alten Geldscheine wollte niemand mehr haben. Was bedeutete schon eine fällige Lebensversicherung, wenn man sich mit dem ausbezahlten Geld nichts mehr kaufen konnte? Die Aufteilung Deutschlands in vier Zonen erwies sich für die überregionalen großen Lebensversicherungen als großes Problem. Der Transport von Akten über die Zonengrenzen und die Rekonstruktion der Versicherungsansprüche der Flüchtlinge und Vertriebenen waren schwierig. Hier hatten die öffentlich-rechtlichen Versicherungsanstalten, deren Geschäftstätigkeit regional beschränkt war, große Vorteile.

Wie bei den Banken bestanden die Aktiva der Versicherungen nach 1945 fast ausschließlich aus wertlos gewordenen Reichsanleihen. Nach der Währungsreform von 1948 erhielten die Versicherungen entsprechende Ausgleichsforderungen, die Ende 1948 rund 84% der Bilanzsummen ausmachten. *(Lebensversicherung nach 1945)*

Den spektakulären Aufstieg der Lebensversicherungen nach 1950 dokumentiert P. BORSCHEID [551: Sicherheit]. Für nicht Rentenversicherungspflichtige stellte die Kapitallebensversicherung die wichtigste Alterssicherung dar. Auch als Ergänzung zur gesetzlichen Rentenversicherung spielt die Lebensversicherung eine bedeutende Rolle. Die Prämieneinnahmen der Lebensversicherungen stiegen Ende der Achtzigerjahre extrem an: 1995 lagen diese bei 88 Mrd. DM, gegenüber 10 Mrd. DM 1970 und 40 Mrd. DM 1985.

Im europäischen Binnenmarkt wird sich die Produktvielfalt der Lebensversicherungen erhöhen, während die Markttransparenz sich entsprechend verschlechtern wird. Wichtigstes Kriterium für die Beurteilung der Leistungsfähigkeit der Lebensversicherer ist die Verzinsung der eingezahlten Prämien bzw. die Gewinnbeteiligung. Daher ist die Vermögensanlagepolitik für die Lebensversicherer ein zentrales Thema.

Die Entwicklung bis 1960 hat M. VON BARGEN [505: Vermögensanlage] dargestellt. Neuere Untersuchungen bestehen nicht. Zwischen 1950 und 1995 haben sich die Kapitalanlagen der Lebensversicherer ständig verschoben. Dabei haben Namensschuldverschreibungen, Schuldscheinforderungen und Darlehen mit einem Anteil von 50% sowie Wertpapiere mit 22% ständig zugenommen. Dagegen machen Hypotheken, Grundschuld- und Rentenforderungen nur noch 16% der Vermögensanlagen aus. 1970 hatten diese noch 26% ausgemacht. Während die Kapitalanlagen der Versicherer in Grundstücken laufend ab- *(Vermögensanlagepolitik)* nahm, erhöhte sich ihr Bestand an Aktien überproportional. Die vom Gesetz vorgeschriebene Höchstgrenze des Aktienanteils von 30% des gebundenen Vermögens ist jedoch noch lange nicht erreicht.

Schadens- und Unfall-versicherung Neben der Lebensversicherung ist die Schadens- und Unfallversicherung mit Prämieneinnahmen von 96 Mrd. DM im Jahr 1995 der größte Versicherungszweig. Allein auf die Kraftfahrzeugversicherung entfielen 44 Mrd. DM. Danach folgen die allgemeine Haftpflichtversicherung (10 Mrd.), die private Unfallversicherung (9 Mrd. DM), die Feuerversicherung (6,6 Mrd. DM), die Wohngebäudeversicherung (6 Mrd. DM), die Rechtsschutzversicherung (4,3 Mrd. DM), die Hausratsversicherung (4,27 Mrd. DM) und die Transportversicherung (3 Mrd. DM) sowie die Kredit-, Luftfahrt- und Nuklearversicherung (2,236 Mrd. DM).

Bereits 1900 hat G. MOLT über die Haftpflichtversicherung [538] geschrieben Standardwerk ist jedoch die 1902 erschienene Monographie von A. MANES über die Geschichte, wirtschaftliche Bedeutung und Technik der Haftpflichtversicherung [535] von 1902. Heute spielt die Kfz-Versicherung innerhalb der Haftungsrisiken eine dominierende Rolle, die wissenschaftlich nicht aufgearbeitet ist. Über die Anfänge der Haftpflichtversicherung und die einzelnen Haftpflichtversicherungssparten berichtet im Überblick P. BORSCHEID [510: Die Anfänge, 508: Versicherungsstatistik].

Feuer-versicherung Auch die wesentlich ältere Feuerversicherung ist lediglich in Festschriften und älteren Darstellungen beschrieben. 1911 erschienen die urkundlichen Beiträge und Forschungen zur Geschichte der Feuerversicherung von W. SCHAEFER [544]. 1926 veröffentlichte P. RIEBSELL die „Geschichte der Hamburger Feuerkasse von 1676" [563]. 1950 erschien die Festschrift der Aachener und Münchener Feuerversicherungs Gesellschaft 1825–1950 [548]. Ebenfalls ältere Darstellungen sind die „Geschichte der Badischen Gebäudebrandversicherungsanstalt" von A. KISTNER [558] und die „Geschichte der Gothaer Feuerversicherung 1820–1970" von K. HAX [557].

Die Feuerversicherung ist der große klassische Versicherungszweig, dessen Bedeutung weit über die Vergütung von Brandschäden hinausgeht. Auch sog. Elementarschäden wie Sturm, Hagel, Hochwasser werden heute von vielen Feuerversicherungen abgedeckt. Daneben ist sie ein wichtiges Element der Kreditsicherung, da die Gewährung eines Realkredites vom Nachweis einer Versicherung abhängt. Obwohl die Brandrisiken gegenüber dem 19. Jahrhundert drastisch gesunken sind, werden die Versicherungen zunehmend durch Naturkatastrophen betroffen.

Während der Inflation von 1923 bestand das Problem der Unterversicherung. Für die Versicherten bedeutete die Inflation, selbst bei zügiger Auszahlung der Versicherungssummen, große Verluste bei der Wiederbeschaffung. Die Zeit des Zweiten Weltkrieges überstanden die Feuerversicherungen durch den Ausschluß von Kriegsschäden relativ gut. Auf Grund von massiven Prämienunterbietungen war bereits 1924 das Münchener Wettbewerbsabkommen entstanden, das bis 1945 einheitliche Prämien festlegte. Die Nachkriegszeit war geprägt durch den schnellen Wiederaufbau und die Bedeutung des Industriegeschäftes mit der Möglichkeit, ab 1955 die durch Feuer entstandene Betriebsunterbrechung zu versichern. Die Statistik der Feuerversicherungsunternehmen nach 1949 belegt besonders zwischen 1964 und 1973 eine Verdreifachung der Prämieneinnahmen von 1,039 Mrd. DM (1964) auf 3,505 Mrd. DM (1974). Bis 1984 hatten sich dann die Prämien bei 3,7 Mrd. DM eingependelt, was bei höheren Versicherungswerten auf sinkende Prämiensätze schließen läßt. Die z. T. bestehende Pflicht- und Monopolversicherungen wurden privatisiert. So wurde 1992 die Gebäudeversicherung Baden-Württ. AG vom Land an die Sparkassenorganisation verkauft. Bereits bis 1996 war deren Marktanteil auf 97% gefallen, wobei beim Neugeschäft nur noch ein Marktanteil von 50% erreicht wurde. — *Betriebsunterbrechungsversicherung*

Das Prämienaufkommen der folgenden Schadensversicherungen im Jahr 1995 zeigt deren Bedeutung: Hausratsversicherung (4,27 Mrd. DM), Glasversicherung (1,149 Mrd. DM), Einbruch- Diebstahlversicherung (1,061 Mrd. DM) und die Leitungswasserversicherung (0,572 Mrd. DM). In der Literatur wurden diese, von kurzen Beschreibungen in den Lehrbüchern und Lexika abgesehen, nicht untersucht. — *Prämienaufkommen*

Auch die Geschichte der privaten Unfallversicherung (Prämieneinnahmen 1995: 8,76 Mrd. DM) wurde bisher nicht geschrieben. Lediglich in der Festschrift der Victoria Versicherung 1853–1953 ist ein Beitrag von H. KÖHLER [562] enthalten. 1853 hatte die Allg. Eisenbahn-Versicherungsgesellschaft, die spätere Victoria eine Konzession erhalten. Die gesetzliche Unfallversicherung von 1884 erschien zunächst als große Konkurrenz, bis erkannt wurde, daß die Gefahren, die außerhalb des Berufes liegen, nicht durch sie gedeckt waren. Auch wenn heute viele Unfallfolgen durch Haftpflichtversicherungen abgedeckt werden, hat sich die freiwillige Unfallversicherung oft auch als Zusatzversicherung durchgesetzt. Gegenüber den Rentenleistungen der Berufsgenossenschaften bei Arbeitsunfällen bezahlen die privaten Unfallversicherer, die meist als sog. Kompositversicherer noch andere Versicherungen anbieten, vielfach Kapitalzahlungen bei Tod oder Invalidität.

Transport-
versicherung

Die aus der Seeversicherung entstandene Transportversicherung hat sich im Verlauf der Zeit in mehrere Zweige aufgespalten. Über die auf Grund der großen Risiken der Handels-Seeschiffahrt entstandenen Seeversicherung hat 1914 E. VON LIEBIG geforscht [531]. Die ersten auf Hamburg (1776) und Bremen (1769) konzentrierten Transportversicherer haben sich auf Grund der großen Risiken und hohen Dekkungssummen zu Vereinen zusammen geschlossen, die jedoch den Prämienverfall nicht aufhalten konnten.

Von 1850 bis 1890 sanken die Versicherungsprämien von 1,6% der Deckungssumme auf 0,8%. Aufgrund der immer größeren Einheiten und neuer Transportgüter, wie Chemikalien, wurde das Rückversicherungsgeschäft Ende des 19. Jahrhunderts immer wichtiger. Auch in den 1970er Jahren entstanden durch Großtanker, Gastanker, Ölbohreinrichtungen und Containerschiffe neue Größendimensionen in der Transportversicherung..

Seit 1819 hatten sich schon die Land-Transportversicherung und ab 1918 die Versicherung von Flugzeugrisiken entwickelt. Die Valorenversicherung, d.h. die Versicherung des Transportes von Wertsachen, sowie die auf Grund des starken Tourismus wichtig gewordene Reisegepäckversicherung erreichten 1995 ein Prämienaufkommen von 815 Mill. DM bei Gesamteinnahmen der 71 deutschen Transportversicherer in Höhe von 3,07 Mrd. DM. Die Prämieneinnahmen der 89 in Deutschland tätigen ausländischen Transportversicherer sind nicht erfaßt, dürften aber bei internationalen Transporten erheblich sein. Dabei wird durch die

Wettbewerb und
Defizite

europäische Einigung der Wettbewerb der ohnehin wenig profitablen Transportversicherung verschärft. Nach katastrophalen Schadensverläufen 1992 und 1993 lag 1994 die Schaden- und Kostenquote bei 101,5% der Prämieneinnahmen.

Die Kreditversicherung ist 1967 in der 50-jährlichen Geschichte

Hermes-Kredit-
versicherung

der Hermes-Kreditversicherung von H. HABICHT [556] beschrieben. 1898 begann die Globus-Versicherungs-AG mit der Warenkreditversicherung und der Versicherung von Einlagen (Depositenversicherung). Sie brachte 1917 dieses Geschäft in die von der Allianz und der Münchner Rück gegründete „Hermes" ein. Diese verhalf der Kreditversicherung zu einem schnellen Aufschwung. Sie umfaßt heute, neben der Warenkreditversicherung (Prämienaufkommen 1995: 1 Mrd. DM), der Ausfuhrkreditversicherung (306 Mill. DM), der Konsumentenkreditversicherung (100 Mill. DM) und der Kautionsversicherung (166 Mill. DM), auch die Vertrauensschadenversicherung als Schutz gegen Veruntreuung durch Mitarbeiter einschließlich des Computer-Mißbrauch-Risikos (306 Mill. DM). Die Kreditversicherer sind in besonderem Maße von der Konjunktur und der Insolvenzstatistik abhängig. Demzufolge schrieb die Branche 1995 mit einem Höchststand an 22 000 Insolvenzverfahren tiefrote Zahlen.

Die Hermes-Kreditversicherung war schon 1926 mit der Abwicklung staatlicher Exportrisikogarantien beauftragt worden. Nach 1939 kamen u.a. Reichsgarantien für die Einfuhr hinzu, was zu großen Verlusten geführt hat. In der Bundesrepublik stellten die staatlich garantierten „Hermes"-Ausfuhrgrantien und -Bürgschaften ein wichtiges Mittel der Exportförderung dar. 1995 lagen die gedeckten Ausfuhrvolumina bei rund 40 Mrd. DM. Damit wurden 4,6% der Gesamtausfuhren über „Hermes" abgesichert. Die „Entgelteinnahmen" des Bundes beliefen sich 1995 auf 1,2 Mrd.DM, wobei Schadenszahlungen in Höhe von 3,7 Mrd. DM zu leisten waren.

Über die Rückversicherung existieren nur wenige, ältere Veröffentlichungen. So fällt auf, daß die wichtigsten Rückversicherer bisher keine Festschriften herausgegeben haben. C. H. HOLLITSCHER [520] und W. SACK [543] berichten über die Entstehung der ersten Rückversicherungsgesellschaften. Die Entwicklung der Rückversicherung bis zur Gründung selbständiger Gesellschaften beschreibt B. MOSER [539]. Rückversicherungen wurden zu Beginn des 19. Jahrhunderts auf Grund von Brandkatastrophen zuerst in der Feuerversicherung üblich.

Geschichte der Rückversicherungen

So schlossen zunächst Erstversicherer untereinander Rückversicherungen ab. 1852 begann die 1846 gegründete erste Rückversicherungsgesellschaft der Welt, die „Kölnische Rück", mit dem Geschäft der Feuer- Transport- Lebens- und Hagelrückversicherung. Aufgrund eines zunächst schlechten Geschäftsverlaufs konzentrierte sie sich bald auf die Rückversicherung von Feuerrisiken. Mit dem Aufschwung der Industrie und der Zunahme der immer größeren Risiken begann die schnelle Entwicklung der Rückversicherer, allen voran der 1880 gegründeten „Münchener Rück." Schon 1913 kamen 70% der Prämien aus dem Ausland, was die starke Internationalisierung der Rückversicherer dokumentiert. Trotz der starken Einbrüche durch die beiden Weltkriege ist die Münchner Rück vor der Schweizer Rück und den amerikanischen Rückversicherern Employers Re und General Re der größte Rückversicherer. Weitere wichtige internationale Rückversicherer sind die Hannover Rück und die Gerling Globale Rück. Die Aachener Rück und die Frankonia gehören inzwischen zur Employers Re und die Kölnische Rück zur amerikanischen General Re. 1996 hat die Münchner Rück aus Eigenmitteln für 5 Mrd. DM den drittgrößten amerikanischen Rückversicherer, die American Re übernommen. Gleichzeitig übernahm die Schweizer Rück die britische Mercantile & General Re.

Konzentrationen

1995 verbuchten die 34 deutschen Rückversicherer Prämieneinnahmen in Höhe von 55,8 Mrd. DM. Allein die Münchner Rück erzielte Rückversicherungsprämien in Höhe von rund 15 Mrd. DM. Während einige Teilbereiche, so die Rückversicherung von Risiken der Luftfahrtversicherung, der allg. Haftpflichtversicherung, der Hagel- und Kreditversicherung, 1995 defizitär waren, blieben Großschäden durch Naturkatastrophen aus. Die Schadensquote bei den deutschen Rückversicherern erreichte 1995 nur 66,7%. Rückversicherer unterliegen jedoch großen Ergebnisschwankungen. Deshalb müssen in Jahren mit niedrigen Schadensquoten genügend Mittel angesammelt werden, um die durch Naturkatastrophen verursachten Großschäden verkraften zu können. Die bislang höchste Belastung der Assekuranz durch Naturkatastrophen mit 28 Mrd. Dollar brachte das Jahr 1992 durch den Hurrikan „Andrew".

Globalisierung   Die Tendenz zur Konzentration und Globalisierung ist unübersehbar. Der Weltmarkt für Rückversicherer ist durch eine Konzentration auf relativ wenige „Global Players" gekennzeichnet. 40% des weltweiten Prämienvolumens von 100 Mrd. Dollar entfielen 1995 auf die vier Rückversicherer Münchner Rück, Schweizer Rück, Employers Re und General Re.

Private Kranken-   Die private Krankenversicherung (PKV) war 1995 mit einem
versicherung Prämienaufkommen von 29,58 Mrd. DM zuzüglich 2,5 Mrd. DM aus der neuen Pflegeversicherung nach der Lebensversicherung und der Kfz-Versicherung der drittstärkste Versicherungszweig. Dabei hatte die Geschichte der privaten Krankenversicherungen ganz bescheiden begonnen. Einen kurzen Überblick über diese Entwicklung bis 1971 verschafft P. KOCH [528: Kleine Geschichte].

Die ersten Krankenversicherer zu Beginn des 20. Jahrhunderts bezahlten vor allem Krankengeld. Eine erste Gründungswelle erfolgte nach der Inflation von 1923. Die Gesetzgebung von 1935 und 1937 führte zu einer Trennung der gesetzlichen (GKV) und der privaten (PKV) Krankenversicherung. Nicht sozialversicherungspflichtige Mitglieder mußten die Ersatzkassen verlassen. Die Währungsreform brachte zunächst große Verluste, da die PVK nach dem Kapitaldeckungsverfahren arbeitete und die Rückstellungen 10:1 abgewertet wurden. Erst als die Versicherungsunternehmen wie die Banken Ausgleichsforderungen erhielten, konnten sie ihren Verpflichtungen nachkommen und eine Aufwärtsentwicklung setzte ein. Durch die Einführung einer Krankenversicherungspflicht für Landwirte 1972 verloren die privaten Krankenkassen zunächst Mitglieder, erhöhten jedoch ihre Mitgliederzahlen wieder in der Zeit zwischen 1974 und 1983. Bis 1995 erhöhte die PKV ihren Mitgliederstand auf 6,9

Mill. Personen. Eine Stagnation der Mitgliederzahlen ist vor allem darauf zurückzuführen, daß die Zahl der Angestellten mit einem Einkommen oberhalb der Sozialversicherungs-Bemessungsgrenze rückläufig ist.

Neben der Krankheitskostenversicherung spielen die Krankenhaustagegeldversicherung, die Krankentagegeldversicherung und die Pflegezusatzversicherung eine Rolle. Durch die im Vergleich zu den Lebenshaltungskosten überproportional gestiegenen Kosten im Gesundheitswesen sind gegen Ende des Jahrhunderts einschneidende Veränderungen nicht nur bei der PKV, sondern auch bei der GKV zu erwarten. Da beim Umlageverfahren der GKV immer weniger Pflichtmitglieder für die zunehmende Zahl der nicht mehr Berufstätigen aufkommen müssen, wird die Zahl der freiwillig oder zusätzlich Versicherten zunehmen. Zusatzversicherungen machen ohnehin einen großen Anteil der privaten Krankenkassen aus.

Einschneidende Veränderungen

Die Geschichte der gesetzlichen Sozialversicherung ist durch eine größere Anzahl von Veröffentlichungen bekannt. Die beste Quelle stellt die Veröffentlichung von F. KLEEIS [522: Geschichte] aus dem Jahr 1928 dar, die 1981 neu aufgelegt wurde. Anlaß für die Neuauflage war das 100. Jubiläum der Kaiserlichen Botschaft vom 17.11.1881, mit der die gesetzliche Sozialversicherung eingeläutet wurde. A. GLADEN hat 1974 [516: Sozialpolitik] und H. PETERS 1978 [542: Versicherung] die Geschichte der Sozialpolitik und der sozialen Versicherung veröffentlicht. Eine neuere Geschichte der deutschen Sozialpolitik zwischen 1880 und 1980 hat V. HENTSCHEL [519] vorgelegt. Daneben existieren eine Vielzahl von historischen Veröffentlichungen über die Bismarck'sche Sozialpolitik, auf die nicht eingegangen werden kann. Wichtige Aspekte der gesetzlichen Sozialversicherungen, wie z.B. der Finanzausgleich zwischen den Landesversicherungsanstalten oder die Probleme der Sozialversicherungen während Inflation und Krieg sind bisher nicht bearbeitet. Auch die staatliche Versicherung in der DDR ist, mit Ausnahme der Veröffentlichung von H. BADER [504], nicht erforscht.

Geschichte der Sozialversicherung

Zuletzt soll auf eine Fülle von Festschriften und Monographien über einzelne Versicherungsgesellschaften hingewiesen werden, die viele Details zur Geschichte der Assekuranz enthalten. Neben den schon genannten Beispielen sollen die Geschichte der Iduna von G. BERGHOLTER [550], der Concordia von P. KOCH [560] und der Colonia von K. VAN EYLL [555] stellvertretend genannt werden. Die neueste Untersuchung stellt die Geschichte der R+V Versicherungsgruppe 1922–1997 von P. KOCH [561] dar.

Festschriften

Fast alle Festschriften haben bisher die nationalsozialistische Zeit nur knapp behandelt. 1997 forderten Überlebende des Holocaust in

New York u.a. von der Allianz-Lebensversicherung Schadensersatz in Milliardenhöhe für die ihnen entgangenen Leistungen in den Jahren 1933-1945. Um die von P. BORSCHEID in der Allianz-Festschrift von 1990 [552] vorhandenen Lücken schließen zu können, hat die Allianz 1993 ein Firmenarchiv angelegt. 1997 wurde von ihr eine Historikerkommission unter dem amerikanischen Wirtschaftshistoriker G. D. FELDMAN eingesetzt. Sie soll insbesondere die Jahre 1933-1945 neutral und ohne Tabus aufarbeiten. Diese Kommission soll auch klären, inwieweit die deutsche Versicherungswirtschaft und die deutschen Banken sich an jüdischem Eigentum bereichert haben.

Bibliographie der Festschriften

Die bis 1986 erschienenen Festschriften sind in der Bibliographie von P. KOCH [559] erfaßt. Eine kurze Geschichte einzelner Versicherungsunternehmen bietet das internationale Handbuch von A. HAST [517].

Banken und Versicherungen

Das 12 Symposium des Instituts für bankhistorische Forschung hat sich 1988 mit dem Problem der Konkurrenz und Kooperation von Banken und Versicherungen beschäftigt. Die Referate von P. BORSCHEID [509, bis 1948] und W. ENGELS [514] sind veröffentlicht. Dabei wird deutlich, daß die Geschichte der Kooperationen eindrucksvoll ist. Als die Reichsgesetze von 1899 und 1901 das gemeinsame Betreiben von Bank- und Versicherungsgeschäften verboten, wurde von vielen Banken das Versicherungsgeschäft ausgegliedert. So unterhielt die Bayerische Hypotheken und Wechselbank seit 1835 Abteilungen für Feuer- und Lebensversicherungen. Der 1845 als Allg. Versorgungsanstalt im Großherzogtum Baden gegründeten Karlsruher Lebensversicherung war es erlaubt, Bargeld anzunehmen, obwohl sie eine staatliche Gesellschaft war. Privatbankiers, wie Oppenheim, waren Mitbegründer der Colonia, Agrippina und der Kölner Rück. D. Hansemann gründete die Disconto-Gesellschaft und die Aachener Feuerversicherung.

Kooperationen

Trotz juristischer Trennung arbeiteten Banken und Versicherungen oft eng zusammen. Die älteste Form der Zusammenarbeit ist die Besicherung von Bankkrediten durch Verpfändung von Versicherungspolicen. Bei der Finanzierung von Immobilien oder Kraftfahrzeugen ist der Nachweis einer Versicherung notwendig. Bauspardarlehen werden durch Risikolebensversicherungen abgesichert. Die Versicherungen greifen auf die Banken nicht nur zur Abwicklung des Zahlungsverkehrs zurück. Im Rahmen von Kapitalanlagen stellen sie den Banken Termineinlagen zur Verfügung und erwerben Schuldverschreibungen der Hypothekenbanken oder beteiligen sich an Investmentfonds des Bankensektors. Auch der An- und Verkauf von Wertpapieren und deren Verwahrung sowie die Vermittlung von Schuldscheindarlehen gehören zu den Dienstleistungen, die Banken für die Versicherungen durchführen. Diese gewachsene Arbeitsteilung wird immer mehr verwischt. Banken und Versicherungen bieten austauschbare Leistungen an und konkurrieren am Markt. Dabei haben die Kapital-Lebensversicherungen zwischen 1970 und 1990 ihren Anteil an den privaten Geldvermögen von 15% auf 22% steigern können, was zu Lasten der von den Banken angebotenen Kapitalanlagen ging. Konkurrenz besteht auch bei längerfristigen, grundpfandrechtlich **Konkurrenz** gesicherten Darlehen, die von Banken und Versicherungen angeboten werden.

Im Rahmen des Allfinanz-Angebotes gehören zur Sparkassenorganisation Sparkassenversicherungen und Provinzialversicherungen sowie Bausparkassen. Zum Genossenschaftssektor gehören die R+V Versicherung und die Bausparkasse Schwäbisch Hall. Seit 1990 unterhält die Deutsche Bank eine eigene Lebensversicherung, nachdem sie zuvor schon eine Bausparkasse gegründet hatte. Sie ist mit 65% an der Deutsche Herold Versicherungsgruppe, mit knapp 30% am Gerling Konzern und mit 26% an der Nürnberger Versicherungsgruppe beteiligt. 1997 kündigte die Allianz AG an, als Kerngeschäft in die Vermögensverwaltung, das sogenannte Asset-Management, einzusteigen. Bisher war dies eine Domäne der Banken. Gleichzeitig soll die Zusammenarbeit mit der Dresdner Bank verstärkt werden, an der die Allianz mit 22,3% beteiligt ist.

Der europäische Binnenmarkt wird das bisherige Nebeneinander **Europäischer** von Versicherungen und Banken noch mehr verwischen. Letztlich **Binnenmarkt** läuft der Wettbewerb zwischen Banken und Versicherungen um die Kapitalanlagen der Anleger auf den Wettbewerb zwischen dem Verkauf am Bankschalter und dem Vertrieb an der „Haustür" hinaus. Obwohl der Vertrieb über haupt- und nebenberufliche Vertreter teurer ist als der Verkauf von Anlagen am Bankschalter, konnten die Versicherungen zwischen 1970 und 1990 ihre Marktanteile am privaten Geldvermögen erhöhen. Ob die Allfinanzvertriebe der Banken letztlich diesen Trend umkehren können, bleibt abzuwarten. Vielen Menschen ist nicht ganz wohl, wenn ihre Bank über alle ihre Finanzangelegenheiten Bescheid weiß, und sie befürchten, bei einem Allfinanzangebot aus einer Hand nicht das jeweils günstigste Angebot zu erhalten. 1997 wurden 25% aller Lebensversicherungs-Policen von Banken vermittelt. Die Provinzial-Versicherungen verkaufen 80% ihrer Policen über die Sparkassenorganisation. Über 40% des Neugeschäfts der Deutschen Herold Versicherungsgruppe stammt von der Deutschen Bank.

Mit Nachdruck arbeiten Banken und Versicherungen sowie deren **Zukunfts-** Verbände an Zukunftsstrategien. **strategien**

Mit den bankstrategischen Konsequenzen aus der Entstehung des EG Binnenmarktes hat sich 1991 ein Kolloquium beschäftigt, dessen Ergebnisse im 20. Beiheft des Bankhistorischen Archivs [95] veröffentlicht wurden. Eine Prognose für die Zukunft des Bankensektors stellt die Studie von E. PRIEWASSER [125: Bankstrategien 2009] dar. Die Bank der Zukunft könnte aus einer Art Holding bestehen, die die kommerziellen Bankgeschäfte, das Investmentbanking und möglicherweise auch eine Versicherungssparte vereint. Jedenfalls wird die europäische Einigung den Trend zu Kooperationen und zu Übernahmen ausländischer Banken verstärken.

Die durch die europäische Integration für die deutschen Versicherungen prognostizierten Strukturveränderungen, sind in einer veröffentlichten Studie von A. ANDERSEN unter dem Titel „Insurance in a Changing Europe 1990–1995" [500] dokumentiert. Daraus geht hervor, daß die künftigen Probleme der deutschen Sozialversicherung das

Wachstum des Versicherungswesens

Wachstum der privaten Lebensversicherungen positiv beeinflussen werden. Auch in Zukunft werden die Privatkunden dem Service und dem Vertrieb der Versicherungen durch einen qualifizierten Außendienst einen höheren Stellenwert einräumen als der Höhe der Versicherungsprämien, der Anlagepolitik der Versicherungsgesellschaften oder deren Image.

III. Quellen und Literatur

Die hier verwendeten Abkürzungen entsprechen denen der „Historischen Zeitschrift".

A. Quellen

I. Amtliche Publikationen und sonstiges Quellenmaterial

1. BANK DEUTSCHER LÄNDER, Geschäftsberichte / Monatsberichte 1948–1956.
2. BUNDESMINISTERIUM DER FINANZEN, Grundsatzfragen der Kreditwirtschaft, Bonn 1979.
3. DEUTSCHE BUNDESBANK, Deutsches Geld- und Bankwesen in Zahlen 1876–1975, Frankfurt 1976.
4. DEUTSCHE BUNDESBANK, 40 Jahre Deutsche Mark, Monetäre Statistiken 1948–1987, Frankfurt 1988.
5. DEUTSCHE BUNDESBANK, Abschlußbericht der Verwaltungsstelle Berlin, Frankfurt 1992.
6. DEUTSCHE BUNDESBANK, Jahres- und Monatsberichte, Frankfurt 1957 ff.
7. L. ERHARD, Kriegsfinanzierung und Schuldenkonsolidierung, Faksimiledruck der Denkschrift von 1943/44, Frankfurt 1977.
8. INSTITUT FÜR BANKHISTORISCHE FORSCHUNG UND GESELLSCHAFT FÜR UNTERNEHMENSGESCHICHTE, Deutsche Wirtschaftsarchive, Nachweis historischer Quellen, Band 2: Kreditwirtschaft, 2. Aufl., Stuttgart 1988.
9. INSTITUT FÜR BANKHISTORISCHE FORSCHUNG, Verzeichnis des in den Archiven der deutschen Kreditinstitute vorhandenen Quellenmaterials, Frankfurt 1997.
10. INSTITUT FÜR GENOSSENSCHAFTSWESEN, WERNER SCHUBERT, 100 Jahre Genossenschaftsgesetz, Tübingen 1989.
11. F. W. RAIFFEISEN, Die Darlehenskassen-Vereine als Mittel zur Abhülfe der Noth der ländlichen Bevölkerung, 5. Aufl., Neuwied 1887.

12. H. SCHULZE-DELITZSCH, Vorschuß- und Kreditvereine als Volksbanken, Praktische Anweisungen zu deren Gründung und Einrichtung, Leipzig 1853.

13. W. STEITZ, Quellen zur deutschen Wirtschafts- und Sozialgeschichte, FGSA, Band 36-39, Darmstadt 1980, 1985, 1993.

14. UNTERSUCHUNGSAUSSCHUSS FÜR DAS BANKWESEN, Untersuchung des Bankwesens 1933, Teil I: Vorbereitendes Material (Ansprachen und Referate), 2 Bände, Berlin 1933; Teil II, Statistiken, Berlin 1934.

2. Memoiren

15. H. J. ABS, Entscheidungen 1949-1953. Die Entstehung des Londoner Schuldenabkommens, Mainz 1991.

16. K. BLESSING, Im Kampf um gutes Geld, Frankfurt 1966.

17. H. BRÜNING, Memoiren 1918-1934, Stuttgart 1970.

18. O. EMMINGER, D-Mark, Dollar, Währungskrisen, Stuttgart 1988.

19. H. FÜRSTENBERG, Erinnerungen. Mein Weg als Bankier und Carl Fürstenbergs Altersjahre, Wiesbaden 1965.

20. A. VON GWINNER, Lebenserinnerungen, herausgegeben von M. Pohl, Frankfurt 1975.

21. H. LUTHER, Vor dem Abgrund, Berlin 1964.

22. H. SCHACHT, 76 Jahre meines Lebens, Bad Wörishofen 1953.

23. H. SCHACHT, Die Magie des Geldes, Düsseldorf/Wien 1966.

24. L. GRAF SCHWERIN VON KROSIGK, Staatsbankrott, Göttingen 1974.

25. F. SOMARY, Erinnerungen aus meinem Leben, Zürich 1955.

26. W. VOCKE, Memoiren, Stuttgart 1973.

27. H. WALLICH, P. WALLICH, Zwei Generationen im deutschen Bankwesen 1914-1933, Frankfurt 1978.

28. E. M. WARBURG, Zeiten und Gezeiten. Erinnerungen, Hamburg 1982.

B. Literatur

I. Bibliographien

29. ARCHIV DES INSTITUTS FÜR BANKHISTORISCHE FORSCHUNG, Frankfurt 1971–1974.
30. BANKHISTORISCHES ARCHIV. Zeitschrift zur Bankengeschichte, Frankfurt 1975–1986.
31. J. MURA, Literatur zur deutschen Sparkassengeschichte I, in: Sparkasse 12/1978 und 1/1979.
32. J. MURA, Literatur zur deutschen Sparkassengeschichte seit 1978, in: Sparkasse 3/1986.
33. J. MURA, Literatur zur deutschen Sparkassengeschichte seit 1986, in: Sparkasse 9/1990.
34. J. MURA, Historische Dokumentation. Festschriften aus der Sparkassenorganisation, in: Deutsche Sparkassenzeitung vom 29.6.1979, 9.11.1979 und 28.8.1990.
35. M. PIX, Veröffentlichungen zur Sparkassengeschichte in der Bundesrepublik Deutschland und in Berlin (West) von 1960–1977, in: Bankhistorisches Archiv 2/1977 und 2/1977.

2. Gesamtdarstellungen, Sammelwerke und Schriftenreihen

36. W. ABELSHAUSER, Wirtschaft in Westdeutschland 1945–1948, Stuttgart 1975.
37. E ACHTERBERG, O. BURGER, Geschichte des Bankwesens, in: [38].
38. E. ACHTERBERG, K LANZ, Enzyklopädisches Lexikon für das Geld-, Bank- und Börsenwesen, 5. Aufl., Frankfurt 1967/68.
39. G. ASHAUER, Das Bankwesen in der Deutschen Demokratischen Republik, in: Sparkasse 107/1990.
40. T. BALDERSTON, German Banking between the Wars, in: Business History Review 1991.
41. B. BARTH, Die deutsche Hochfinanz und die Imperialismen. Banken und Außenpolitik vor 1914, Stuttgart 1995.
42. C. J. BERGIUS, Das Geld und Bankwesen in Preußen, Breslau 1846.
43. W. BING, Warum Bankgeschichte, in: Archiv des Instituts für bankhistorische Forschung 2/1973.

44. K. E. BORN, Geld und Banken im 19. und 20. Jahrhundert, Stuttgart 1976.

45. H. BÜSCHGEN, Das Universalbanksystem. Ein Gutachen. Frankfurt 1971.

46. H. BÜSCHGEN, K. STEINBRIK, Verstaatlichung der Banken?, Köln 1977.

47. H. BÜSCHGEN u.a. Veröffentlichungen des Instituts für Bankwirtschaft und Bankrecht an der Universität zu Köln .

48. H. BÜSCHGEN, K. RICHOLT, Handbuch des internationalen Bankgeschäfts, Wiesbaden 1989.

49. H. BÜSCHGEN, Bankbetriebslehre – Bankgeschäfte und Bankmanagement, 4. Aufl., Wiesbaden 1993.

50. H. BÜSCHGEN, Geld und Banken nach dem Zweiten Weltkrieg: Internationale Kapitalbewegungen, Bankensysteme, grenzüberschreitende Kooperation. Allgemeine Entwicklungslinien, in: [107].

51. H. BÜSCHGEN, Das kleine Bank-Lexikon, 2. aktualisierte Auflage, Düsseldorf 1997.

52. BUNDESVERBAND DEUTSCHER BANKEN (Hrsg.), Die privaten Banken in den neuen Bundesländern, Köln 1994.

53. DEUTSCHE BANK, Beiträge zu Wirtschafts- und Währungsfragen und zur Bankgeschichte, Nr. 1–Nr. 20, Mainz 1984; Nr. 21 ff, Mainz 1985 ff..

54. W. FACH, H. A. WESSEL, Hundert Thaler Preussisch courant, Industriefinanzierung in der Gründerzeit, Wien/München 1981.

55. R. ERBE, Die nationalsozialistische Wirtschaftspolitik 1933–1939 im Lichte der modernen Theorie, Stuttgart 1958.

56. F. FEDERAU, Das deutsche Geldwesen, Berlin 1949.

57. G. D. FELDMAN (Hrsg.) Die deutsche Inflation. Eine Zwischenbilanz, Berlin 1982.

58. G. D. FELDMAN, (Hrsg.) Die Nachwirkungen der Inflation auf die deutsche Geschichte 1924–1933, München 1983.

59. G. D. FELDMAN u.a., Vom Weltkrieg zur Weltwirtschaftskrise: Studien zur deutschen Wirtschafts- und Sozialgeschichte 1914–1932, Göttingen 1984.

60. G. D. FELDMAN u.a., Die Anpassung an die Inflation, Berlin 1986.

61. H. GEIGER, Bankpolitik, Stuttgart 1975.

62. W. GEBAUER, B. RUDOLPH, Schriftenreihe des Instituts für Kapitalmarktforschung, Kolloquien, Bände 1–38, Frankfurt 1970–1995, Monographien Bände I–XVI, Frankfurt 1971–1995.

63. O. HAHN, Struktur der Bankwirtschaft, Band I, Banktypologie und Universalbanken, Berlin 1981; Band II, Spezialbanken und Internationale Banken, Berlin 1984/1985.

64. K. F. HAGENMÜLLER, Der Bankbetrieb, 3 Bände, Wiesbaden 1970.

65. H. HALLER, Die Rolle der Staatsfinanzen für den Inflationsprozess, in: [402].

66. G. HARDACH, Zwischen Markt und Macht: Die deutschen Banken 1908–1934, in: W. Feldenkirchen u.a. (Hrsg.) Wirtschaft. Gesellschaft. Unternehmen, Festschrift für Hans Pohl zum 60. Geburtstag, Stuttgart 1995.

67. K. HELFFERICH, Die Reform des deutschen Geldwesens nach der Gründung des Reiches, zwei Bände, Berlin 1898.

68. W. HOFMANN, Handbuch des gesamten Kreditweses, 8. Auflage, Frankfurt 1987.

69. C.- L. HOLTFRERICH, Die deutsche Inflation 1914–1923, Berlin 1980.

70. C.- L. HOLTFRERICH, Zur Entwicklung der deutschen Bankenstruktur, in: Deutscher Sparkassen- und Giroverband (Hrsg.), Standortbestimmung. Entwicklungslinien der deutschen Kreditwirtschaft, Stuttgart 1984.

71. C.- L. HOLTFRERICH, The German Inflation 1914–1923, Berlin 1986.

72. O. HÜBNER, Die Banken, Leipzig 1854, Neudruck Frankfurt 1968.

73. INSTITUT FÜR BANKHISTORISCHE FORSCHUNG, Deutsche Bankengeschichte, Band 1–3, Frankfurt 1992/1993.

74. Band 1. E. Klein, Von den Anfängen bis zum Ende des alten Reichs 1806–1848.

75. Band 2. H. Pohl, Das deutsche Bankwesen 1806–1848, M. Pohl, Die Entwicklung des deutschen Bankwesens zwischen 1848 und 1870; Festigung und Ausdehnung des deutschen Bankwesens zwischen 1870 und 1914.

76. Band. 3. K. E. Born, Vom Beginn des Ersten Weltkriegs bis zum Ende der Weimarer Republik 1914–1933, E. Wandel, Das deutsche Bankwesen im Dritten Reich 1933–1945, M. Pohl, Die Entwicklung des privaten Bankwesens nach 1945, G. Ashauer, Die Entwicklung der Sparkassenorganisation ab 1924, H. E. Büschgen, Zeitgeschichtliche Problemfelder des Bankwesens der Bundesrepublik Deutschland.

77. INSTITUT FÜR BANKHISTORISCHE FORSCHUNG. Beihefte zur Zeitschrift „Bankhistorisches Archiv": Auslandsschulden und ihre Problematik, 1. Beiheft, Frankfurt 1976 Universalbanken als historisches und politisches Problem, 2. Beiheft, Frankfurt 1977.

78. Die Banken im Spannungsfeld von Notenbank und Bankenaufsicht, 3. Beiheft, Frankfurt 1977.

79. Zins und Zinspolitik, 4. Beiheft, Frankfurt 1978.

80. Das Eigenkapital der Kreditinstitute als historisches und aktuelles Problem, 5. Beiheft, Frankfurt 1980.

81. What Role Do the Banks Play in Financing Balance of Payment Deficits?, 6. Beiheft, Frankfurt 1982.

82. Zur Geschichte des Kreditgeschäftes. Notizen zu Finanzierungsproblemen vom 18. bis zum 20. Jahrhundert, Karl Erich Born zum 24. April 1982, 7. Beiheft, Frankfurt 1982.

83. Der Zusammenhang zwischen wirtschaftlicher Entwicklung und Bankengesetzgebung, 8. Beiheft, Frankfurt 1982.

84. Wandlungen in der Industriefinanzierung, 9. Beiheft, Frankfurt 1983.

85. Wandel und Probleme der internationalen Exportfinanzierung. 10. Beiheft, Frankfurt 1986.

86. Vom Goldstandard bis zum Multireservewährungsstandard. 11. Beiheft, Frankfurt 1987.

87. Innovationen und Wandel der Beschäftigtenstruktur im Kreditgewerbe, 12. Beiheft, Frankfurt 1988.

88. Vom Weltgläubiger zum Weltschuldner. Erklärungsansätze zur historischen Entwicklung und Struktur der internationalen Vermögensstruktur der USA, 13. Beiheft, Frankfurt 1987.

89. Kreditinstitute und Wertpapiermärkte, 14. Beiheft, Frankfurt 1988.

90. Die Zusammenarbeit der Geldinstitute in Konsortien, 15. Beiheft, Frankfurt 1989.

91. Der Privatkunde, 16. Beiheft, Frankfurt 1990.

92. Ursachen, Anlässe und Überwindung von Bankenkrisen. 17. Beiheft, Frankfurt 1990.

93. Banken und Versicherungen – Konkurrenz und Kooperation. 18. Beiheft, Frankfurt 1991.

94. Börsenterminmärkte, 19. Beiheft, Frankfurt 1991.

95. Banken in Europa nach 1992. Bankstrategische Konsequenzen aus der Schaffung des EG Binnenmarktes, 20. Beiheft, Frankfurt 1992.

96. Währungsreformen, 21. Beiheft, Frankfurt 1992.

97. Die Rolle der Banken bei der Unternehmenssanierung, 22. Beiheft, Frankfurt 1993.

98. Börse als Informationsdrehscheibe und Handelsplatz, 23. Beiheft, Frankfurt 1993.

99. Das Bankwesen in Ost- und Mitteleuropa, 24. Beiheft, Frankfurt 1993.

100. Banken und Staatsfinanzen, 25. Beiheft, Frankfurt 1993.

101. Cooperation and Competition of the European Banks since the Middle of the 19th Century, 26. Beiheft, Frankfurt 1994.

102. Monetary Policy Instruments: National Experiences and European Perspektives, 27. Beiheft, Frankfurt 1994.

103. Zur Vorgeschichte der Preußischen Central-Genossenschafts-Kasse. Protokoll einer Sachverständigen-Anhörung am 18.Mai 1895 im preußischen Finanzministerium zu dem Vorhaben, den genossenschaftlichen Personalkredit durch die Errichtung eines Spitzeninstituts zu fördern, Sonderheft des Bankhistorischen Archivs, Frankfurt 1995.

104. Der öffentliche Auftrag der öffentlichen Banken, 28. Beiheft, Frankfurt 1995. Banken und Industrie, 29. Beiheft, Frankfurt 1996.

105. Währungsunion und politische Integration: historische Erfahrungen und europäische Perspektive, 30. Beiheft, Frankfurt 1996 sowie Banken und Öffentlichkeit, 31. Beiheft, Frankfurt 1997.

106. INSTITUT FÜR BANKHISTORISCHE FORSCHUNG, Deutsche Börsengeschichte, Frankfurt 1996, R .Walter, Geld- und Wechselbörsen vom Spätmittelalter bis zur Mitte des 17. Jahrhunderts; K. H. Kaufhold, Der Übergang zu Fonds- und Wechselbörsen vom ausgehenden 17. Jahrhundert bis zum ausgehenden 18. Jahrhundert; R. Gömmel, Entstehung und Entwicklung der Effektenbörsen im 19. Jahrhundert bis 1914; F. W. Henning, Börsenkrisen und Börsengesetzgebung von 1914 bis 1945 in Deutschland; B. Rudolph, Effekten- und Wertpapierbörsen, Finanztermin- und Devisenbörsen seit 1945.

107. INSTITUT FÜR BANKHISTORISCHE FORSCHUNG, H. POHL: Europäische Bankengeschichte, Frankfurt 1993.

108. INSTITUT FÜR BANKHISTORISCHE FORSCHUNG, Geschichte der deutschen Kreditwirtschaft 1945–1992, Frankfurt 1996. Das Kreditwesen der deutschen Besatzungszonen 1945–1948

Das Kreditwesen der Bundesrepublik Deutschland 1949–1990
Das Kreditwesen der Deutschen Demokratischen Republik
1949–1989
Währungsunion und Wiedervereinigung (seit 1990)
Das deutsche Kreditwesen im Rahmen des Europäischen Kreditwesens

109. INSTITUT FÜR BANKHISTORISCHE FORSCHUNG, Die Geschichte des deutschen und spanischen Bankwesens, Frankfurt 1996.

110. W. KEHL, Die Universalbank, Diversifikation durch Kredit- und Effektengeschäfte, Wiesbaden 1978.

111. C. P. KINDLEBERGER, Die Weltwirtschaftskrise, München 1973.

112. N. KLOTEN und H. V. STEIN, Geld- Bank- und Börsenwesen, 38. Auflage, Stuttgart 1988.

113. M. KÖHLER, U. KEITH (Hrsg.), Banken und Konjunktur und Politik. Beiträge zur Geschichte deutscher Banken im 19. Und 20. Jahrhundert, Essen 1995.

114. C. KOPPER, Zwischen Marktwirtschaft und Dirigismus. Bankenpolitik im „Dritten Reich" 1933–1939, Bonn 1995.

115. H. KRASENSKY, Kurzgefasste Bankgeschichte, Stuttgart 1968.

116. J. LÖFFELHOLZ, G. MÜLLER, Bank-Lexikon, Handwörterbuch für das Bank- und Sparkassenwesen. 6. Aufl., Wiesbaden 1969.

117. H. PECKOLT, Strukturverschiebungen im deutschen Bankwesen, Stuttgart 1937.

118. M. POHL, Einführung in die deutsche Bankengeschichte, Frankfurt 1976.

119. M. POHL, Kreditwesen in der Bundesrepublik Deutschland I, in: HdWW, Bd. 4, Stuttgart 1980.

120. M. POHL, Konzentration im deutschen Bankwesen, Frankfurt 1982.

121. M. POHL, Entstehung und Entwicklung des Universalbanksystems. Konzentration und Krise als wichtige Faktoren, Frankfurt 1986.

122. H. VON POSCHINGER, Bankengeschichte im Königreich Bayern 1498–1876, 4 Bände, Erlangen 1874–1876, Neudruck Vaduz 1977.

123. H. VON POSCHINGER, Bankwesen und Bankpolitik in Preußen, 3 Bände, Berlin 1878 und 1879.

124. H. VON POSCHINGER, Die Banken im deutschen Reiche, Österreich und die Schweiz mit besonderer Rücksicht auf die Geschichte und Statistik derselben, 2 Bände, Jena 1877.

125. E. PRIEWASSER, Die Priewasser-Prognose, Bankstrategien und Bankmanagement 2009, Frankfurt 1994.

126. E. PRIEWASSER, Bankbetriebslehre, 5. Aufl., München 1997

127. H. SCHIERENBECK (Hrsg.) Schriftenreihe des Instituts für Kreditwesen der westfälischen Wilhelms-Universität Münster.

128. H. SCHIERENBECK (Hrsg.) Bank- und Versicherungslexikon, 2. Aufl., München 1997.

129. H. SCHNEIDER, Das Bankwesen in Deutschland, 3. Auflage, Frankfurt 1985.

130. G. SCHMÖLDERS, Hauptprobleme der Geldgeschichte, in: Bankhistorisches Archiv 2/1980.

131. J. H. STEIN, (Hrsg.) Schriftenreihe der Stiftung Kreditwirtschaft an der Universität Hohenheim, Band 1–5, Frankfurt 1987–1994.

132. J. H. STEIN, Das Bankwesen in Deutschland, 17. Auflage, Köln 1992.

133. R. STUCKEN, Deutsche Geld- und Kreditpolitik 1914–1963, 3. Auflage, Tübingen 1964.

134. P. WALLICH, Die Konzentration im deutschen Bankwesen, Stuttgart / Berlin 1905.

135. H. C. WALLICH, Triebkräfte des deutschen Wiederaufstiegs, Frankfurt 1955.

136. A. WEBER, Geld, Banken, Börsen, 4. Aufl., München 1951.

137. M. WIRTH, Handbuch des Bankwesens, Köln 1870.

138. H. WOLF, 30 Jahre Nachkriegsentwicklung im deutschen Bankwesen, Mainz 1980.

139. H. WIXFORTH, Banken und Schwerindustrie in der Weimarer Republik, Köln 1995.

3. Privatbankiers

140. E. ACHTERBERG; Frankfurter Bankherren, Frankfurt 1956, 2. Auflage, Frankfurt 1971.

141. E. ACHTERBERG, M. MÜLLER-JARBUSCH, Lebensbilder deutscher Bankiers aus fünf Jahrhunderten, Frankfurt 1967.

142. I. BALLA, Die Rothschilds, Berlin o. J.

143. BERENBERG BANK, Joh. Berenberg, Gossler & Co., Die Geschichte eines Privatbankhauses, o. O., o. J.

144. C. W. BERGHOEFFER, Meyer Amschel Rothschild, der Gründer des Rothschildschen Bankhauses, Frankfurt 1922.

145. E. BIERI, P. HOHENSTEIN, K. VOLK, Bankhaus Julius Bär. Eine Bank und ihre Familie, Zürich 1990.

146. K. CAUER, Oberhofbankier und Hofbaurat. Aus der Berliner Bankgeschichte des XVIII. Jahrhunderts, Hamburg 1974.

147. E. C. CONTE CORTI, Das Haus Rothschild in der Zeit seiner Blüte 1830–1871, 2 Bände, Leipzig 1927/28.

148. V. COWLES, Die Rothschilds 1763–1973, Geschichte einer Familie, Würzburg 1975.

149. A. DELBRÜCK, Aufzeichnungen unseres Vaters Adelbert Delbrück für die Enkel und Urenkel, Leipzig 1922.

150. K. DONAUBAUER, Privatbankiers und Bankenkonzentration in Deutschland von der Mitte des 19. Jahrhunderts bis 1932 unter besonderer Berücksichtigung der Übernahmen und Kommanditierungen der Bayerischen Hypotheken- und Wechselbank und der Bayerischen Disconto- und Wechselbank, Frankfurt 1988.

151. C. ECKERT; J. H. STEIN, Werden und Wachsen eines Kölner Bankhauses in 150 Jahren, Köln 1940.

152. O. ESCHER, Die Wirtschafts- und Finanzkrise in Bremen und der Fall der Schröderbank, Frankfurt 1988.

153. H. FÜRSTENBERG, Carl Fürstenberg. Die Lebensgeschichte eines deutschen Bankiers, Wiesbaden 1961.

154. W. FORSTMANN, Simon Moritz von Bethmann 1786–1826. Bankier, Diplomat und politischer Beobachter, Frankfurt 1973.

155. F. HASSMANN, Die Gestalt des Privatbankiers, Bielefeld 1953.

156. R. M. HEILBRUNN, Das Haus Rotschild, Frankfurt 1963.

157. C. HELBING, Die Bethmanns. Aus der Geschichte des Handelshauses zu Frankfurt am Main, Wiesbaden 1948.

158. H. HEYM, W. KLÖTZER, W. TREUE, Bankiers sind auch Menschen, 225 Jahre Bankhaus Gebr. Bethmann, Frankfurt 1973.

159. H.-D. KIRCHHOLTES, Jüdische Privatbankiers in Frankfurt am Main, Frankfurt 1989.

160. D. KRAUSE, Zwischen Erstem Weltkrieg und Bankenkrise: Der Barmer Bank-Verein, Hinsberg, Fischer & Co., in: Bankhistorisches Archiv 1/1992.

161. F. KREBS, G. BRIEFS,(Hrsg.), Geschichte des Bankhauses J. A. Krebs in Freiburg im Breisgau 1721–1921, Freiburg 1921.

162. A. KRÜGER, Das Kölner Bankiergewerbe vom Ende des 18. Jahrhunderts bis 1875, Essen 1925.

163. M. KRUK, Bankiers in ihrer Zeit. Die Männer von B. Simons & Co, Frankfurt 1989.

164. H. KURZROCK, 200 Jahre von der Heydt – Kersten & Söhne, o. O. 1954.

165. D. LANDES, The Bleichröder Bank. An Interims Report, in: Leo Baeck Institute Yearbook 5/1950.

166. F. LENZ, O. UNHOLTZ, Die Geschichte des Bankhauses Gebr. Schickler, Berlin 1912.

167. H. MERTES, Glanz und Elend des Dortmunder Bankiers Wilhelm Born, in: Bankhistorisches Archiv 1 und 2/1990.

168. F. MORTON, Die Rotschilds, Portrait einer Familie, München 1962.

169. E. MOSER, R. WINKEL, Wegmarken. 125 Jahre Bankhaus Aufhäuser, hrsg. vom Bankhaus H. Aufhäuser, München 1995.

170. H. PALLMANN, Simon Moritz von Bethmann und seine Vorfahren, Frankfurt 1898.

171. H. POHL, 125 Jahre Geschichte einer Privatbank. 1870–1995, hrsg. von Merck, Fink & Co. Privatbankiers, o.O. 1995.

172. E. ROSENBAUM, A. J. SHERMAN, Das Bankhaus M. M. Warburg & Co. 1798–1938, Hamburg 1976.

173. K. SCHLEGELMILCH, Die Entwicklung des Privatbankiersgewerbes seit 1900 unter besonderer Berücksichtigung der Liquidationsursachen, Frankfurt 1964.

174. H. SCHNEE, Rothschild. Geschichte einer Finanzdynastie, Göttingen 1961.

175. O. SCHMIDT, Bankwesen und Bankpolitik in den Freien Hansestädten um die Mitte des 19. Jahrhunderts, Frankfurt 1988.

176. G. SIEBERT, 100 Jahre Merck, Finck & Co., München 1970.

177. R. STEIMEL (Hrsg.), I. D. Herstatt. Das alte und das neue Bankhaus, Köln 1963.

178. F. STERN, Gold und Eisen. Bismarck und sein Bankier Bleichröder, Frankfurt 1978; Reinbek 1988.

179. M. STÜRMER, G. TEICHMANN, W. TREUE; Wägen und Wagen. Sal. Oppenheim jr. & Cie. Geschichte einer Bank und einer Familie, München 1989.

180. W. TREUE, Abraham Oppenheim, in: Rheinisch-Westfälische Wirtschaftsbiographien, Bd. 8, Münster 1962.

181. W. TREUE, Der Privatbankier an der Wende vom 19. zum 20. Jahrhundert. Dem Privatbankier Friedrich Carl Freiherr von Oppenheim zum 70. Geburtstag, in: Tradition. Zeitschrift zur Unternehmensgeschichte 5/1979.

182. W. TREUE, Das Bankhaus Mendelssohn als Beispiel einer Privatbank im 19. und 20. Jahrhundert, Berlin 1972.

183. W. TREUE, Das Schicksal des Bankhauses Sal. Oppenheim jr. & Cie. im Dritten Reich, Wiesbaden 1983.

184. W. TREUE, Die Bankiers Simon und Abraham Oppenheim 1829–1880 in: Rheinisch-Westfälische Wirtschaftsbiographien, Bd. 8, Münster 1962.

185. C. G. TRINKHAUS, 175 Jahre C. G. Trinkhaus, Tradition und neue Aufgaben, Düsseldorf 1960.

186. H. TUMMESCHEIT, Die Entwicklung der Hamburger Merchant Banker unter besonderer Berücksichtigung der heute noch bestehenden Firmen, Diss. Hamburg 1962.

187. H. VOECKLER, Geschichte der Familie Metzler und des Bankhauses B. Metzler seel. Sohn & Co. zu Frankfurt am Main 1674–1924, Frankfurt 1924.

188. F. VOSS, Die Verdrängung des Privatbankiers durch die Großbankorganisation seit 1882, Diss. Halle/Wittenberg 1931.

189. R. WALTER, Jüdische Bankiers in Deutschland bis 1932, in W. MOSSE, H. POHL, Jüdische Unternehmer in Deutschland im 19. und 20. Jahrhundert, Stuttgart 1992.

190. J. C. D. ZAHN, Der Privatbankier, Frankfurt 1972.

191. M. P. ZERRES, Die Wechselplätze – Eine Untersuchung der Organisation und Technik des interregionalen und internationalen Zahlungsverkehrs Deutschlands in der ersten Hälfte des 19. Jahrhunderts, Frankfurt und Zürich 1977.

4. Aktienbanken

192. E. ACHTERBERG, David Hansemann, in: Archiv des Instituts für bankhistorische Forschung, 1/1971.

193. ADCA-BANK, 125 Jahre Deutsche Credit-Anstalt 1856–1981, Frankfurt 1981.

194. BAYERISCHE VEREINSBANK, Vereinsbank-125 – Das Entstehen einer Bankengruppe, München 1994.

195. BERLINER HANDELS-GESELLSCHAFT, Die Berliner Handels-Gesellschaft in einem Jahrhundert deutscher Wirtschaft 1856–1956, Berlin 1956.

196. H. BÖHME, Gründung und Anfänge des Schaafhausenschen Bankvereins, der Bank des Berliner Kassenvereins, der Direktion der Disconto-Gesellschaft und der (Darmstädter) Bank für Handel und Industrie. Ein Beitrag zur preußischen Bankpolitik von 1848–1853, in: Tradition 4/1965 und 1/1966.

197. H. E. BÜSCHGEN, Die Großbanken, Frankfurt 1983 sowie: Die Deutsche Bank von 1957 bis zur Gegenwart. Aufstieg zu einem internationalen Finanzdienstleistungskonzern, in: [206].

198. R. CAMERON, Die Gründung der Darmstädter Bank, in: Tradition, Zeitschrift für Unternehmengeschichte 2/1957.

199. S. CASSIER, Bibliographie einer Unternehmerbank. Der Weg der Industriebank (Industriekreditbank AG – Deutsche Industriebank) und langfristige Industriekredite in Deutschland, Frankfurt 1977.

200. COMMERZBANK, Die Bank. – Dienstleister im Wandel. 125 Jahre Commerzbank, Frankfurt 1995.

201. CREDITANSTALT-BANKVEREIN, Ein Jahrhundert Creditanstalt-Bankverein, Wien 1957.

202. W. DÄBRITZ, Gründung und Anfänge der Disconto-Gesellschaft, Berlin – München – Leipzig 1931.

203. DISCONTO-GESELLSCHAFT, Die Disconto-Gesellschaft 1851–1901, Denkschrift zum 50. Jubiläum, Berlin 1901.

204. DRESDNER BANK (Hrsg.),aus der Geschichte der Dresdner Bank 1872–1969, Frankfurt 1959.

205. W. FELDENKIRCHEN, Banken und Stahlindustrie im Ruhrgebiet. Zur Entwicklung der Beziehungen 1873–1914, in: Bankhistorisches Archiv 2/1979.

206. L. GALL, G. D. FELDMAN, H. JAMES, C. L. HOLTFRERICH, H. E. BÜSCHGEN, Die Deutsche Bank 1870–1995, Frankfurt 1995.

207. L. GALL, Die Deutsche Bank von ihrer Gründung bis zum Ersten Weltkrieg 1870–1914, [206].

208. R. W. GOLDSCHMIDT, Das deutsche Großbankkapital in seiner neueren Entwicklung, Berlin 1928.

209. K. GOSSWEILER, Großbanken, Industriemonopole, Staat. Ökonomie und Politik des staatsmonopolistischen Kapitalismus in Deutschland 1914–1932, Berlin-Ost 1971.

210. D. HANSEMANN, Das Wesen der Disconto-Gesellschaft in Berlin und ihre Benutzung, Berlin 1852.

211. R. HILFERDING, Das Finanzkapital, Berlin 1908.

212. B. HILGERMANN, Das Werden und Vergehen einer bedeutenden Provinzbank. A. Schaaffhaussen'scher Bankverein AG 1848–1929, Köln 1974.

213. HISTORISCHE GESELLSCHAFT DER DEUTSCHEN BANK, Stationen, Sternstunde eines Bankplatzes 1848, o. O., o. J. (1994).

214. C. L. HOLTFRERICH, Die Deutsche Bank vom Zweiten Weltkrieg über die Besatzungsherrschaft zur Rekonstruktion 1945–1957, in: [206].

215. W. HOFFMANN, Private Bank in öffentlichem Besitz. Kleine Geschichte der Reichs-Kredit-Gesellschaft AG, Mainz 1980.

216. T. HORSTMANN, Um das „schlechteste Bankensystem der Welt" in: Bankhistorsiches Archiv 1/1985.

217. T. HORSTMANN, Die Alliierten und die deutschen Großbanken, Bonn 1991.

218. O. JEIDELS, Das Verhältnis der deutschen Großbanken zur Industrie mit besonderer Berücksichtigung der Eisenindustrie, München/Leipzig 1913.

219. H. KURZROCK, H. WOLF; 100 Jahre Commerzbank, Frankfurt 1970.

220. A. VON LOESCH, Die Bank für Gemeinwirtschaft, Entwicklung, Struktur, Aufgaben, Frankfurt 1977.

221. R. LÜKE, Die Berliner Handels-Gesellschaft in einem Jahrhundert deutscher Wirtschaft 1856-1956, Berlin 1956.

222. H. G. MEYEN, 120 Jahre Dresdner Bank. Unternehmens-Chronik 1872-1992, Frankfurt 1992.

223. P. MODEL, Die großen Berliner Effektenbanken, Jena 1896.

224. V. MUTHESIUS, H. KURZROCK, H. WOLF, 100 Jahre Commerzbank, 1870-1970, Düsseldorf 1970.

225. O.M.G.U.S, Ermittlungen gegen die Deutsche Bank 1946/47, Nördlingen 1985.

226. O.M.G.U.S, Ermittlungen gegen die Dresdner Bank 1946, Nördlingen 1986.

227. W. OTTO, Anteilsübernahme-, Gründungs- und Beteiligungsgeschäfte der deutschen Großbanken in Übersee, Berlin 1911.

228. M. POHL, Die Geschichte der Saarländischen Kreditbank Aktiengesellschaft, Saarbrücken 1972 .

229. M. POHL, Zerschlagung und Wiederaufbau der deutschen Großbanken 1945-1957, Mainz 1984.

230. J. RIESSER, Die deutschen Großbanken und ihre Konzentration im Zusammenhange mit der Entwicklung der Gesamtwirtschaft in Deutschland, 4. Aufl., Jena 1912.

231. S. SAUER, Wettbewerbsposition und Wettbewerbspolitik der Filialgroßbanken in der BRD, Wien 1974.

232. F. SEIDENZAHL, Eine Denkschrift David Hansemanns vom Jahre 1856, ein Beitrag zur Entstehungsgeschichte der deutschen Aktienbanken, in: Tradition, Zeitschrift für Unternehmensgeschichte 2/1960.

233. F. SEIDENZAHL, 100 Jahre Deutsche Bank 1870-1970, Frankfurt 1970.

234. F. STEFFAN, Bayerische Vereinsbank 1869–1969, München 1969.

235. U. STEUBER, Internationale Banken. Auslandsaktivitäten von Banken bedeutender Industrieländer, Hamburg 1974, Ergänzungsband Hamburg 1977.

236. U. STEUBER, Internationale Bankenkooperation. Deutsche Banken in internationalen Gruppen, Frankfurt 1977.

237. D. STIEFEL, Finanzdiplomatie und Weltwirtschaftskrise. Die Krise der Creditanstalt für Handel und Gewerbe 1931 und ihre wirtschaftspolitische Bewältigung, Frankfurt 1989.

238. W. WAGNER, Stationen deutscher Bankgeschichte – 75 Jahre Bankenverband, Köln 1976.

239. E. WANDEL, Der OMGUS- Bericht über die Ermittlungen gegen die Deutsche Bank, in: Bankhistorisches Archiv 1/1987.

240. E. WANDEL, Die Rolle der Banken bei der Finanzierung der Aufrüstung und des Krieges 1933–1945, in: [462].

241. V. WELLHÖNER, Großbanken und Großindustrie im Kaiserreich, Göttingen 1989.

242. E. WELTER, Der Krach von 1931, Frankfurt 1932.

243. H. WOLF, Das Ende privater Banktätigkeit in Mitteldeutschland – dargestellt am Beispiel der Commerzbank, in: Bankhistorisches Archiv 2/1990.

244. H. WOLF, Vor 40 Jahren Großbanken-Neuordnung, in: Die Bank. Zeitschrift für Bankpolitik und Bankpraxis, 12/1992.

245. H. WOLF, Nicht Fisch noch Fleisch – Zur Geschichte von vier Nachkriegs-Filialgruppen der Commerzbank, in: Bankhistorisches Archiv 1 / 1994.

5. Sparkassen

246. E. ACHTERBERG, 1916–1966. Fünfzig Jahre Verband öffentlich-rechtlicher Kreditanstalten e.V, Bonn 1966.

247. E. ACHTERBERG, Verband der Deutschen Freien Öffentlichen Sparkassen e.V., Fünfzig Jahre 1920–1970, Frankfurt 1970.

248. ARBEITSKREIS FÜR SPARKASSENGESCHICHTE, Historische Marktanalysen. Frühe Sparkassen Ideen. Utopie und Realität, Dokumente. Beiträge und Diskussionen zur Sparkassengeschichte, Band 2, herausgegeben von M. PIX und J. WYSOCKI, Neustadt a. d. Aisch 1984.

249. G. ASHAUER, J. MURA, Geschichte der Sparkassen, in: Handwörterbuch der Sparkassen, Band 2, Stuttgart 1982.

250. G. ASHAUER, Die Entwicklung der Sparkassenorganisation ab 1924, in: [76]

251. G. ASHAUER, Berufsbildung in der deutschen Sparkassenorganisation. Ein geschichtlicher Überblick, Stuttgart 1986.

252. G. ASHAUER, Von der Ersparungscasse zur Sparkassen-Finanzgruppe. Die deutsche Sparkassenorganisation in Geschichte und Gegenwart, Stuttgart 1991.

253. BAYERISCHER SPARKASSEN- UND GIROVERBAND, M. PIX (Hrsg.), Zeitschrift für bayerische Sparkassengeschichte, Band 1–9, München 1987–1995.

254. D. H. L. BENING, Die Sparkassen und Sterbekassen im Königreich Hannover, Hannover 1840.

255. M. BIEHAL, Der Württembergische Sparkassenverbund 1916–1982, Berlin 1984.

256. K. BORCHARDT, Tradition und Wandel. Strukturen des Kreditwesens in hundert Jahren deutscher Geschichte, in: 100 Jahre Deutscher Sparkassen- und Giroverband, Stuttgart 1984.

257. U. DANIEL, J. REULECKE, Sparen in Solingen. Von der Volks- und Konsumerziehung. Aspekte der Solinger Sparkassengeschichte aus 150 Jahren 1840–1990 Stadt-Sparkasse Solingen, Solingen 1990.

258. DEUTSCHER SPARKASSENVERLAG, Handwörterbuch der Sparkassen, 4 Bände, Stuttgart 1982.

259. DEUTSCHER SPARKASSEN- UND GIROVERBAND, Standortbestimmung. Entwicklungslinien der deutschen Kreditwirtschaft, Stuttgart 1984

260. DEUTSCHER SPARKASSEN- UND GIROVERBAND, 100 Jahre Deutscher Sparkassen- und Giroverband, Berlin 1985.

261. DEUTSCHER SPARKASSEN- UND GIROVERBAND, Leistungen der Sparkassenorganisation in den neuen Bundesländern, Bonn 1994.

262. J. DIECKMANN, Der Einfluß der deutschen Sparkassenorganisation auf die staatliche Wirtschaftspolitik in der historischen Entwicklung. Eine empirische Untersuchung zur Theorie der Verbände, Frankfurt 1981.

263. J. C. EBERLE, Dr. Eberle spricht; Schriften, Reden, Aufsätze zur Erneuerung der Sparkassen mit einführenden Beiträgen von F. BUTSCHKAU und J. HOFFMANN, Stuttgart 1959.

264. N. EMMERICH, Geschichte der deutschen Sparkassenwerbung 1750–1995, Stuttgart 1995.

265. K. FRIES, Die Girozentralen. Überblick über ihre Entwicklung und gegenwärtigen Rechtsverhältnisse, Stuttgart 1973.

266. H. GEIGER, Entwicklungslinien der deutschen Sparkassenorganisation, in: [259].

267. H. GEIGER, Sparkassen und Landeskassen/Girozentralen im deutschen Bankensystem, in: Landesbank Rheinland-Pfalz-Girozentrale, Banken, Erfahrungen und Lehren aus einem Vierteljahrhundert 1958–1983, o. O. 1983.

268. H. GEIGER, Die deutsche Sparkassenorganisation, Frankfurt 1992.

269. GESELLSCHAFT ZUR FÖRDERUNG DER WISSENSCHAFTLICHEN FORSCHUNG ÜBER DAS SPAR- UND GIROWESEN E.V., bearbeitet von J. MURA: Sparkassenhistorische Symposien, Stuttgart 1985ff.

270. Der öffentliche Auftrag der Sparkassen in historischer Entwicklung. Sparkassenhistorisches Symposium 1985, Stuttgart 1986.

271. Die Entwicklung der Sparkassen zu Universalinstituten, Sparkassenhistorisches Symposium 1986, Stuttgart 1987.

272. Entwicklungslinien im Einlagengeschäft der Sparkassen, Sparkassenhistorisches Symposium 1987, Stuttgart 1988.

273. Entwicklungslinien im Personalkreditgeschäft der Sparkassen, Sparkassenhistorisches Symposium 1988, Stuttgart 1989.

274. Die Sparkassen in der EG – historische Entwicklung und Zukunftsperspektiven. Sparkassenhistorisches Symposium 1989, Stuttgart 1990.

275. Die Landesbanken-Girozentralen – historische Entwicklung und Zukunftsperspektiven. Sparkassenhistorisches Symposium 1990, Stuttgart 1991.

276. Der öffentliche Kredit der Sparkassenorganisation – historische Entwicklung und Zukunftsperspektiven. Sparkassenhistorisches Symposium 1991, Stuttgart 1992.

277. Das Personal- und Bildungswesen der Sparkassenorganisation – historische Entwicklung und Zukunftsperspektiven. Sparkassenhistorisches Symposium 1992, Stuttgart 1993.

278. Sparkassenorganisation und Wirtschaftswachstum – historische Entwicklung und Zukunftsperspektiven. Sparkassenhistorisches Symposium 1993, Stuttgart 1994.

279. Der Zahlungsverkehr der Sparkassenorganisation – historische Entwicklung und Zukunftsperspektiven. Bankhistorisches Symposium 1994, Stuttgart 1995.

280. Die Sparkassenwerbung – historische Entwicklung und Zukunftsperspektiven. Sparkassenhistorisches Symposium 1995, Stuttgart 1996.

281. GESELLSCHAFT ZUR FÖRDERUNG DER WISSENSCHAFTLICHEN FORSCHUNG ÜBER DAS SPARKASSEN- UND GIROWESEN E.V., Das Sparkassenwesen in Deutschland und den außerdeutschen Landestheilen Oestreichs und Preußens. Herausgegeben vom Centralverein in Preußen für das Wohl der arbeitenden Klassen. Vollständiger Nachdruck der Originalausgabe von 1864 mit einer Einführung von H. POHL, Stuttgart 1989.

282. H. GIESE, DDR Sparkassen auf dem Weg in den Wettbewerb, Stuttgart 1992.

283. U. GÜDE, Geschäftspolitik der Sparkassen, Stuttgart 1989.

284. E.-J. HAAS, Stadt-Sparkasse Düsseldorf 1825–1972, Berlin 1976.

285. W. HENZE, Grundzüge der Geschichte des Sparkassenwesens, in: HENZE-SCHMIDT, Grundriß für die Sparkassenarbeit, Teil 1, Stuttgart 1972.

286. J. HOFFMANN, Deutsche Sparkasseneinheit. Geschichte, Aufbau, Leistungen des zentralen Sparkassenverbandes. Vollständiger Nachdruck der Originalausgabe von 1931 mit einer Einführung von H. KESSLER, Stuttgart 1991.

287. W. HOFFMANN, Die Arbeitsteilung zwischen Sparkassen und Depositenkassen, Tübingen 1915.

288. G. JACHMICH, Die Geschichte des Hessischen Sparkassen- und Giroverbandes, Frankfurt 1995.

289. E. KLEIN, Die Bergmännische Sparkasse an der Saar (1835–1867), in: Bankhistorisches Archiv 1/1976.

290. H. V. KNEBEL-DOEBRITZ, Das Sparkassenwesen in Preußen, Berlin 1907.

291. H. KRAFFT, Immer ging es ums Geld. 150 Jahre Sparkasse in Berlin , Berlin 1968.

292. LANDESBANK RHEINLAND-PFALZ – GIROZENTRALE (Hrsg.), Banken, Erfahrungen und Lehren aus einem Vierteljahrhundert 1958–1983, Frankfurt 1983.

293. F. LAUFS, Im Zeichen des Bienenkorbes, Chronik der Frankfurter Sparkasse von 1882, 1882–1981, Frankfurt 1984.

294. M. LIPPIK, T. FLÖH, Entstehung und Entwicklung des Sparkassenwesens in Schleswig-Holstein, Stuttgart 1991.

295. H. LÖBER, 100 Jahre Deutscher Sparkassen- und Giroverband, Stuttgart 1985.

296. C. A. FREIHERR VON MALCHUS, Die Sparcassen in Europa.

Vollständiger Nachdruck der Originalausgabe von 1938 mit einer Einführung von M. PIX und J. WYSOCKI, Stuttgart 1994.

297. J. MURA, Die Geschichte des Sparkassenwesens in der DDR seit 1945, in: Bankhistorisches Archiv 1/1982.

298. J. MURA, Zur Geschichte der Landesbanken/Girozentralen I, in: Sparkasse 12/1979, Teil II, in: Sparkasse 3/1980.

299. J. MURA, Zur Geschichte der Sparkassen- und Giroverbände, in: Sparkasse 6/1980 und 12/1980.

300. J. MURA, Zur Geschichte des deutschen Sparkassenrechts, in: Bankhistorisches Archiv 1/1983.

301. J. MURA, Entwicklungslinien der deutschen Sparkassenge-schichte I, Stuttgart 1987.

302. J. MURA, Entwicklungslinien der deutschen Sparkassenge-schichte II, Stuttgart 1995

303. J. MURA, Zur Geschichte des Sparkassen- und Giroverbandes, in: Sparkasse 11 und 12/1984.

304. F. NISSEN, Die bankmäßige Betätigung der Sparkassen, Stuttgart 1926.

305. M. PIX, Sparkassengeschichte und Corporate Identity, in: Bankhistorisches Archiv 2/1991.

306. M. PIX, J.WYSOCKI, Sparkassen in der Geschichte, Berichte über die Tagungen des Arbeitskreises für Sparkassengeschichte, Neustadt/Aisch 1982.

307. M. PIX, H. POHL, Invention – Innovation – Diffusion. Die Entwicklung des Spar- und Sparkassengedankens in Europa, München 1992.

308. H. POHL, WestLB – Von der Hülfskasse von 1832 zur Landesbank, Düsseldorf 1982.

309. H. POHL, Die geschichtliche Entwicklung der Landesbanken, Girozentralen von den Anfängen bis 1908, in: [275].

310. H. POHL, Die Bedeutung der Sparkassen für die wirtschaftliche Entwicklung bis zur Währungsreform unter besonderer Berücksichtigung der Region Hessen, in: Bankhistorisches Archiv, 2/1995.

311. L. POULLAIN, Die Sparkassenorganisation, Frankfurt 1972.

312. W. REIMANN, Öffentliche Banken in der Zeit. Ein Streifzug durch 75 Jahre Verbandsgeschichte, Bonn 1992.

313. SPARKASSENAKADEMIE, Festschrift zum 50-jährigen Bestehen des Lehrinstituts für das kommunale Sparkassen- und Kreditwesen 1928–1978, Stuttgart 1978.

314. B. SPIETHOFF, Ungewollt zur Größe. Die Geschichte der bayeri-
     schen Sparkassen, München 1958.
315. J. STEINER, Bankenmarkt und Wirtschaftsordnung. Sparkassen
     und Landesbanken in der Privatisierungsdiskussion, Frankfurt
     1994.
316. H. STRUBE, Geschichte des Sparkassenwesens und der Sparkas-
     sen in Kurhessen 1819–1866, Stuttgart 1973.
317. P. THOMES, Die Kreissparkasse Saarbrücken. Ein Beitrag zur
     Geschichte der öffentlichen Sparkassen Preußens, Frankfurt 1985.
318. P. THOMES, Sparkassen und regionale Wirtschaftsentwicklung
     1900–1945, in: Bankhistorisches Archiv 1/1995.
319. A. TRENDE, Geschichte der deutschen Sparkassen bis zum An-
     fang des 20. Jahrhunderts, Stuttgart 1957, Nachdruck der Origi-
     nalausgabe von 1957 mit einer Einführung von J. WYSOCKI,
     Stuttgart 1993.
320. VERBAND DER PRIVATEN KREDITINSTITUTE IN BAYERN, Die
     öffentlichen Sparkassen in der deutschen Kreditwirtschaft,
     München o. J.
321. W. WEBER, Die Entwicklung der Sparkassen zu selbständigen
     Anstalten des öffentlichen Rechts, Diss. Frankfurt 1985.
322. WISSENSCHAFTSFÖRDERUNG DER SPARKASSENORGANISATION,
     Der Zahlungsverkehr der Sparkassenorganisation – historische
     Entwicklung und Zukunftsperspektiven, Stuttgart 1995.
323. WISSENSCHAFTSFÖRDERUNG DER SPARKASSENORGANISATION,
     Europäische Sparkassengeschichte I, Stuttgart 1995.
324. WISSENSCHAFTSFÖRDERUNG DER SPARKASSENORGANISATION,
     Die Ursprünge der Sparkassen von 1915–1848. Europäisches
     Kolloquium für Sparkassengeschichte 1989, Stuttgart 1996,
     History of European Savings Banks, Stuttgart 1996.
325. C. WITBRAAD, Die Entwicklung des Auslandsgeschäfts der
     deutschen Sparkassenorganisation, Stuttgart 1990.
326. J. WYSOCKI, Untersuchungen zur Wirtschafts- und Sozialge-
     schichte der deutschen Sparkassen im 19. Jahrhundert, Stuttgart
     1980.
327. J. WYSOCKI, V. WEHRMANN, Lippe, Leben und Arbeit 1786–
     1986, hrsg. von der Sparkasse Detmold – älteste Sparkasse
     Deutschlands aus Anlaß ihres 200.Jubiläums, Stuttgart 1986.
328. J WYSOCKI, Leben im Berchtesgadener Land 1800–1990.
     Berchtesgadener Sparkasse 1840–1990, Berchtesgaden 1990.
329. J. WYSOCKI, 25 Thaler sind gut angelegt. 1840–1990, 150 Jahre
     Sparkasse Krefeld, Krefeld 1990.

330. J. WYSOCKI, Essener Sparkassengeschichte – Beispiel einer mikrohistorischen Analyse, Stuttgart 1993.

331. J. WYSOCKI, Johann Christian Eberle, ein sächsischer Mittelstandspolitiker, in: W. Feldenkirchen u.a. (Hrsg.), Wirtschaft – Gesellschaft – Unternehmen, Festschrift für Hans Pohl zum 60. Geburtstag, Stuttgart 1995.

332. G. ZWEIG, Die deutsche Girozentrale – Deutsche Kommunalbank, Stuttgart 1986.

6. Genossenschaftsbanken

333. R. ALDENHOFF, Schulze-Delitzsch. Ein Beitrag zur Geschichte des Liberalismus zwischen Revolution und Reichsgründung, Baden-Baden 1984.

334. W. ARNOLD, F. H. LAMPARTER, Friedrich Wilhelm Raiffeisen. Einer für alle – alle für einen, Neuhausen-Stuttgart 1985.

335. G. ASCHOFF, Hermann Schulze-Delitzsch – Friedrich Wilhelm Raiffeisen und die Begründung der Kreditgenossenschaften in Deutschland, in: Archiv des Instituts für bankhistorische Forschung 1/1973.

336. G. ASCHHOFF, E. HENNIGSEN, Das deutsche Genossenschaftswesen. Entwicklung, Struktur, wirtschaftliches Potential, Veröffentlichungen der DG Bank, Deutsche Genossenschaftsbank, Frankfurt 1985, 2. völlig überarbeitete und erweiterte Aufl., Frankfurt 1995.

337. H. AUMANN, Die Volksbanken und Raiffeisenbanken, Frankfurt 1976.

338. BADISCHER GENOSSENSCHAFTSVERBAND, 1867–1992 Tradition, Leistung, Aufbau. 125 Jahre genossenschaftliche Selbsthilfe in Baden, Neuwied 1992.

339. E. BAER, Zur Vorgeschichte der deutschen Kreditgenossenschaften, Diss. Heidelberg 1907.

340. I. BAUERT-KEETMAN, Friedrich Wilhelm Raiffeisen, Hannover 1987.

341. H. BAUMANN, L. FALKENSTEIN, Die Volksbanken und Raiffeisenbanken, Frankfurt 1976.

342. D. VON BRENTANO, Grundsätzliche Aspekte der Entstehung von Genossenschaften, Berlin 1980.

343. H. CRÜGER, Grundriß des deutschen Genossenschaftswesens, Leipzig 1908.

344. G. DRAHEIM, Grundfragen des Genossenschaftswesens, Frankfurt 1983.

345. J. DUBE, Computer für Genossenschaften. Geschichte der genossenschaftlichen Rechenzentralen, Wiesbaden 1993.

346. M. FASSBENDER, Friedrich Wilhelm Raiffeisen in seinem Leben, Denken und Wirken im Zusammenhang mit der Gesamtentwicklung des neuzeitlichen Genossenschaftswesens in Deutschland, Berlin 1902.

347. H. FAUST, die Zentralbank der deutschen Genossenschaften, Aufbau, Aufgaben und Entwicklung der deutschen Genossenschaftskasse, Frankfurt 1967.

348. H. FAUST, Geschichte der Genossenschaftsbewegung, Ursprung und Aufbruch der Genossenschaftsbewegung in England, Frankreich und Deutschland sowie ihre weitere Entwicklung im deutschen Sprachraum, 3. Aufl., Frankfurt 1977.

349. W. FISCHER, Lebensstandart und Wirtschaftssysteme, Studien im Auftrag des Wissenschaftsfonds der DG Bank Deutsche Genossenschaftsbank, Frankfurt 1995.

350. O. HAHN, Die Unternehmensphilosophie einer Genossenschaftsbank, Tübingen 1980.

351. H. HEYDER, Die Entstehung und der Wandel von Kreditgenossenschaften. Ein Beitrag zur Entstehungs- und Entwicklungsgeschichte der gewerblichen Kreditgenossenschaften, Göttingen 1966.

352. F. HILLENBRAND, die Zusammenarbeit der Raiffeisen-Zentralkassen und Hauptgenossenschaften, Diss. Köln 1963.

353. L. HÜTTL, Friedrich Wilhelm Raiffeisen. Leben und Werk, München 1988.

354. A. H. KLUGE, Vom Vorschußverein zur Volksbank. Vom Darlehenskassenverein zur Raiffeisenbank. Firmen deutscher Bankgenossenschaften als historische Quelle, in: Bankhistorisches Archiv 1/1991.

355. A. H. KLUGE, Geschichte der deutschen Bankgenossenschaften. Zur Entwicklung mitgliederorientierter Unternehmen, Frankfurt 1991.

356. G. KLUSAK, Die Raiffeisen-Kreditgenossenschaften, Frankfurt 1969.

357. K. KLUTHE, Genossenschaften und Staat in Deutschland, Berlin 1985.

358. W. KULEMANN, Die Genossenschaftsbewegung, 2 Bände, Berlin 1922.

359. A. VON LÖSCH, Die gemeinwirtschaftlichen Banken vor der Industrialisierung, in: Bankhistorisches Archiv 2/1975.

360. A. VON LÖSCH, Die Bank für Gemeinwirtschaft. Entwicklung – Struktur – Aufgaben, Frankfurt 1977.

361. H. LUKAS, Der deutsche Genossenschaftsverband, Entwicklung, Struktur und Funktion, Berlin 1972.

362. D. OHLMAYER, die Verschmelzung von Genossenschaften, insbesondere von Kreditgenossenschaften, Neuwied 1971.

363. M. POHL, Die Kreditgenossenschaften nach 1945, in: [76].

364. J. SCHNEIDER, T. SCHNÖRER, Bayerische Beamtenbank e.G. (1920–1995), Stuttgart 1995.

365. H. SCHULZE-DELITZSCH; Associationsbuch für deutsche Handwerker und Arbeiter, Leipzig 1853.

366. VERBAND RHEINISCHER GENOSSENSCHAFTEN – RAIFFEISEN E.V., 75 Jahre Verband rheinischer Genossenschaften e.V., Köln 1964.

367. G. VOLLERT, E. HENNIGSEN, Die Genossenschaften in der Bundesrepublik Deutschland, herausgegeben von der DG Bank, Frankfurt 1990.

368. H. ZEIDLER, Geschichte des deutschen Genossenschaftswesens der Neuzeit, Leipzig 1893.

369. ZEITSCHRIFT FÜR DAS GESAMTE GENOSSENSCHAFTSWESEN, Hundert Jahre Genossenschaftliches Spitzeninstitut. Zum hundertjährigen Jubiläum der DG Bank Deutsche Genossenschaftsbank, Göttingen 1995.

7. Hypothekenbanken

370. E. ACHTERBERG, 100 Jahre Deutsche Hypothekenbank 1862–1962. Vom Wesen und Werden privater Hypothekenbanken in Deutschland, Bremen 1962.

371. E. ACHTERBERG, Süddeutsche Bodenkreditbank. Ein Jahrhundert Werden und Wirken, Frankfurt 1971.

372. V. ALTROCK, Der landwirtschaftliche Kredit in Preußen, Berlin 1914.

373. V. ALTROCK, Landschaften, in: Handwörterbuch der Staatswissenschaften, Bd.6, Jena 1925.

374. BAYERISCHE HYPOTHEKEN- UND WECHSELBANK, Festschrift zur Feier des 50. Bestehens, München 1885; Hundert Jahre Bayerische Hypotheken- und Wechselbank 1835–1935, München 1935.

375. BAYERISCHE HYPOTHEKEN- UND WECHSELBANK, 1835–1985. Geschichte der Hypo-Bank im Spiegel der Geschäftsberichte, München 1985.

376. M. BLÖMER, Die Entwicklung des Agrarkredits in der preußischen Povinz Westfalen im 19. Jahrhundert, Frankfurt 1990.

377. K. BORCHARDT, Realkredit- und Pfandbriefmarkt im Wandel von 100 Jahren, in: [390].

378. F. DANNNENBAUM, Deutsche Hypothekenbanken, Wirtschaftliche Darstellung nebst Kommentar zum Hypothekenbankgesetz, Berlin 1928.

379. W. GOEDECKE, V. KERL, Die Hypothekenbanken, 3. Aufl., Frankfurt 1990.

380. H. HECHT, Die Organisation des Bodenkredits in Deutschland, 4 Bände, Leipzig 1891–1908.

381. W. HIES, Die Refinanzierung deutscher Hypothekenbanken: Gegenwart und Zukunft, Frankfurt 1996.

382. F. JUNGMANN-STADLER, Die Anfänge der Bayerischen Hypotheken- und Wechselbank aus den Protokollen der Administration 1835–1850, München 1985.

383. F. JUNGMANN-STADLER, Aus der Bankengeschichte. Die Hypo-Bank Filiale Großmarkthalle, hrsg. von der Bayerischen Hypotheken- und Wechselbank, o. O., o. J. (München 1995).

384. G. VON KLASS, Im Spannungsfeld der Zeit. 100 Jahre Frankfurter Hypothekenbank, Darmstadt 1962.

385. E. KNACKE, Die Hypothekenbanken, Frankfurt 1964.

386. E. KNACKE, Hundert Jahre Braunschweig-Hannoversche Hypothekenbank, Hannover 1971.

387. J. M. LUTZ, H. STUMMER, 125 Jahre Bayerische Hypotheken- und Wechselbank, München 1960.

388. E. PETERSILIE, Festschrift zum 75jährigen Bestehen der Landschaft der Provinz Sachsen. Ein Beitrag zur landschaftlichen Bodenkreditgeschichte Deutschlands unter besonderer Berücksichtigung der Preußischen Landschaften, Halle 1939.

389. PREUSSISCHE CENTRAL-BODEN-AKTIENGESELLSCHAFT, 1870–1920. Denkschrift aus Anlaß des 50jährigen Bestehens der Gesellschaft, Berlin 1921.

390. RHEINISCHE HYPOTHEKENBANK, 100 Jahre Rheinische Hypothekenbank 1871–1971, Frankfurt 1971.

391. K. RÜCHARDT (Hrsg.), Handbuch des Hypothekarkredits, 3. Aufl., Frankfurt 1993.

392. VERBAND PRIVATER HYPOTHEKENBANKEN (Hrsg.), 75 Jahre Verbandsgeschichte deutscher Hypothekenbanken, Frankfurt 1978.

8. Notenbanken, Geld und Währung

393. W. ALBERS, Finanzpolitik in der Depression und in der Vollbeschäftigung, in: Währung und Wirtschaft 1876–1975, Frankfurt 1976.

394. L. BÄHRE, Der Zusammenhang zwischen wirtschaftlicher Entwicklung und Bankenaufsicht von 1934 bis zur Gegenwart, E. WANDEL, Die deutsche Bankengesetzgebung vom Beginn der Industrialisierung bis zur Weltwirtschaftskrise in ihren zeitlichen Zusammenhängen, in: Bankhistorisches Archiv, 8. Beiheft, Frankfurt 1982.

395. M. BIEMER, Die Entwicklung des deutschen Notenbankwesens, Mainz 1903.

396. K. BORCHARDT, Währung und Wirtschaft, in: [402].

397. K. E. BORN, Die deutsche Bankenkrise, München 1967.

398. K. E. BORN, Die Entwicklung der Banknote vom „Zettel" zum gesetzlichen Zahlungsmittel, Mainz 1972.

399. C. BRESICANI-TURRONI, The economics of inflation. A study of currency depreciation in post-war Germany, London 1937.

400. J. DECKERS, Die Transformation des Banksystems der Sowjetischen Besatzungszone, DDR von 1945–1952, Berlin 1974.

401. DEUTSCHE BUNDESBANK, Dreißig Jahre Deutsche Bundesbank. Die Entstehung des Bundesbankgesetz vom 26. Juli 1957, Frankfurt 1988.

402. DEUTSCHE BUNDESBANK, Währung und Wirtschaft in Deutschland 1876–1975, Frankfurt 1976.

403. DEUTSCHE BUNDESBANK, Von der Baumwolle zum Geldschein. Eine neue Notenserie entsteht, Frankfurt 1995.

404. DEUTSCHE REICHSBANK, Von der Königlichen Bank zur Deutschen Reichsbank 175 Jahre deutsche Notenbankgeschichte. 20. Juli 1765 bis 20. Juli 1940, o.O., o. J.

405. W. DREISSIG, Zur Entwicklung der öffentlichen Finanzwirtschaft seit dem Jahre 1950, in: [402].

406. O. EMMINGER, Deutsche Geld und Währungspolitik im Spannungsfeld zwischen innerem und äußeren Gleichgewicht (1948–1975), in: [402].

407. G. VON EYNERN, Die Reichsbank, Probleme des deutschen Zentralinstituts in geschichtlicher Darstellung, Jena 1928.

408. W. FÖRSTER, Das Haus am Wall. Aus Bremens Geldgeschichte, Bremen 1983.

409. J. FLASKAMP, Aufgaben und Wirkungen der Reichsbank in der Zeit des Dawes-Plans, Bergisch-Gladbach/Köln 1986.

410. L. GLESKE, Nationale Geldpolitik auf dem Wege zur europäischen Währungsunion, in: [402].

411. W. GUTH, Weltwirtschaft und Währung, Frankfurt 1989.

412. H. HABEDANK, Die Reichsbank in der Weimarer Republik, Berlin (Ost)1981.

413. G. HABERLER, Die Weltwirtschaft und das internationale Währungssystem in der Zeit zwischen den beiden Weltkriegen, in: [402].

414. K.- H. HANSMEYER, R. CAESAR, Kriegswirtschaft und Inflation (1936–1948), in: [402].

415. H. HELLWIG, Die preußische Staatsbank (Seehandlung) 1772–1922, Berlin 1922.

416. V. HENTSCHEL, Die Entstehung des Bundesbankgesetze 1949–1957. Politische Kontroversen und Konflikte, in: Bankhistorisches Archiv., 1 und 2/1988

417. H. IRMLER, Bankenkrise und Vollbeschäftigungspolitik (1931–1936), in: [402].

418. H. JAMES, The Reichsbank and Public Finance in Germany 1924–1933. A study of the Politics of Economics During the Great Depression, Frankfurt 1985.

419. H. JAMES, International Monetary Cooperation since Bretton Woods, Oxford 1996.

420. R. KARLSCH, Die Garantie- und Kreditbank AG – Hausbank der Besatzungsmacht in der SBZ/DDR von 1946 bis 1956, in: Bankhistorisches Archiv 2/1992.

421. H. KENNEDY, The Bundesbank. Germany's Central Bank in the International Monetary System, London 1991.

422. J. VAN KLAVEREN, Die Goldwährung des 19. Jahrhunderts, I. Ihre Ausbreitung bis 1875, in: Bankhistorisches Archiv 2/1976, II. Die Zeit der Bedrängnis, ca 1875– ca. 1900, in: Bankhistorisches Archiv 1/1977.

423. N. KLOTEN, Erfolg und Mißerfolg der Stabilisierungspolitik (1969–1974), in: [402].

424. N. KLÜSENDORF, Papiergeld und Staatsschulden im Fürstentum Waldeck (1848–1890), Marburg 1984.

425. L. KÖLLNER, Chronik der deutschen Währungspolitik, 2. Aufl., Frankfurt 1992.

426. W. KÖNNECKER, Die Deutsche Bundesbank, Frankfurt 1973.

427. G. KROLL, Von der Weltwirtschaftskrise zur Staatskonjunktur, Berlin 1958.

428. K. LAURSEN, K. PETERSEN, The German Inflation 1918–1923, Amsterdam 1964.

429. J. LIENHART, Die Reichsbank von 1877–1933 auf Grund ihrer Bilanzen und Erfolgsrechnungen, Würzburg 1936.

430. R. E. LÜKE, Von der Stabilisierung zur Krise, Zürich 1958.

431. R. E. LÜKE, 13. Juli 1931. Das Geheimnis der deutschen Bankenkrise, Frankfurt 1981.

432. D. MARSH, Die Bundesbank. Geschäfte mit der Macht, München 1992.

433. R. METZ, Währungsstruktur und Agrarpreisentwicklung des Niederrheinraumes im europäischen Vergleich 1350–1800, Frankfurt 1990.

434. H. MÖLLER, (Hrsg.), Zur Vorgeschichte der Deutschen Mark, Währungsreformpläne 1945–1948, Tübingen 1961.

435. H. MÖLLER, Die westdeutsche Währungsreform von 1948, in: [402].

436. F. NEUMARK, Die Finanzierung vor dem 1. Weltkrieg, in : [402].

437. I. C. N. VON NIEBUHR, Geschichte der Königlichen Bank in Berlin. Von der Gründung derselben bis zum Ende des Jahres 1845. Aus amtlichen Quellen, Berlin 1845, Neudruck Glashütten 1971.

438. M. NORTH, Das Geld und seine Geschichte, München 1994.

439. M. NORTH (Hrsg.), Von Aktie bis Zoll. Ein historisches Lexikon des Geldes, München 1995.

440. R. NIRK, Das Kreditwesengesetz, 9. Aufl., Frankfurt 1992.

441. A. OBERHAUSER, Geld- und Kreditpolitik bei weitgehender Vollbeschäftigung und mäßigem Preisanstieg (1958–1968), in: [402].

442. A. PARCHMANN, Die Reichsbank, Berlin 1933.

443. O. PFLEIDERER, Die Reichsbank in der Zeit der großen Inflation, die Stabilisierung der Mark und die Aufwertung von Kapitalforderungen, in: [402].

444. PREUSSISCHE STAATSBANK, Die Preußische Staatsbank, Seehandlung 1772–1922, Berlin o. J.

445. PREUSSISCHE STAATSBANK (Hrsg.), Preußische Staatsbank (Seehandlung) 1772. Ein Rückblick, Jubiläumsschrift 1972, Berlin 1972.

446. H. PRIESTER, Das Geheimnis des 13. Juli, Berlin 1931.

447. M. PÜTSCH, Die Staatsbank der DDR, Frankfurt 1978.

448. REICHSBANKDIREKTORIUM, Die Reichsbank, Band 1: 1876–1900, Band 2: 1900–1912, Band 3: 1912–1925, Berlin 1925.

449. H. RIEHL, Die Mark, Hannover 1978.

450. H. RITTMANN, Deutsche Geldgeschichte 1848–1914, München 1975.

451. H. RITTMANN, Deutsche Geldgeschichte seit 1914, München 1986.

452. H. ROEPER, Geschichte der D-Mark, Frankfurt 1968.

453. H. ROEPER, Die D-Mark, Vom Besatzungsgeld zum Weltstar, Frankfurt 1978.

454. H. ROEPER, W. WEIMER, Die D-Mark. Eine deutsche Wirtschaftsgeschichte, Frankfurt 1996.

455. A. SAMUELSON, La Banque Centrale der l'Allemagne de l'Ouest, Paris 1965.

456. H. SCHLESINGER, Geldpolitik in der Phase des Wiederaufbaus (1950–1958), in: [402].

457. G. SCHMÖLDERS, Psychologie des Geldes, Hamburg 1966.

458. G. SCHMÖLDERS, Gutes und schlechtes Geld, Frankfurt 1968.

459. H. O. SCHÖTZ, Der Kampf um die Mark 1923/24. Die deutsche Währungsstabilisierung unter dem Einfluß der nationalen Interessen Frankreichs, Großbritanniens und der USA, Berlin–New York 1987.

460. P. SCHRADER, Die Geschichte der königlichen Seehandlung (Preußische Staatsbank) mit besonderer Berücksichtigung der neueren Zeit, aufgrund amtlicher Quellen, Berlin 1911.

461. A. VON SPECHT, Politische und wirtschaftliche Hintergründe der deutschen Inflation 1918–1923, Frankfurt 1982.

462. E. SCHREMMER (Hrsg.), Geld- und Währung vom 16. Jahrhundert bis zur Gegenwart, Stuttgart 1993.

463. B. SCHULZ, Kleine deutsche Geldgeschichte des 19. und 20. Jahrhunderts, Berlin 1976.

464. F. STEFFAN, W. DIEM, Die Bayerische Staatsbank 1780–1955. Geschichte und Geschäfte einer öffentlichen Bank, München 1955.

465. R. STUCKEN, Schaffung der Reichsmark, Reparationsregelungen und Auslandsanleihen, Konjunkturen (1924–1930), in: [402].

466. E. WANDEL, Hans Schäffer. Steuermann in wirtschaftlichen und politischen Krisen, Stuttgart 1974.

467. E. WANDEL, Die Entstehung der Bank deutscher Länder und die deutsche Währungsreform 1948, Frankfurt 1980.

468. H. BEI DER WIEDEN, Die Niedersächsische Bank. Ein Beitrag zur Geschichte der deutschen Notenbanken, Mainz 1982.

469. M. W. WOLFF, Die Währungsreform in Berlin 1948/49, Berlin 1991.

470. R. ZILCH, Die Reichsbank und die finanzielle Kriegsvorbereitung von 1907–1914, Berlin 1988.

471. F. ZSCHALER, Von der Emissions- und Girobank zur Deutschen Notenbank, Zu den Umständen der Gründung einer Staatsbank für Ostdeutschland, in: Bankhistorisches Archiv 2/1992.

9. Sonstige Literatur über Banken und Börsen, Regionale Darstellungen

472. E. ACHTERBERG, Frankfurt als Bankplatz. Eine Chronik, Frankfurt 1955.

473. E. ACHTERBERG; Kleine Hamburger Bankengeschichte, Hamburg-Altona 1964.

474. G. ASHAUER, H. LIEFHEIT, K. WEISER, Berufsausbildung in der deutschen Kreditwirtschaft, Mainz 1983.

475. H. BERNDT u.a., Die Bausparkassen, 7. Aufl., Frankfurt 1994.

476. BERLINER BÖRSE, Berliner Börse 1885–1985, Berlin 1985.

477. M. BERGNER, Das Württembergische Bankwesen. Entstehung, Aufbau und struktureller Wandel des regionalen Bankwesens bis 1923, St. Katharinen 1993.

478. BUNDESVERBAND DEUTSCHER INVESTMENTGESELLSCHAFTEN, Investment. Daten, Fakten, Entwicklungen, Frankfurt 1996.

479. J. DEGNER, A. RÖHRER, Die Bausparkassen, Stuttgart 1986.

480. R. GIEBITZ, Kreditgarantiegemeinschaften, Entstehung, Entwicklung und aktuelle Fragen, Frankfurt 1987.

481. O. HAHN, Die Postbank. Ihre Stellung in der Bankwirtschaft, Wiesbaden 1978.

482. O. HAHN, Die Geschichte der Postbankdienste, in: Bankhistorisches Archiv 1/1979.

483. W. KAMINSKI, Die Teilzahlungsbanken, Frankfurt 1962.

484. H. KLEINSCHMIDT, Geschichte, Ideengehalt und sozialökonomische Bedeutung des Bausparkassenwesens, Leipzig 1934.

485. KREDITANSTALT FÜR WIEDERAUFBAU, 1948–1988, Vierzig Jahre KfW, Frankfurt 1988.

486. M. LAUX, R. H. PÄSLER, Wertpapier-Investmentfonds, Frankfurt 1993.

487. W. LEHMANN; Die Bausparkassen, Frankfurt 1963.

488. W. LEHMANN, Abriß der Geschichte des deutschen Bausparwesens, in: Bankhistorisches Archiv 2/1981.

489. A. VON LOESCH, Die Arbeitnehmerbanken in den zwanziger Jahren, Köln 1974.

490. J. H. MEIER, Die Entstehung des Börsengesetzes vom 22. Juni 1896, St. Katharinen 1992.

491. M. POHL, Wiederaufbau. Kunst und Technik der Finanzierung 1947–1953. Die ersten Jahre der Kreditanstalt für Wiederaufbau, Frankfurt 1973.

492. M. POHL, Hamburger Bankengeschichte, Mainz 1986.

493. SCHNEIDER, Lübecks Bankenpolitik im Wandel der Zeiten 1898–1978, Lübeck 1979.

494. M. POHL, Baden-Württembergische Bankgeschichte, Stuttgart 1992.

495. M. POHL, Hermann J. Abs. Eine Bildbiographie, Mainz 1981.

496. C. SCHOLZ, Kreditinstitute des Bundes und ihre Aufgaben im Rahmen der Wirtschaftsverwaltung, Frankfurt 1960.

497. O. SCHMIDT, Bankwesen und Bankpolitik in den freien Hansestädten um die Mitte des 19. Jahrhunderts, Frankfurt 1988.

498. S. SPANGENTHAL, Die Geschichte der Berliner Börse, Berlin 1903.

499. W. TORMANN, Die Investmentgesellschaften, Frankfurt 1978.

10. Versicherungen

10.1 Wissenschaftliche Veröffentlichungen

500. A. ANDERSEN, Insurance in a Changing Europe 1990–1995, London 1990.

501. L. ARPS, Auf sicheren Pfeilern. Deutsche Versicherungswirtschaft vor 1914, Göttingen 1965.

502. L. ARPS, Durch unruhige Zeiten. Deutsche Versicherungswirtschaft seit 1914, I. Teil. Erster Weltkrieg und Inflation, Karlsruhe 1970.

503. L. ARPS, Durch unruhige Zeiten. Deutsche Versicherungswirtschaft seit 1914, II. Teil. Von den Zwanziger Jahren bis zum Zweiten Weltkrieg, Karlsruhe 1976.

504. H. BADER (Hrsg.), Die staatliche Versicherung in der DDR, 3. Aufl., Berlin 1980.

505. M. VON BARGEN, Vermögensanlage in der deutschen Lebensversicherung, Frankfurt 1960.

506. P. BORSCHEID, Die Entstehung der deutschen Lebensversicherungswirtschaft im 19. Jahrhundert, in VSWG 70/1983.

507. P. BORSCHEID, Geschichte des Alters, 3. Aufl., Münster 1989.

508. P. BORSCHEID, A. DREES, Versicherungsstatistik Deutschlands 1750–1985, St. Katharinen 1988.

509. P. BORSCHEID, Banken und Versicherungen bis 1948 in: Bankhistorisches Archiv, Beiheft 19, Frankfurt 1991.

510. P. BORSCHEID, Die Anfänge der Haftpflichtversicherung in Deutschland, in: Wirtschaft – Gesellschaft – Unternehmen, Festschrift für Hans Pohl zum 60. Geburtstag, Stuttgart 1995.

511. H. und K. BRÄMER, Das Versicherungswesen, Leipzig 1894.

512. H. BRAUN, Geschichte der Lebensversicherung und der Lebensversicherungstechnik, Berlin 1963.

513. BUNDESAUFSICHTSAMT FÜR DAS VERSICHERUNGSWESEN, Jahresberichte, Berlin 1973 ff.

514. W. ENGELS, Banken und Versicherungen von 1948 bis heute, in: Bankhistorisches Archiv, Beiheft 18, Frankfurt 1991.

515. D. FARNY u.a. (Hrsg.) Handwörterbuch der Versicherung, Karlsruhe 1988.

516. A. GLADEN, Geschichte der Sozialpolitik in Deutschland, Wiesbaden 1974.

517. A. HAST (Hrsg.), International Directory of Company Histories, Bd. 4, Chicago/London 1991.

518. F.-W. HENNING (Hrsg.), Entwicklung und Aufgaben von Versicherungen und Banken in der Industrialisierung, Berlin 1980.

519. V. HENTSCHEL, Geschichte der deutschen Sozialpolitik 1880–1980, Frankfurt 1983.

520. C. H. VON HOLLITSCHER, Internationale Rückversicherung, Berlin 1931.

521. J. HOPF, Ernst Wilhelm Arnoldi und seine Schöpfung der Feuerversicherungsbank für Deutschland, Gotha 1978.

522. F. KLEEIS, Die Geschichte der sozialen Versicherung in Deutschland, Berlin 1928, Neudruck Bonn 1981.

523. P. KOCH, Deutsche Versicherungsunternehmen in historischer Sicht, München 1963.

524. P. KOCH, Begriffe und Daten aus der Versicherungsgeschichte, Zürich 1964.

525. P. KOCH, Epochen der Versicherungsgeschichte, Zürich 1967.

526. P. KOCH, Pioniere des Versicherungsgedankens, Wiesbaden 1968.

527. P. KOCH, Gründungsjahre der deutschen Versicherungsunternehmen, Karlsruhe 1969.

528. P. KOCH, Von der Zunftlade zum rationellen Großbetrieb. Kleine Geschichte der privaten Krankenversicherung in Deutschland, Karlsruhe 1971.

529. P. KOCH, Versicherungsgeschichte in Stichworten, München 1988.

530. P. KOCH, Versicherungswirtschaft – ein einführender Überblick, Karlsruhe 1985.

531. E. VON LIEBIG, Die Seeversicherung, Berlin 1914.

532. R. LENCER, P. RIEBSELI. (Hrsg.), Handbuch der Versicherung, Hamburg 1938.

533. W. MAHR, Einführung in die Versicherungswirtschaft, Berlin 1951.

534. A. MANES, Versicherungswesen, Band I, 5. Aufl. Leipzig 1930, Band II, 4. Aufl., Leipzig 1924.

535. A. MANES, Die Haftpflichtversicherung, Leipzig 1902.

536. A. MANES (Hrsg.) Versicherungslexikon, 2. Aufl., Berlin 1924.

537. E. A. MASIUS, Systenmatische Darstellung des gesamten Versicherungswesen, Leipzig 1857.

538. C. G. MOLT, Zur Haftpflichtversicherung, Stuttgart 1900.

539. B. MOSER, Die Entwicklung der Rückversicherung bis zur Gründung der selbstständigen Rückversicherungsgesellschaften, Berlin 1959.

540. H. L. MÜLLER-LUTZ, Beiträge Zur Geschichte des deutschen Versicherungwesens: aus Anlaß des 60. Geburtstags von Peter Koch, Karlsruhe 1995.

541. H. KNOLL, Aus der Entwicklungsgeschichte des Versicherungswesens von den Anfängen bis zur Gegenwart, Köln 1934.

542. H. PETERS, Geschichte der sozialen Versicherung, St. Augustin 1978.

543. W. SACK, Die deutsche Rückversicherung in der Geschichte, Leipzig 1941.

544. W. SCHAEFER, Urkundliche Beiträge und Forschungen zur Geschichte der Feuerversicherung in Deutschland, 2 Bände., Hannover 1911.

545. H. SCHIERENBECK, Bank- und Versicherungslexikon, München-Wien 1994.

546. M. TIGGES, Geschichte und Entwicklung der Versicherungsaufsicht, Karlsruhe 1985.

547. A. WAGNER, Der Staat und das Versicherungswesen, Tübingen 1881.

10.2 Festschriften

548. AACHENER UND MÜNCHNER FEUER-VERSICHERUNGS-GESELL-SCHAFT, 125 Jahre Aachener und Münchner Feuer-Versicherungs-Anstalt 1825–1925, München 1950.

549. L. ARPS, Im Zeichen des Bienenkorbs, Entwicklung der deutschen Lebensversicherung im Spiegel der Stuttgarter Lebensversicherungsbank (Alte Stuttgarter), Stuttgart 1954.

550. G. BERGHOLTER, Unternehmensgeschichte der Iduna Versicherungen, Hamburg 1990.

551. P. BORSCHEID, Mit Sicherheit leben. Die Geschichte der deutschen Lebensversicherungswirtschaft und der Provinzial-Lebensversicherungsanstalt von Westfalen, Band 1. Von den Anfängen bis zur Währungsreform 1948, Münster 1989.

552. P. BORSCHEID, 100 Jahre Allianz 1890–1990, München 1990

553. P. BORSCHEID, Mit Sicherheit leben. Die Geschichte der deutschen Lebensversicherungswirtschaf und der Provinzial-Lebensversicherungsanstalt von Westfalen, Band 2, Von der Währungsreform 1948 bis zur Vollendung des europäischen Binnenmarktes, Münster 1993.

554. A. EMMINGHAUS, Geschichte der Lebensversicherungsbank für Deutschland zu Gotha, Weimar 1877.

555. K. VAN EYLL, ...genannt Colonia: 150 Jahre Kölnische Feuer-Versicherungs-Gesellschaft-AG 1839–1989, Köln 1989.

556. H. HABICHT, 50 Jahre Hermes Kreditversicherungs-Aktiengesellschaft, Hamburg 1967.

557. K. HAX, 150 Jahre Gothaer Feuer 1820–1970, Köln 1970.

558. A. KISTNER, 200 Jahre Badische Gebäudebrandversicherunganstalt, Karlsruhe 1958.

559. P. KOCH, Festschriften – Informationsquellen der Versicherungswirtschaft – eine Bibliographie, Karlsruhe 1986.

560. P. KOCH (Hrsg.), Assekuranz im Wandel, eine Festschrift aus Anlaß des 125jährigen Bestehens der Concordia Versicherungs-Gesellschaft auf Gegenseitigkeit Hannover 1864–1989, Karlsruhe 1989.

561. P. Koch, Partnerschaft und Leistung. Vom Werden und Wachstum einer Versicherungsgruppe 1922–1997, R+V Versicherungen, Wiesbaden 1997.

562. H. KOEHLER, Hundert Jahre Unfallversicherung, in: 100 Jahre Victoria Versicherungen, Köln 1953.

563. P. RIEBESELL, Geschichte der Hamburger Feuerkasse 1676–1926, Hamburg 1926.

564. K. SAMWER, Hundert Jahre Gothaer Lebensversicherungsbank auf Gegenseitigkeit 1827–1927, Gotha 1927.

565. W. TREUE, Dreimal 50 Jahre Gothaer Lebensversicherung, Wiesbaden 1977.

Register

Personen und Institutionen

Autoren und Herausgeber

Enzyklopädie deutscher Geschichte

Themen und Autoren

Bauern 1648–1806 (Werner Troßbach) 1992. EdG 19
Adel in der Frühen Neuzeit (Rudolf Endres) 1993. EdG 18
Der Fürstenhof in der Frühen Neuzeit (Rainer A. Müller) 1995. EdG 33
Die Stadt in der Frühen Neuzeit (Heinz Schilling) 1993. EdG 24
Armut, Unterschichten, Randgruppen in der Frühen Neuzeit
(Wolfgang von Hippel) 1995. EdG 34
Unruhen in der ständischen Gesellschaft 1300–1800 (Peter Blickle)
1988. EdG 1
Geschichte des Judentums vom 16. bis zum Ende des 18. Jahrhunderts
(Friedrich Battenberg)

Wirtschaft   Die deutsche Wirtschaft im 16. Jahrhundert (Franz Mathis) 1992. EdG 11
Die Entwicklung der Wirtschaft im Zeitalter des Merkantilismus 1620–1800
(Rainer Gömmel) 1998. EdG 46
Landwirtschaft in der Frühen Neuzeit (Walter Achilles) 1991. EdG 10
Gewerbe in der Frühen Neuzeit (Wilfried Reininghaus) 1990. EdG 3
Handel, Verkehr, Geld und Banken in der Frühen Neuzeit (Michael North)

Kultur, Alltag,   Medien in der Frühen Neuzeit (Stephan Füssel)
Mentalitäten   Bildung und Wissenschaft im 15. und 16. Jahrhundert (Notker Hammerstein)
Bildung und Wissenschaft in der Frühen Neuzeit 1650–1800
(Anton Schindling) 1994. EdG 30
Die Aufklärung (Winfried Müller)
Lebenswelt und Kultur des Bürgertums in der Frühen Neuzeit (Bernd Roeck)
1991. EdG 9
Kultur und Mentalitäten der unterbürgerlichen Schichten in der Frühen Neuzeit
(Robert von Friedeburg)

Religion und   Die Reformation. Voraussetzungen und Durchsetzung (N.N.)
Kirche   Konfessionalisierung im 16. Jahrhundert (Heinrich Richard Schmidt)
1992. EdG 12
Kirche, Staat und Gesellschaft im 17. und 18. Jahrhundert (Michael Maurer)
1999. EdG 51
Religiöse Bewegungen in der Frühen Neuzeit (Hans-Jürgen Goertz)
1993. EdG 20

Politik, Staat   Das Reich in der Frühen Neuzeit (Helmut Neuhaus) 1997. EdG 42
und Verfassung   Landesherrschaft, Territorien und Staat in der Frühen Neuzeit (Winfried Schulze)
Die Entwicklung der landständischen Verfassung (Kersten Krüger)
Vom aufgeklärten Reformstaat zum bürokratischen Staatsabsolutismus
(Walter Demel) 1993. EdG 23

Staatensystem,   Das Reich im Kampf um die Hegemonie in Europa 1521–1648 (Alfred Kohler)
internationale   1990. EdG 6
Beziehungen   Altes Reich und europäische Staatenwelt 1648–1806 (Heinz Duchhardt)
1990. EdG 4

19. und 20. Jahrhundert

Gesellschaft   Demographie des 19. und 20. Jahrhunderts (Josef Ehmer)
Umweltgeschichte des 19. und 20. Jahrhunderts (Arne Andersen)
Geschichte des deutschen Adels im 19. und 20. Jahrhundert (Heinz Reif)
Geschichte der Familie im 19. und 20. Jahrhundert (Andreas Gestrich)
1998. EdG 50

Urbanisierung im 19. und 20. Jahrhundert (Klaus Tenfelde)
Soziale Schichtung, soziale Mobilität und sozialer Protest im 19. und
20. Jahrhundert (N.N.)
**Von der ständischen zur bürgerlichen Gesellschaft (Lothar Gall)
1993. EdG 25**
Die Angestellten im 19. und 20. Jahrhundert (Günter Schulz)
**Die Arbeiterschaft im 19. und 20. Jahrhundert (Gerhard Schildt)
1996. EdG 36**
Die Juden in Deutschland 1780–1918 (Shulamit Volkov) 1994. EdG 16
Die Juden in Deutschland 1914–1945 (Moshe Zimmermann) 1997. EdG 43

Die industrielle Revolution in Deutschland (Hans-Werner Hahn)   Wirtschaft
1998. EdG 49
**Die Entwicklung der Wirtschaft im 20. Jahrhundert (Wilfried Feldenkirchen)
1998. EdG 47**
Agrarwirtschaft und ländliche Gesellschaft im 19. Jahrhundert (Stefan Brakensiek)
**Gewerbe und Industrie im 19. und 20. Jahrhundert (Toni Pierenkemper)
1994. EdG 29**
Handel und Verkehr im 19. Jahrhundert (Karl Heinrich Kaufhold)
Handel und Verkehr im 20. Jahrhundert (Christopher Kopper)
**Banken und Versicherungen im 19. und 20. Jahrhundert (Eckhard Wandel)
1998. EdG 45**
Staat und Wirtschaft im 19. Jahrhundert (bis 1914) (Rudolf Boch)
Staat und Wirtschaft im 20. Jahrhundert (Gerold Ambrosius) 1990. EdG 7

Kultur, Bildung und Wissenschaft im 19. Jahrhundert (Rüdiger vom Bruch)   Kultur, Alltag und
Kultur, Bildung und Wissenschaft im 20. Jahrhundert (Frank-Lothar Kroll)   Mentalitäten
Lebenswelt und Kultur des Bürgertums im 19. und 20. Jahrhundert
(Andreas Schulz)
**Lebenswelt und Kultur der unterbürgerlichen Schichten im 19. und
20. Jahrhundert (Wolfgang Kaschuba) 1990. EdG 5**

Formen der Frömmigkeit in einer säkularisierten Gesellschaft   Religion und
(Werner K. Blessing)   Kirche
**Kirche, Politik und Gesellschaft im 19. Jahrhundert (Gerhard Besier)
1998. EdG 48**
Kirche, Politik und Gesellschaft im 20. Jahrhundert (Gerhard Besier)

Der Deutsche Bund und das politische System der Restauration 1815–1866   Politik, Staat,
(Wolfram Siemann)   Verfassung
**Verfassungsstaat und Nationsbildung 1815–1871 (Elisabeth Fehrenbach)
1992. EdG 22**
Die innere Entwicklung des Kaiserreichs (Hans-Peter Ullmann)
Die innere Entwicklung der Weimarer Republik (Andreas Wirsching)
Nationalsozialistische Herrschaft (Ulrich von Hehl) 1996. EdG 39
**Die Bundesrepublik Deutschland. Verfassung, Parlament und Parteien
(Adolf M. Birke) 1996. EdG 41**
Die Innenpolitik der Deutschen Demokratischen Republik
(Günther Heydemann)

Die deutsche Frage und das europäische Staatensystem 1815–1871   Staatensystem,
(Anselm Doering-Manteuffel) 1993. EdG 15   internationale
Deutsche Außenpolitik 1871–1918 (Klaus Hildebrand) 2. Aufl. 1994. EdG 2   Beziehungen
Die Außenpolitik der Weimarer Republik (Gottfried Niedhart)

Die Außenpolitik des Dritten Reiches (Marie-Luise Recker) 1990. EdG 8
Die Außenpolitik der Bundesrepublik Deutschland (N.N.)
Die Außenpolitik der Deutschen Demokratischen Republik (Hermann Wentker)

Hervorgehobene Titel sind bereits erschienen.

Stand: (Juni 1998)

Lightning Source UK Ltd.
Milton Keynes UK
UKHW040606211218
334296UK00004B/121/P